汉译世界学术名著丛书

人类知识起源论

〔法〕孔狄亚克 著

洪洁求 洪丕柱 译

商務印書館

2010年·北京

Étienne Bonnot de Condillac

ESSAI SUR L'ORIGINE DES CONNAISSANCES HUMAINES

Ouvrage où L'on Réduit à un Seul Principe

Tout ce Qui Concerne L'entendement

Publié Avec Notices Biographique et Bibliographique

Par

RAYMOND LENOIR

本书据 1924 年巴黎科兰书店版(Librairie Armand Colin)译出

汉译世界学术名著丛书
出 版 说 明

我馆历来重视移译世界各国学术名著。从五十年代起，更致力于翻译出版马克思主义诞生以前的古典学术著作，同时适当介绍当代具有定评的各派代表作品。幸赖著译界鼎力襄助，三十年来印行不下三百余种。我们确信只有用人类创造的全部知识财富来丰富自己的头脑，才能够建成现代化的社会主义社会。这些书籍所蕴藏的思想财富和学术价值，为学人所熟知，毋需赘述。这些译本过去以单行本印行，难见系统，汇编为丛书，才能相得益彰，蔚为大观，既便于研读查考，又利于文化积累。为此，我们从 1981 年至 1989 年先后分五辑印行了名著二百三十种。今后在积累单本著作的基础上将陆续以名著版印行。由于采用原纸型，译文未能重新校订，体例也不完全统一，凡是原来译本可用的序跋，都一仍其旧，个别序跋予以订正或删除。读书界完全懂得要用正确的分析态度去研读这些著作，汲取其对我有用的精华，剔除其不合时宜的糟粕，这一点也无需我们多说。希望海内外读书界、著译界给我们批评、建议，帮助我们把这套丛书出好。

商务印书馆编辑部

1991 年 6 月

目　　录

关于孔狄亚克生平和著作的简述

艾蒂安·博诺·德·孔狄亚克,1714年9月30日生于格勒诺布尔城。他出身于多菲内省议会的一个官吏家庭,和汤生家族有亲戚关系。他生性寡言,体质娇弱,智慧迟缓;十三岁的时候,因为父亲去世,被送到里昂他的长兄让·博诺·德·马布里那里,他当时在里奥奈省任警察总监。孔狄亚克可能就在里昂的耶稣会学校里攻修了拉丁语文、希腊语文和哲学。

后来,他的次兄,汤生红衣主教的私人秘书马布里神父把他带到了巴黎,并让他进入了圣苏尔比斯修道院,即所谓"主教的培养所"。在小修道院、大修道院以及在巴黎大学里,他接受了文学、科学和哲学的教育,这就使他有能力来评注经典著作,理解数学的精神,并且创立一种既和笛卡尔的天赋观念说背道而驰,又和马勒伯朗士的通过上帝观物说*相对立的学说,这种学说堪称是自由主义的,既可作为沟通耶稣会的教育和圣托马斯会**的教育两者的

---

* (译者注,下同)按照马勒伯朗士的说法,我们是通过观念来观看事物的,但观念既不是在事物里边,也不是在人的心灵里边,而是在上帝里边,上帝是宇宙中唯一的实体,是观念的源泉,因此我们只有通过上帝才能看到事物。

** 圣托马斯会,信奉由托马斯·阿奎那所创立的神学说的天主教教派,其学说亦称托马斯主义,即经院哲学。

桥梁，兼可接纳洛克的某些论点。他对他的神学研究却并未倾注很大的热情，在毕业的学生名单中，他名列第八十四，并且受了神品授任礼。但在离开修道院的时候，他却未被列入享有有俸圣职的名单之中，并且，正因为他自己也并不觉得有天神的召唤，促使他必须去履行教士的圣职，所以他就和伯尔尼斯一样，进入了世俗界，受到了汤生夫人的接待。

他和狄德罗、杜克洛、达朗贝尔、卢梭等结交往来，过着一种追逐名声的文人学士式的生活。在他的保护人汤生夫人那里，他听到一些摄政时代*的才子名流们，特别是丰德奈尔和马利伏的高谈雅论，从而使他洗炼了自己的情趣和判断力。这是一种轻松自在地论及一切问题，而又能用精细敏锐、巧辞善令和历史观点解决这些问题的谈话，他因而认识到形而上学讨论和论战的笨拙。正是这种谈话，促使他去研究《关于为数众多的行星上有人居住的谈话》、《神谕史》、《神话的起源》**；杜波斯的《关于绘画和诗歌的批判性的思考》；拉莫的《和声的发生》，摩莱里的《论人类的精神》和《人心论》；伏尔泰的《牛顿的哲学概要》以及拉-美特里的《心灵的自然史》，从中寻找有关科学、艺术和文学的资料，这些资料使近代哲学家们的研究中所提出的想法变得不那么抽象，使他对培根的《新工具》和由戈斯特所翻译的洛克的《哲学论文》的研究更加精细深入。

孔狄亚克首先把一篇题为《关于上帝存在的探讨》的论文投寄到柏林王家科学院，该院当时的院长是莫佩都依，他刚在该院创办

---

* 摄政时代，指路易十五年幼时由摄政王菲力普·德·奥尔良(1664—1723)组成的摄政府治理法国的一段时期(1715—1723)。

** 这三部书都是丰德奈尔的著作。

了一个哲学分部。这篇论文没有注明日期，也没有收入《柏林科学院史》编辑组所选辑的文集里，却转载到《论动物》中去了。这是一部新的神正论的论著。它证明了存在着从属于一般目的的特殊目的，同时阐明了宇宙的景象是如何使各民族和各个人逐渐接受一个第一原因的观念及其存在性的，而这个第一原因，其天意普施于一切事物。

随后，在1746年，孔狄亚克出版了《人类知识起源论》——"把一切与理解力有关的东西全都归之于一条唯一的原理的著作"。他的目的在于对形而上学进行一种革新，以一种建筑在观察、经验以及应用专门适合于数学和物理的方法，即分析的方法之上的人类精神的研究，来代替一门建筑在实体的观念和抽象的观念之上的第一原理的科学。它的研究对象并非我们无从捉摸的心灵的本性，而是心灵在其与肉体的结合体中所产生的那些实际的活动。在引论中提出的这个计划显得相当紊乱，似乎是信笔写成的，既没有删去那些重复的叙述，也没有剔除那些题外的枝节。《起源论》的第一卷从我们无可否认的、可以看作是最原始的一个内在的基本事实，即对我们的存在和我们的思维的这一意识出发，来讲述心灵活动的分析和派衍。意识可以说是和观念在范围上是一致的，只不过在程度上易于感受罢了。而且，正因为事物从它们同我们的气质、我们的热情以及我们的需要的联系来吸引我们的注意，这些需要的观念便同与其有关的事物的观念相互联结起来了。因此，观念在内心生活中，犹如事物在物质世界中一样，服从着一种相互依赖的关系，一种连锁关系（enchainement），孔狄亚克把这种连锁关系的原因归于人体的组织之中，而不是像休谟那样，去考虑观念与观念之间的联系所能够采取的逻辑形式。正是因为我们与他人有着交际往来，而且，我们能够借助制定信号来唤起我们的观念，我们才能够保持这种连锁关系。由此便产生了反省以及全部的心灵活动，这些活动证明了精神的能动作用，证明了通过谈话的媒介来表达的判断(jugement)的介入，而在谈话中，由于观念与观念的相互联结以及观念与符号之间的联结，思维便自行分成了与观念数量相等的词语。故为了对心灵活动妥加引导，就必须研究符号的起源及其发展。因此，孔狄亚克在《起源论》的第二卷中便致力于考察语言和方法。如果人们认为语言是有一种自然的起源的话，那么就可以承认，人与人之间曾经是借助于身体的姿势和动作来彼此传情达意的，直到后来他们模仿了自然界的一些声音，以便以发音清晰的声音来代替叫喊，从而指定他们间已经约定了的客体。各种语言的发展受到民族性格的支配，受到气候条件和政府形式的影响而丰富起来，继而使动作语言日趋消亡，使从动作语言中产生出来的舞蹈、音乐和诗歌互相分家，使发音语言和书写语言得到发展。于是便不难理解，我们种种错误的根源，乃是在于我们在事物的观念尚未确切地规定下来，或者在根本还没有观念的情况下就想进行推理的这种习惯。为了纠正这些错误，我们必须重新探讨这些观念的起源，也就是说，必须追源溯流于感觉，使我们置身于我们感觉和观看某种事物的这些环境中去，然后给我们所观看到的以及所感觉到的事物起一个从习惯用法中借助过来的名字。因此，研究理解力的科学，乃是整个儿地建立在意识、判断、观念与观念之间的相互联结，以及观念与符号之间的联结之上的。

在《起源论》一书中，孔狄亚克受了丰德奈尔的启发，偏离了洛克的观点，走到了百科全书派的前面。这部书从一定的意义上来说是有关人类知识的一种学说，这种学说的原理在他以后的一些论著中被再次采用并加以发展了。1749 年发表的《论缺点和优点毕露的诸家学说》，只不过是对《起源论》一书绪论中所提出的在方法论方面的某些看法作了一些补充而已。他认为《神谕史》中所研究的民间流传的迷信，是与笛卡尔、马勒伯朗士、莱布尼茨、斯宾诺莎以及布尔歇神父等人的错误是有联系的，因此他重视物理学家们的发现，因为这些物理学家们都崇尚经验，他们不是探讨原因，而是去探讨道理，提出一些假说，并且从事实到事实一步一步地追溯上去，以便仅仅从观察来建立种种学说。

由于白内障手术的成功，贝克莱的著作以及狄德罗的著作《关于盲人的信札》* 和《关于聋哑人的信札》的相继发表，使视觉和外部世界的实在之间的关联问题在“哲学家们”之间风行一时，这时候，孔狄亚克从他和费朗小姐(Mademoiselle Ferrand)的谈话中受到了启发，而补充了他的学说。他精心细致地描述了一座虚构的塑像，这座塑像在内部是和我们一样地组织起来的，它的各个感觉都在连续不断地感受着各种不同的印象，这与其说是为了对每一个感官孤立地进行分析，倒不如说是为了对《起源论》的第一卷第六篇进行修改。和洛克、贝克莱、伏尔泰一样，他主张视觉是复合而成的，同时他也主张，使我们能够把心灵的简单变化，即感觉，同外界客体发生联系的，乃是一种亲身经验的判断，这样他就在研究

* 这是狄德罗的第一篇唯物主义著作，写于 1749 年；狄德罗因此而遭到迫害，被逮捕并被监禁。

曾经被他看作是原始的那些可感知的材料的过程中，看出了精神的能动作用和判断在里边起着越来越大的干预作用，因而他就把理解力的范围扩大了。另一方面，他在识别各种不同类型的感觉时，对于被他以触觉这个一般术语包括起来的全部感觉给以极大的重视，指出快乐和痛苦、需要和愿望在知识的构成中所起的根本作用。这样，他就上溯到了理解力以外，从而得出了这样的观点，即感性从机体组织中脱颖而出，并且取得了一种表象的特性。因而，孔狄亚克在这里不过是把分析更深入了一步，使他看出了他在《起源论》中认为是简单的那些因素的复杂性，并看到了新问题的出现。

《论感觉》于 1754 年出版。这本书遭到了“哲学家们”的冷遇。他们不能容忍一位“形而上学家”做出一位极其类似于他们自己也能够随时做得到的工作，而他们曾经给他指定的任务是驳斥贝克莱的唯心主义观点。同时，他们还指责他抄袭了狄德罗和布封的著作。而另一方面，孔狄亚克的学说在当时又被神学家们，如像罗什神父和李纳克修道院长等这样一些人指责为接近洛克的学说，并跟洛克的学说一起被指控为唯物主义。其时正值政府取缔书籍，国王的密谕，巴黎大学的查禁等，自由思想的发表处于十分不利的境地。第二年，即 1755 年，孔狄亚克在《论动物》中对自己进行了掩蔽，间接地反击了这样和那样的一些攻击者。他查考笛卡尔和布封的学说的目的，只是为了用攻击和嘲笑《自然史》的作者*的手法，作为对指控他抄袭的人的回击，因为该书中有一些可加非难的观点，而这些观点却曾经受到过神学院的赞扬。他特别

* 指布封。

阐述了动物的各种官能的学说，用动物本能的学说来取代自动论，把心灵加诸动物，从理性中去探求对上帝的认识，探求人类具有道德法则和敏锐的激情，以及人类优越性的种种标志，用以显示他对唯灵论的坚信不移。并且，他把他的《关于上帝存在的探讨》一文加在该书中，指出他基于经验的真理是导致自然宗教*的，以便使求助于天启真理成为必要和合法。

在拿出了这一正统派的证据之后，孔狄亚克便和他从前的朋友们分道扬镳了，因为当局方面由于他们的大胆妄为而把他们当作可疑分子来看待。在工作方面，他偏向于与浮华趋时的人物结交往来。三年之后，即1758年，由于德·柯拉里奥先生的推荐，他被任命为玛丽·莱克金斯卡的孙子、巴尔马**公爵的儿子的家庭教师，以填补耶稣会士伏麦龙神父的空缺。在九年的时间里，他胜任地完成了他的职责，并且或许也为外交部办成了几件非正式的差使。1754年，他几乎死于天花；1765年，他获得了缪洛"世俗教士"***修道院长的职位，该修道院位于图尔教区，属于普列蒙特列会****。

1767年，在五十三岁的时候，他重返巴黎。1768年，他被提名为法兰西科学院院士，以填补德·奥利维神父的遗缺，受到巴脱神

---

* "自然宗教"一词是欧洲18世纪的用法，指有神论而言，和"自然神论"是不同的两个概念。

** 巴尔马大公国，在意大利北部，存在年代为1545年至1859年。

*** "世俗教士"，即生活于社会上、世俗界的宗教人士，不受"正规"修道院规约的限制。

**** 普列蒙特列会，由圣诺贝尔于1210年创立的天主教中的一个会的名称，该会初创于巴黎东北的普列蒙特列地方，故得其名，后设分会于法国各地。

父的接待。1769 年,他着手出版《语法》、《讲话的艺术》、《思维的艺术》和《写作的艺术》。这些书,简明扼要地介绍了他的学说的基本观点。同时,他还打算出版《古代史》和《近代史》,这两本书是研究社会的著作,它从政治和道德方面对风俗、法律和政治制度等多方面进行了详细的考察。然而,由于西班牙朝廷认为这一整套著作跟以前给巴马公爵所讲授的课程内容相同,而反对将它们全部出版。1771 年,他再版了《论缺点和优点毕露的诸家学说》。他谢绝了要求他负责王太子的三个儿子的教育的聘请,1772 年就退隐了,和他的侄女一起住在罗亚尔省的弗吕克斯城堡里。他在被任命为奥尔良王家农学院院士之后,便把晚年的光阴全部用在校订他的著作和研究农业问题方面了。

孔狄亚克利用路易十六即位和杜尔哥财政大臣上台的机会,递呈了关于贸易自由和公众福利的上疏。杜尔哥的失宠,使他的《论商业和政府的相互关系》一著成为无用之物。这部书是孔狄亚克于 1776 年,即十三部《教程》出版后一年所发表的未完成的著作,它招致了文人学士们的非难,他们把他看作是魁奈的门徒;另一方面他又招致了重农学派*的指责,这些人反对他关于实业、资本和社会存在条件的标新立异的观点。随后,孔狄亚克又从事于《逻辑学》的编著,这是一部基本理论著作,系应波多基伯爵的要求,为波兰宫廷学校教学之用而编写的;他进一步研究了数学分析,并开始编写《计算的语言》一书。

---

* 重农学派,魁奈所创立的经济学派,认为土地是财富的唯一源泉,这一理论与强调商业和贸易的重要性的重商主义尖锐对立。

他死于1780年4月2日，终年六十五岁，临终时是按天主教的仪式办理的*。他给后人遗留下的著作，对科学家们提供了一种方法，而对思想家们则提供了一种学说，这种学说在查理·德·维利埃的《康德的哲学》一书被介绍到法国之前，一直是法国哲学的基础。移民**的回国和反革命思潮的复辟，都促使把这种学说打成了"感觉论，卑不足道的感觉的理论"。比起其他一切著作，孔狄亚克的著作倒并不怎么局限于某种形式，正如戴斯鸠·德·托拉西所评论的那样，是"探讨的作品、反省的题材、推测的汇编"。他的著作试图把数学方法和物理方法所具有的准确性运用到人类的研究上来。如果说，他的著作所涉及的题材过于繁复，而难于做到这一点的话，那么，无论怎么说，孔狄亚克还是维护了摄政时代和丰德奈尔时代的科学和历史的传统，并把这种传统传给了19世纪的某些很不满足于折中主义的思想家。

雷蒙·勒努瓦

* "按天主教的仪式办理的"，系指领过"终咐"圣事而言。

** 此处所谓移民，指18世纪末法国资产阶级大革命时期逃亡国外的人，多系贵族和保王党。

人 类 知 识 起 源 论

把一切与理解力有关的东西全
都归之于一条唯一原理的著作

1746 年

引　论

最能有助于使思想明晰、精确和开阔的科学，从而也应当作为研究其他一切科学的精神准备的科学乃是形而上学。今天，形而上学在法国是如此受人忽视，以致在很多读者看来，我这番话无疑是一种奇谈怪论。我并不讳言，我本人对形而上学竟一度也曾持这样的看法。那时，我曾经以为在所有的哲学家中，形而上学家们是最缺乏明智的，他们的著作对我毫无教益。我发现，在形而上学中，几乎随处都可以找到虚影幻觉。其实，我是错把那些攻研形而上学的人们的误入歧途归罪于形而上学的本身了。我决意驱散这种错觉，追究种种谬误的根源。于是，那些与真理相离最远的人倒反成了对我最有用处的了。待我一经认清他们所循的不太可靠的路子之后，我就立刻相信，我已看清了自己应当走哪条道路了。在我看来，在形而上学和伦理学中，似乎也可以用与几何学同样的精确性来进行推理；也可以同几何学家一样，得出确切的观念；也可以同他们一样用精确的、不变的方式来规定词语的意义；最后，也能为自己制定出一种极其简洁明了而又极其浅显易懂的推理顺序，这种顺序也许要比几何学家们所已制订的顺序更为优越，足以达到一目了然的目的。

必须把两种形而上学加以区分。一种是狂妄的形而上学，它企图窥察一切奥秘；自然界、万物的本质、最隐深的原因，正是这些东西在奉承它，它也扬言要揭示这些事物。另一种是比较谦虚谨慎的形而上学，它使它所从事的研究与人类精神的弱点相称，它既不甚留恋它所无以捉摸的东西，也不过于贪求它所能够把握的事
2 物，它知道应自我满足于为它划定的范围。前一种形而上学把整个自然搞成一种像它自身一样会自行消失的奇观幻象；而后一种，由于仅仅追求看清事物的本来面貌，反倒和真理本身一样的质朴无华。与前者一起产生的是层出不穷，多不胜数的谬误，精神也满足于模糊不清的概念和意义空洞的词语，而随后者而来的是，所得的知识虽然少些，但却能避免错误，精神既变得正确，也能形成永远是清晰明了的观念。

哲学家们历来只在第一种形而上学上特别地痛下工夫，而把另一种形而上学仅仅看作是一个附属部分，几乎配不上形而上学这个美称。洛克是我奉为唯一应当看作例外的人，因为他只让自己局限于研究人类的精神，并且成功地达到了这个目的。笛卡尔既未认识我们观念的起源，亦未认识我们观念的派衍[①]，这就应当归咎于他在方法上的欠缺，因为在我们还不知道思想本身是如何形成的时候，是根本不可能找到一种可靠的方式，来指导我们的思想的。在笛卡尔学派的所有哲学家中间，只有马勒伯朗士最清楚地看出了我们错误的根源，他时而在物质中寻求比较，用以解释心灵的机能[②]，时而又迷失在一个智慧的世界（le monde intel-ligi-

① （作者注，下同）我所指的是他的《形而上学的沉思》第三卷。关于这个论题，我觉得再也没有比他所说的话更缺乏哲学气味的了。

② 见《真理的探求》，第一卷，第一章。

ble)之中，自以为在那里找到了我们观念的源泉[①]。另外一些哲学家，则一会儿在创造万物，一会儿又在消灭万物，他们随心所欲地或者把万物加在我们的心灵上，或者又把它们从心灵中一笔勾销，并且以为用这样的一种臆想，就能够说明我们精神的各种不同活动的原因，说明我们的精神获得或者损失一些知识的方式[②]。最后，莱布尼茨学派把心灵这个实体搞成了一个更为完善得多的东西：按照他们的看法，那就是一个小小的世界；就是宇宙的一面活的镜子，而且，凭借着他们赋予这个小小的世界以表象一切存在着的东西的能力，他们便夸口能够解释它们的本质，本性以及一切属性。每一个人就这样让自己的学说把自己搞得迷惑不堪。我们所看到的只不过是我们周围的一切事物，而我们却以为我们看到了一切事物；我们就像是这么一些孩子，想象在一片平原的尽头，只要一伸手就可以摸得到天似的。

这么说来，难道阅读哲学家们的著作竟是毫无裨益的吗？非
也。人们研究他们的目的，若不是至少能从他们的错误中得到教 3
益的话，那么又有谁敢自诩比那些曾为他们的时代所赏识的天才们有更大的成就呢？对于任何有志在真理的探索中通过自己的努力而取得一些进展的人来说，了解那些相信是在为他开辟道路的人们所犯的错误，乃是必不可少的事。哲学家们的经验就像是领

① 见《真理的探求》，第三卷。并请参阅他的《关于形而上学的对话》和《形而上学的沉思》* 以及他给阿尔诺先生的答复。

* 《形而上学的沉思》是笛卡尔所著，此处疑为《基督教徒的沉思》之误。

② 即《上帝对其创造物的作用》一书的作者。†

† （编者注，下同）即布西埃（L. F. Boursier），该书 1713 年出版。据勒-卢阿编《孔狄亚克哲学著作集》3:592。

航员的经验一样，即对别人曾经触过的暗礁有所认识，如果缺乏这种认识，那就绝不会有什么可以指导他的指南针了。

如果仅满足于揭示哲学家们的错误，而不进一步深究其错误的根源，那是不够的。必须从一个原因向另一个原因追溯上去，一直追索到第一个原因；因为这里面必定有一个原因，对所有迷失方向的人来说是共同的，而它就好像是通往错误的所有岔道的唯一的一个起点。或许在找到这个起点的时候，人们就会在这个起点的旁边看见另一个通往真理的唯一道路的起点。

我们的首要目的，即我们永远不应有所模糊的目的，就是对人类精神的研究，这种研究并非为了揭示精神的本性，而是在于认识精神的活动，观察这些活动是以什么方式组合起来的，以及我们应当怎样来引导这些活动，以便获得我们力所能及的全部智慧。这就必须追溯到我们观念的渊源，阐明观念的派衍，进而跟踪这些观念，直到大自然为它们所规定的极限，从而确定我们知识的广度和范围，更新人类的全部理解力。

唯有通过观察的途径，我们才能卓有成效地进行这些探索，而且我们应当希求的仅仅是发现一种谁也无法加以否认的，又足以解释其他一切经验的最初的经验。这一最初的经验应该能明白地指出，什么是我们知识的源泉，什么是知识的材料，这些材料遵循什么原则来运用的，在运用这些材料时应当使用什么工具，而为了使用这些材料，又必须采用什么方法。对于这一切问题，我觉得已经在观念的联结——或者是观念与信号的联结，或者是观念与观念的联结——上找到了答案。在逐章阅读本论著的过程中，读者是能够得出这个结论的。

读者可以看出，我的意图是要把一切有关人类理解力的东西统统归结到一条唯一的原理上去，你们还可以看出，这条原理既不会是一个空洞的命题，也不会是一条抽象的格言，更不会是一个毫无根据的假设，它是一个恒常不变的经验，得自这个经验的所有结果，又将由新的经验来加以证实。

观念通过信号来相互联结，而且，正如我将要证明的那样，也 4
只能凭借这样的方法，观念与观念之间才能互相联结起来。所以，在关于我们知识的材料、心灵和肉体的区别，以及感觉等问题略作一番叙述之后，为了阐明我们的原理，我一方面不得不跟踪心灵活动中的每一进展，另一方面还要探究我们怎样养成使用各种各样的符号的习惯，以及我们应当给这些符号规定怎样的习惯用法。

在完成这一双重目的的过程中，我就已经在我力所能及的高度来考虑事物了。一方面，我已经上溯到了知觉，因为它是我们在心灵中所能观察到的第一个活动；而且我已经指明，这第一个活动是如何，并且按照什么样的顺序来产生我们得以获得运用的一切活动的。另一方面，我从动作言语入手。我们将看到，动作言语是怎样产生适宜于表达我们思想的各种艺术的：姿势体态的艺术、舞蹈、说话、演说、把说白标记音符的艺术、哑剧的艺术、音乐、诗歌、雄辩术、书写，以及各种语言的不同文字等等。这部语言的历史将指出人们在创制符号时所处的各种环境；它将使人们了解符号及其真正的意义，将使人们学会如何预防符号的滥用，并且，我想，它在我们观念的起源上也不会遗留下任何疑窦。

最后，在对心灵活动的进展和言语的进步作了阐述以后，我便试图指出，用什么方法才使我们避免错误，并指明我们所应遵循的顺序。这样做，或是为了有所发现，或是为了用人们已取得的发现来教育他人。总的说来，这就是本论著的打算。

一个哲学家往往声称拥护真理，但却并不知道真理到底是什么。他看到了一种在他之前一直被人们弃之不用的观点，便将它采纳过来，这倒并非因为这种观点在他看来是比较卓越的，只是因为他希冀成为一个学派的开山鼻祖而已。事实上，一种学说的创新，几乎历来总是能确保其成功的。

这也许就是促使逍遥学派[*]把我们的一切知识全都来自感官作为原理的动机吧。但他们离开对这条真理的认识还是那么遥远，以致他们之中简直没有谁知道如何阐明这条真理，直到过了好几百年之后，它依然是一个有待揭示的问题。

第一个看出这条真理的恐怕要算是培根了。这条真理就是他的一部著作的基础，在这部著作里，他对各门科学的进步提出了精
5 辟的见解[①]。而笛卡尔学派对这条原理却轻蔑地予以否定，因为他们仅仅是根据逍遥学派的著作来作出判断的。后来，这条原理终于为洛克所抓住，从而捷足先登，成为论证这条原理的第一个人。

然而这位哲学家却似乎从来没有把论述他列出的关于人类理解力的论题作为主要目标。他对这部论著时辍时续；并且，尽管他也曾预料到，像这样编述成的一部著作难免会给他招致非议，可是，正如他自己所说的那样，他当时既没有勇气，也没有闲暇来把它重写一遍[②]。这就是为什么必须舍弃充斥在他的著作中的冗

* 逍遥学派（les Péripatéticiens），即亚里士多德学派。

① 见《新科学工具》（*Novum Organum Scientiarum*）[**]。

** 这部书从 1671 年写起，到 1687 年才完成。

② 请参阅他的序言。

长、重复而杂乱无章的叙述的缘故。洛克原是完全有能力改正这些缺点的，也许正是由于这一点，他就更难得到人们的原谅。比如，他已经看出，词语和我们使用词语的方式，都能够使我们观念的原理更加明晰①，可是，因为他自己对于这个问题发觉得为时过晚②，所以就不得不在他著作的第三卷里论述了本来应当放在第二卷里论述的题材。假使他能够下决心把他的著作重写一遍，那么揆情度理，他必定能够将人类理解力的各种原动力阐发得更加完善得多。因为没有这么做，他就显得过于轻描淡写地一笔带到我们知识的起源上去了，而这正是他探讨得最不够深入的一部分内容。比如说，他假设当心灵通过感官获得了一些观念时，心灵马上就能够将这些观念随心所欲地加以重复，加以组合，把它们变化无穷地结合在一起，并且用它们来构成各种各样的复合概念。然而情况却经常是这样的，即我们还只是在婴儿的时候，远在知道从感觉中抽取观念之前，就早已体验了种种感觉。因此，从最初的一霎那起，心灵并不具备运用它一切活动的能力，为了更好地阐明我们知识的起源，就有必要指出，心灵是如何获得运用其一切活动的能力的，而这种运用能力又是如何逐步发展的。洛克好像在这个问题上未曾作过思考，而且也没有人曾就这一点对他进行过指责，或者试图补充过他著作中这一部分的不足。解释心灵活动的派衍，把它的各种活动都归结为出自一种简单的知觉的这种打算，或

① 第三卷第八章第10节。

② 他在第三卷、第九章、§21中说："我承认，当我开始写这部著作的时候，并且在以后很长的一段时间内，在我的思想中，丝毫不曾意识到有必要来对词语作什么思考。"

6 许是过于新奇了，以致读者很难了解我将用什么方法来进行这种工作。

洛克在他的《人类理解论》的第一卷中，对于天赋观念的论点作了考察。我不知道他有没有花费足够的笔墨来驳斥这种错误的看法；但我现在所提供的这部论著，将间接地对这种错误给以毁灭性的打击。在第二卷的某些地方，他论述到心灵的一些活动，可是却过于肤浅了。词语是他在第三卷中的论题，我觉得他是第一个以真正哲学家的风度对这一题材进行写作的人。然而，我认为，无论是因为这一题材还能以一种新颖而范围更广的方式来加以审察，还是因为我确信，符号的使用乃是发展我们一切观念的幼芽的原理，这一题材都应当作为我们的论著中的一个重要部分来加以论述。此外，洛克在他的著作的第二卷论及若干种观念（如空间、时间等）的产生，以及他的一本题为《知识通讯》的著作的第四卷里谈了很多精辟的内容，固然其中有许多观点是我远远不能赞同的，但是，由于这些题材更主要地是属于我们知识的广度方面的，因此就不列入我的计划之内，我也就没有必要对此多费口舌了。

第一卷

论我们知识的材料，特别是论心灵的活动

第一篇

第一章　论我们知识的材料，兼论心灵和肉体的区别

§1　无论我们上升，比方说，直上九霄云外，或者下降，坠入万丈深渊，我们都绝不能脱出自身之外；而我们所能觉察的，也永远只能是我们自己的思想。不管我们的知识是什么样的，只要我们愿意追溯这些知识的起源，我们最终总能达到一个最初的、简单的思想，这个思想就是第二个思想的对象，而这第二个思想又是第三个思想的对象，依次类推。如果我们想要认识我们对事物所具有的观念，那么，必须阐明的就是上述的思想顺序。

§2　要问我们思想的本性是什么，那是徒然的。只需对自身作一次反省，就足以使人信服，我们对从事这种研究是束手无策的。我们可以感觉到我们的思想，我们可以把思想和一切非思想的东西区分得泾渭分明，我们甚至也能把我们所有的思想一个个彼此区分开来，这就足够了。从这一点出发，我们就从一件认识得
一清二楚的事情上迈开了步子，这件事情绝不会把我们引入任何 8
错误。

§3　不妨来考察一下一个人在他刚出生时的情况：他的心灵

首先感受着不同的感觉,比如光亮、颜色、疼痛、快乐、运动、静止。这些就是他最初级的思想。

§4　我们接着再来看看他开始对各种感觉在他身上所引起的东西进行反省那些时候的情况吧,我们会看到,他对心灵各种不同活动形成了一些观念,比如知觉、想象,这些就是他的第二级思想。

这样,根据外界的客体对我们所起的作用,我们就能通过各种感官接受着各种不同的观念,而且,根据对感觉在我们的心灵中所引起的活动进行反省,我们就获得了一切我们不能取自外界事物的观念。

§5　因此,感觉和心灵活动,就是我们的全部知识的材料,即反省所使用的材料,反省通过对这些材料进行一些组合,来寻求这些材料所包含的关系。但是,一切成功又离不开人们所处的环境。而最有利的环境,乃是那些能最大量地向我们提供适宜运用反省的客体的那些环境。比如,那些受命来治理人们的人所处的壮伟的环境,就是使之养成极其远大的目光的一种机会。在上流社会中不断复现的环境,就造就了这样的一种精神,人们把这种精神称为是天生的,因为这种精神并非学习所能造就,人们也无从指出这种精神产生的原因。可以断言,一切观念莫不是得自后天的:最初的观念直接来自感官,尔后的观念则得自经验,并且随着人们反省能力的增长,这些观念也就愈益增多。

§6　原罪*使心灵变得如此地依附于肉体,致使不少哲学家

* 基督教教义中说,人类的始祖亚当和夏娃由于不听上帝的话而犯了罪,被逐出伊甸园。因此他的子孙,即整个人类,从每个人的出生起就犯了罪,这种罪叫做“原罪”。每个人本人所犯的罪叫做“本罪”。

把这两种实体混为一谈。他们认为,心灵不过是肉体中最精细、最敏锐、是最具运动能力的东西。然而,这种看法乃是由于他们在根据准确的观念进行推理的时候不够过细所致。我要问他们一下,他们对于肉体究竟是如何理解的呢?如果他们愿意以一种精确的方式来回答的话,他们就不会把肉体说成是一个单一的实体;而会把它看成是若干实体的一种组合体(l'assemblage),一种集合体(la collection)。假如说思想是附属于肉体的,那就要么是等于说,肉体是个组合体和集合体,要么就是因为思想是构成肉体的每 9
一实体的一种属性的缘故。然而,组合体和集合体这两个名词仅仅意味着若干事物之间的一种外部关系,一种相互依存的存在方式。通过这样的一种结合,我们才把它们看成是构成了一个单一的整体(le tout),虽然事实上,要是将它们相互分离开来,它们就不再成其为单一的一个。由此可见,这些都只不过是些抽象的术语而已,从外表来看,它们并非指一个单一的实体,而是指一堆实体。肉体既然作为组合体和集合体,那就不可能是思想的主体。

那么,我们能否把思想分到组成肉体的各个实体中去呢?首先,当思想还只是一个单一的、不可分割的知觉的时候,那是不可能的。其次,当思想已经是由一定数目的知觉构成的时候,这种假设仍然必须予以否定。假定肉体这个复合体中含有 A、B、C 三个实体,它们分别担负着三种不同的知觉,那么试问,它们可以在哪里进行比较呢?不可能在 A 里面,因为它不可能把一个它所具有的知觉同它所不具有的知觉进行比较;根据同样的理由,也不能在 B 里面,或者在 C 里面。由此就必须承认,存在着一个交会点,即一个实体,这个实体同时是这三种知觉的一个单一的不可分割的主体；由此可见，它是有别于肉体的，一句话，它就是心灵。

§7　我不知道洛克[①]怎么会提出这样的说法，他说，我们也许永远不可能知道，上帝是否给用某种按一定方式排列起来的物质堆赋以思维的能力。不应当这么设想，即为了解决这个问题，就非得了解物质的本质和本性不可。建立在这种无知之见上的推理纯属儿戏。只要指出这一点，就足够了；思想的主体应当是单一的。可是，一堆物质却并不是单一的，而是一个群(la multitude)[②]。

§8　心灵既然独立于并且不同于肉体，肉体就只能是那种似乎产生于心灵中的东西的偶因。从而必须断言：我们的感官只不过是偶然地成了我们知识的源泉而已。但是，一件由于偶因而产生的事物，也可以在没有这种原因的情况下产生，因为某一结果只有通过一定的假说才会依赖于它的偶因。因此，心灵毋须借助于感官也完全能获得知识。在犯下原罪之前，心灵确是处于一种与它今日所处的截然不同的体系之中的。由于没有无知和情欲，心

---

① 见第四卷第三章。

② 有人反驳我说，指示时间的这一属性是不可分割的。我们不能够说，这一属性是可以划分到一只表的各个齿轮中去的。因此这一属性是存在于整体之中的。既然如此，思想的属性为什么不能寓于一个有机结构的整体之中呢？我的回答是，指示时间的属性之所以能属于一个复合的主体，乃是由于时间的本性所决定的；因为，时间仅仅是一种延续，一切有运动能力的东西都可以用来测量时间。有人还反驳我说，尽管在杂乱无章有碍于将一个物质堆视为一个整体的时候，我们不能把单一应用于物质堆；可是，单一却适用于一个排列有序的物质堆。我同意这种说法，可是我将补充的是，在这种情况下的单一，从严格的意义上来说，并不能被认为是真正的单一，而是作为其他一些单一的一个复合的单一，因此，它实际上仍然是集合体，是群，但我们所打算谈的并不是这样的单一。

灵那时能管束自己的感官，停止感官的活动，并且任意改变感官的活动。因而，心灵在感官的使用之前就已经具有了观念。然而，由于心灵不听上帝的话*，事情就大大地改观了。上帝剥夺了它的全部这种支配权，心灵就变得如此地依赖于感官，以致感官成了它们所偶然引起的东西的生理原因，而对心灵来说，除了感官给它传送的知识而外，就再也没有别的知识了。从而无知和情欲相继而来。我给自己提出来研究的，正是心灵的这种状态，它是唯一可以作为哲学家的研究对象的东西，因为它是经验可以使人认识的唯一的东西。因此，当我以后说到我们的所有观念无不来自感官时，就必须记住，我所说的仅仅是犯下原罪以来我们所处的状况。把这一命题应用于处于清白无辜状态时的心灵，或者用于与肉体分离后的心灵上去，就都将是完全错误的。我并不论述在上述两种情况下的心灵的知识，因为我只知道根据经验来作推理。此外，如果说去认识，尽管我们的始祖犯下了原罪，上帝仍然给我们保留其使用的那些机能，正如人们会深信不疑的那样，对于我们是至为重要的话，那么去猜测上帝从我们身上收回了的，并且只有过了今生才能归还给我们的那些机能，就是徒劳无益的了。

因此，再说一遍，我的话仅限于针对心灵的目前的情况而说的，这样一来，既不涉及把心灵视为独立于肉体的问题，因为它的隶属是十分明确的；也不涉及把心灵视为结合在一个处于不同于我们所处的体系中的体系的问题。我们唯一的目的，应当是凭借

---

* “不听上帝的话”：《圣经》中说，上帝不让亚当和夏娃吃苹果（智慧果）。夏娃听了蛇的话，吃了苹果，并劝亚当也吃了。上帝知道后，把他们从“伊甸乐园”中驱逐出去。

经验，并且只能按照谁也无法加以怀疑的事实来作推理。

第二章　论感觉

§9　人们称之为感觉(la sensation)的，乃是这样的一些观
11 念，即一旦我们丧失了感官，就再也无法获得它们，这是最清楚不过的了。因此，没有一个哲学家曾提出过感觉是天赋的说法，因为这种说法极明显是与经验相抵触的。可是他们都硬说感觉不是观念，好像它们本身并不像心灵的其他任何思想那样具有同等的表现力似的。他们因而把感觉看成只是后于观念而生的、并使观念有所改变的某种东西。正是这种错误，使他们设想出一些离奇到无法理解的学说。

只要稍加注意，就可以使我们知道，在我们察觉到光亮、颜色、坚硬的时候，这些感觉以及其他类似的感觉就足以使我们获得人们通常对物体所具有的一切观念。难道这里面还有哪个观念实际上不包含在这些最初的知觉里呢？难道人们在这里还不能找到广延、形状、地点、运动、静止以及依赖于上述知觉的一切观念吗？

因此，我们得抛弃关于天赋观念的假说，并且假定，上帝所赋予我们的仅仅是光亮和颜色之类的知觉。这些知觉难道没有对我们的眼睛勾画出广延、线条和形状吗？但是，有人说，我们不能够通过感官来确定事物是否真如它们所呈现的那样，因此，感官绝不能对事物提供任何观念。这算是什么结论啊！难道用天赋观念就能更有把握地确定事物的本来面目了吗？说只有通过感官才能正确地认识一个物体的形状究竟是怎样的，这有什么要紧呢？问题

在于弄清，即使在感官欺骗我们的时候，它们是否就不能给我们提供某个形状的观念了。我看见一个形状，我制定它是五边形，尽管这个形状在它的某一条边上形成了一个不易察觉的角。这确是一个错误。但是说到底，这个形状在给我提供一个五边形的观念时，又究竟打了多少折扣呢？

§10 然而，笛卡尔学派和马勒伯朗士学派[†]却如此大叫大嚷
地反对感官，他们如此喋喋不休地说，感觉无非都是些错误和幻 12
觉，说我们应当把它们视为获得知识的一种障碍；并且说，出于对真理的热忱，如果可能的话，我们宁愿摆脱感官。这些哲学家们的指责倒也并非绝无根据。他们正在这方面曾经如此机敏地举出好些错误，以致如果矢口否认我们应当向他们表示谢意，那就未免太不公道了。可是，在这里难道没有一条折中的办法可采取吗？难道我们就不能像找到错误的根源那样，在我们的感官中找到真理的一脉源泉，并且把这两者彼此区分得如此清楚，使人们能够经常从真理的源泉中吸取养料呢？这正是我们所要探讨的。

§11 首先，十分明确的是，当我们在感受某些感觉的时候，没有什么东西能够比我们的知觉更为清楚、更为明白的了。还有什么能比声音和颜色的知觉更为清楚呢？还有什么能比这些知觉更为明白呢？我们几曾发生过把这两种事物混为一谈的情况呢？可是，如果我们想要探讨它们的本性，并且了解它们是如何在我们身上产生的，那就绝不应该说我们的感官欺骗了我们，或者说它们

† （编者注，下同）参看笛卡尔，《折光学》第四至第六篇，《沉思集》第六沉思；《哲学原理》第四篇。马勒伯朗士《真理的探求》第一卷第五至第二十章。

给我们提供了一些含糊和混乱的观念。只要稍加反省，就可以看出，感官丝毫也没有给我们提供过什么含糊、混乱的观念。

然而，不论这些知觉的本性如何，也不论它们是以何种方式产生的，假如我们要在它们里面寻找广延的观念，寻找线条、角度以及某些形状的观念，那就可以肯定说，我们是必定能极其清楚、极其明白地找得到的。假如我们还要在那里再加追究，我们应当把这种广延和这些形状联系到什么东西上去的话，我们将会同样清楚，同样明白地看出，它们并不联系在我们的身上，也不联系到我们思想的主体上，而是联系到我们身外的某些事物上的。

但是，如果我们想在那里找出某些物体的绝对大小的观念，或者甚至是它们的相对大小的观念，以及它们固有形状的观念，我们在那里所找到的却只是一些非常可疑的判断。一个客体，由于其位置的或远或近，它在大小和形状上所表现出来的样子也就完全不同。

因此，在我们的感觉中，有三种事是必须加以区别的：一、我们所感受的知觉；二、我们将知觉和我们身外的某个事物所建立的联系；三、我们所联系到事物上去的，实际是属于事物本身的判断。

在我们身上所产生的东西里面，以及在我们和外界所建立的
13 联系里面，都是既无错误，又不含糊，也不混乱的。比如，不妨思考一下，如果我们有了某种大小和某种形状的观念，同时我们把这些观念联系到这样的物体上去，那么，这儿是不会有什么不真实、不清楚、不明白的。一切真理的源泉盖出于此。一旦发生了错误，这只是由于我们把这种大小和这种形状判断的事实上是属于这种物体的了。比如说，如果我从远处看一座方形的建筑物，它在我看来

好像是圆形的，那么，在圆形这个观念里，或者在我同它建立的联系中，是否就带有含糊的混乱了呢？没有，只是我把这座建筑物判断为圆的了，错误就在这里。

因此，当我说到我们的一切知识都来自感官的时候，不应当忘记，这只是指人们从感官所含有的那些清楚、明白的观念中所提取出来的知识。至于伴随它们而来的那些判断，只有在一条相当成熟的经验纠正了它们的种种缺点之后才能对我们有用。

§12　我们关于广延和形状所说的话完全适用于感觉的其他观念，并且可以解决笛卡尔学派的问题，即要弄清颜色、气味等等是否存在于客体里面的问题。

毋庸置疑，必须承认存在于物体中的质，正是这些质，在物体作用于我们的感官时引起了印象。人们认为造成困难的，是在于知道这些质和我们所感受的质是否相同。使我们感到困惑的可能是，由于在我们身上发现了广延的观念，而设想在物体中存在着某些类似的东西亦未见到有何不妥，于是人们就想象在物体中也存在着某些和颜色、气味等知觉类似的东西。这正是一种轻率的判断，它只不过是建立在上述比较上的，其实，人们从这种比较中是得不到什么观念的。

广延的概念，撇开其所有的疑难，而从其最清楚的一面来加以思考，无非是若干在我们看来是彼此分开①的事物的观念。这就是为什么当我们假定外界有某一事物和这个观念相符时，我们总

① 莱布尼茨学派把这说成是合一的，但在涉及抽象的广延时，这种说法是毫无益处的。只有我们假设，在这些彼此分开的事物之间有别的东西在把它们分开着，我们才能想象这些事物是彼此分开的，而总体则带有合一的观念。

是把它想象成就像我们仅仅在观念本身中考察它一样清楚。至于颜色、气味等等，那就完全是另一回事了。只要我们在对这些感觉
14 进行反省时把它们看作是在我们身上一样，就像是我们所固有的东西，我们对它们就能获得极其清楚的观念。但是，不妨这么说，如果我们想要把它们从我们身上去除掉，并把它们加到客体上去，我们就会造成一个我们对之不再具有观念的事物。我们之所以把它们归诸于客体，仅仅是因为一方面我们不得不在客体中假设有某种东西在引起它们；而另一方面，这种原因又是我们完全无法知道的。

§13　或者有人会求助于模糊和混乱的观念或者模糊和混乱的感觉的说法，这种说法也是徒劳无益的。这种言语在那些用词十分讲究精确的哲学家中间是不能容忍的。假如你看到一幅肖像，画得模模糊糊，胡乱地好像有点儿像，请你把这个想法继续发展下去，你就可以看出，这幅肖像在某些地方和原来的形象是相符的，而在另一些地方则毫不相符。我们的每一个知觉也是这样的，知觉所包含的东西是清楚而明白的，而人们对它们设想的那些含糊和混乱的东西无论如何也是不属于它们的。人们也不能像一幅肖像那样把它们说成只是部分地像。每一个知觉都是极其简单的，凡是和它们有某种等同关系的东西，对它们来说就是全同的。这就是为什么我要声明，在我的言语中是具有清楚而明白的观念这样一些说法的，说得更直截了当一点，就是具有观念，而具有含糊和混乱的观念，那就是等于什么观念也没有。

§14　使我们信以为我们的观念有可能是含糊和混乱的，乃是由于我们没有把这些观念同习惯用语充分地区别开来的缘故。

比如,我们说雪是白的,同时我们也另外作了千百次的判断,却并没有想到要把词语方面暧昧去除掉。这样,因为我们的判断是用一种含糊和混乱的方式来表达的,于是我们可以设想,这种含糊和混乱重又落到判断本身上去了,并且落到组成判断的观念上去了。只需一条定义就可以纠正这一切。如果我们把白理解成我们知觉的物理原因,那么雪便是白的;如果我们把白理解成类似于知觉本身的某种事物,那么雪便不是白的了。因此,这些判断就不是含糊和混乱的,而是要么正确,要么错误,根据人们采用术语时所取的意义而定的了。

促使我们接受含糊和混乱的观念的还有另一种动机,那就是我们求知贪多的这种无法抑制的欲望。这似乎是我们好奇心的根子,希望哪怕是马虎、胡乱地知道些也好。这就是为什么我们有时 15
很难觉察自己缺乏观念①。

另有一些人证明了颜色、气味等等非存在于客体之中。但我总觉得他们的推理并不足以使人的精神得到启发。我采取了一条截然不同的道路,而我深信在这些题材上也同在其他很多题材上一样,只要阐明我们的观点,就足以确定人们应该赞同哪一种意见。

---

① 洛克承认有清楚的和模糊的,明白的和含糊的,真实的和虚假的观念。可是他对此所作的解释使人看出,我们只是在解释的方式上有所不同而已。我所采用的这种解释具有更加清楚、更加简明的优点。由于这个原因,这个解释应当更受到人们的喜爱;因为,只有努力简化言语,才能使人们避免言语的滥用,这部论著将自始至终证明这一点。

第二篇　心灵活动的分析和派衍

16　我们可以把心灵的各种活动，按其特别有关于理解力这一方面，或者特别有关于意志力这一方面，分为两类。这篇论文的目的表明，我打算仅就心灵活动与理解力有关的这一方面来观察它们。

我将不局限于给它们下些定义。我将尝试用一种人们尚未得出过的、更加鲜明的观点来审察它们。这涉及阐明它们的发表，并看看它们如何全都是一个最初的、仅仅是一个简单的知觉的心灵活动产生出来的。仅此一项研究就要比那些逻辑学家的所有法则都更有用处。其实，要是人们对心灵活动的派衍了解得一清二楚的话，怎么还会对引导心灵活动的方式一无所知呢？可是，形而上学的整个这一部分，直到如今还是处于一片极大的混乱之中，致使我不得不在某种方面给我自己创造出可以说是一种全新的言语来。对我来说，把准确性同像在日常的习惯用法中的那样意义不确的符号给合在一起，是不可能的。然而，我将尽力使细心的读者比较易于理解我的观点。

第一章　论知觉、意识、注意和回忆

17　§1　知觉，或者通过感官的作用而在心灵中引起的印象，是理解的第一个活动。知觉的观念是这样的，即它不能通过任何论述来获得，只有在我们被某种感觉触动时，对我们所感受到的东西作一次反省，才能提供这种观念。

§2 如果心灵对客体没有知觉，客体即使对感官施加作用也是枉然，心灵永远也不会知道它们。因此，最初级、最低阶段的知识就是知觉。

§3 但是，既然知觉只能随着作用于感官的印象而来，那就可以肯定，这种最初阶段的知识，也必定根据人体组织之能接受或多或少的不同的感觉而具有或多或少的广度。试举那些没有视觉的人为例，再举一些没有视觉和听觉的人为例，并且这样继续举下去，不久，你就会举到这样的一些人，他们由于什么感觉也没有，于是就什么知识也不能得到。相反，如果可能的话，不妨假设有这么一些比人类更完善的动物，它们具有一些新的感官，那就会有多少新的知觉啊！因而，它们所能获得的知识又会有多么丰富啊！而我们对那些知识就只好望洋兴叹，甚至连猜想都猜不出来。

§4 有时，我们研究的对象愈是简单，我们的研究就愈感到困难。对于知觉的研究就是一个例子。从表面上看来，还有什么能比断定心灵是否知道它所感受的一切知觉更容易呢？除了对其本身进行反省之外，还需要什么别的东西呢？所有哲学家无疑都曾对此作过研究。但是，有一些人念念不忘他们的原则，因而就只好承认在心灵中存在着一些心灵永远也不知道的知觉①；而另一些人则只好认为这种意见完全是不可理解的②。我将力图在下面

① 笛卡尔学派、马勒伯朗士学派以及莱布尼茨学派。

② 洛克和他的信徒们。

18 的章节中解决这个问题。而在本节中，只需指出这一点就够了，即大家一致认为，心灵中不存在心灵所不知道的知觉。然而，为心灵提供知识的，并且至少把它在心灵中所经历的一部分报知心灵的这种感觉，我将把它称为**意识**(la conscience)假如确像洛克所主张的那样，心灵绝不可能具有它所不知道的知觉，从而与心灵中有一种它所不知道的知觉的说法相矛盾，那么知觉和意识就只应该被看作是单一的而且是同一的活动了。反之，如果相反的意见是正确的话，那么知觉和意识就是两个相互有别的活动，并且正如我刚才所假定的那样，我们的知识确切地说来是开始于意识，而不是开始于知觉的。

§5　在我们同时具有意识的若干知觉之间，我们经常会觉得对其中的一些知觉比另一些具有更多的意识，或者这些知觉更能使我们鲜明生动地知道它们的存在。甚至，对某些知觉的意识越是增强，则对另一些知觉的意识就越是减弱。假定某人在观看一场演出，在那里有一大堆客体，好像都在争夺着他的视线，他的心灵将受到大量知觉的冲击，而这些知觉他也是一直知道的。但是，慢慢地，有一些知觉使他更感喜悦，更感兴趣，因而他就更愿意陶醉于它们之中。从那时起，他就开始被其他的知觉触动得少了，而对它们的意识也同样不知不觉地减退了，一直减退到了这样的地步，当他清醒过来的时候，他竟已记不起曾否知道过它们了。在剧场里所产生的幻觉就是这种情况的明证。有一些时候，意识好像并不是平均分配于进展的剧情和这出戏的其余部分之间的。首先似乎是，能够分散注意力的客体越少，幻觉就会显得越是鲜明生动。然而，人人都可能发现过，当一出戏演得极其精彩动人的时候，再也没有比这更能令他坚信他是一幕引人入胜的场面的唯一见证者了。这也许是客体的数量、纷繁和壮丽刺激了感官，激发和升华了想象力，并且，由之而使我们更易于感受诗人想要产生的那些印象。此外，也许还有观众自己作出的榜样在彼此影响着，使他们共同把视线凝注在戏剧的场面上。尽管如此，由于这种活动，我们的意识，对某些知觉来说，会增长得如此强烈，以致这些知觉就好像是我们唯一知道的东西似的。我把这种活动称之为**注意** 19
(l'attention)。因此，所谓注意于一件事物，就是对它所产生的知觉，比对像它一样地作用于我们感官的其他事物所产生的知觉具有更多的意识，而且，对这件事物的注意越强烈，我们对其他事物所产生的知觉能记得起来的也就越少。

§6 因此，我把我们具有意识的知觉分为两类：一类是我们至少随后还能记得起来的知觉，另一类是我们刚有过之后就立即遗忘了的知觉。这种区分是建立在我们刚才所引证的经验之上的。曾经陶醉于幻觉的人，对于一幕生动感人的场面在他身上所造成的印象将记得极其清楚，而他对同时从这出戏的其余部分所获得的印象却往往不能记起。

§7 在这里，人们可以对我的意见取两种不同的看法。第一种看法是说，如同我们所假设的那样，心灵并未感受过我所如此迅速地遗忘了的那些知觉，这是人们试图用生理上的原因来解释的。他们也许会说，可以肯定，只有在客体对感官的作用能传达到大脑[1]的时候，心灵才会具有知觉。然而人们可以假设，由于从引起

[1] 或者，如果愿意的话，可以说是传达到大脑中被称作**共同感觉中枢**(sensorium commune)的那一部分。

幻觉的场面中所获得的印象，大脑的神经纤维处于一种如此强烈的兴奋之中，致使它拒绝接受其他一切印象。从这里，人们会得出结论说，心灵除了对之保存记忆的知觉而外，别无其他的知觉。

但是，当我们把我们的注意集中在某个客体的时候，大脑的所有神经纤维竟会同等地受到刺激，以至于不能剩下很多其他的神经纤维来接受另一个不同的印象，这似乎不大可能的。因此，有理由设想，在我们身上产生过一些我们在有过之后就马上记不起来的知觉。目前这还只不过是一种即将加以证明猜测，尽管在可能性很大之列。

§8　第二种意见是说，在感官中形成的印象没有一个不是传达给大脑的，从而无不在心灵中产生一种知觉的。不过，得补充的是，对这个知觉是没有意识的，或者说，心灵对它一点也不知道。
20 在这一点上我是赞同洛克的，因为，我认为对于这样的一种知觉是绝没有观念可言的；我也很愿意让人家说我是在觉而不知着。

§9　因此我想，我们对在心灵中所产生的印象总是具有意识的，不过，有时这种印象是产生得如此淡薄，以致过了一会儿后，我们就再也记不起它们了。举几个例子就可以把我的想法全说明白了。

我承认，有一段时期，我似乎觉得在我们身上产生过一些我们对之没有意识的知觉。我是以这种看来相当简单的经验为依据的，即我们即使把眼睛闭上千百次，也好像并不知道我们是处于黑暗之中。但是，在获得其他经验的时候，我就发现了自己的错误。有一些知觉是我所并未遗忘的，它们必须以在我有过之后转眼就再也记不起来的另一些知觉为前提，这样一些知觉就把我的看法改变了。在人们所获得的许多经验中，下面这一条是显而易见的。

不妨在读完一本书后，对自己作这么一番反省，好像我们仅仅对由阅读而产生的一些观念才具有意识，而我们对每一个字母的知觉，好像并不比我们对每次不由自主地眨一下眼皮所造成的黑暗的知觉具有更多的意识。但是，如果思考一下，要是对字母的知觉不具有意识的话，我们对单词也就不会具有任何意识，从而，对于意义也就不会具有观念；那么，我们就不致为这种表面现象所迷惑了。

§10　这种经验自然而然地证明了人人都曾体验过的一件事：那就是时间有时好像是以惊人的速度飞逝过去似的。这种现象是由于我们把在我们心灵中接踵而来的知觉的绝大部分都遗忘了的缘故。洛克指出，我们只是通过我们思想的连续，才形成了一个时间连续的观念。而某些知觉，在它们被遗忘得一干二净的时候，就好像压根儿没有发生过一样。因此，知觉的连续性应当是随时间的连续性的缩短而缩短的。这样一来，一段相当长的时间，比方说，几个钟头吧，在我们看来就会显得像转瞬即逝的那样。

§11　上述解释使我不必再列举什么新的例证了，因为它对愿意加以思考的人来说将提供充分的证据。每个人都可以注意
到，在他觉得极其短暂的一段时间内，他所感受到的知觉之中，尽 21
管有很多已经被遗忘得一干二净，但他的行为却证明他对它们是曾经有过意识的。然而，并非所有的例子在此处都是同样适用的。当我以为，我在无意中闭上眼皮并不会使我知道我是处于黑暗之中的，那时，那个例子就曾使我迷惑过。可是，通过一个例子来解释另一个例子，那是再合理不过的事。我之所以会出此错误，是由于黑暗的知觉是如此短促，如此转瞬即逝，而对这个知觉的意识又

是如此微弱，以致我对这种知觉简直没有留下任何记忆。其实，只要我对我眼睛的运动加以注意的话，这同一个知觉就必定会变得极其强烈，以致我对曾否有过这种知觉不再会有什么怀疑。

§12　我们平常不仅是把我们的一部分知觉忘掉，而且有时，当我们没有把我们的注意力集中起来的时候，我们竟会把所有的知觉全都忘掉。因而，在接受在我们身上产生的知觉时，我们对这些知觉的感知并未厚此薄彼，而是因为对这些知觉的意识如此微弱，以致一旦有人使我们脱离这种状态时，我们竟会记不起曾否感受过这些知觉。假定有人给我看一幅画面极其复杂的画，而且乍一看去这幅画的各部分中并没有哪一部分能比其他部分更强烈地打动我，并且，在我还没有来得及细加观察的时候，他就把这幅画拿走了；那么，可以肯定，画面上没有一个引人注目的部分会不在我身上产生过一些知觉的；但是，我对这些知觉的意识是那样的微弱，以致我简直不能把它们回忆起来。这种遗忘并非是由于知觉延续时间的短暂而造成的。即使假定我曾目不转睛地对这幅画注视很长的时间，只要补充说我并未轮流地对画的每一部分的知觉给以较强的意识，那么，即使在我对它注视了几个钟头之后，我对这幅画仍然不可能有比最初那一时刻更多的了解。

对这幅画所引起的知觉来说是这样，那么，按照同样的理由，对我周围的客体所引起的知觉来说也应当是这样。如果这些客体是以差不多相等的强度作用于感官的，则它们在我身上就会产生一些在鲜明程度上也差不多是相同的知觉；如果我的心灵听凭感官的印象行事，而不设法使之对某一知觉比对另一知觉具有更多的意识，则我对在我身上所发生的事情将不会留下任何记忆。在

整个这一段时间里，我觉得心灵就好像是处于一种半睡眠的状态之中，这时它不为任何思想所占据。不管这种状态是延续了几个 22
钟头，还是仅仅只有几秒钟，在我所感受的一系列的知觉中，我都觉察不出这两种情况有什么差别，因为无论在这种或是那种情况下，这些知觉都同样被忘掉了。即使让这种状况延续几天、几个月或者几年，一旦由于某种鲜明的感觉而使人们脱离这种状况时，他们回忆起几年的时间就会觉得好像只有一瞬间一样。

§13　可以断言，我们对我们绝大多数的知觉是丝毫不能加以考虑的，并非对这些知觉没有意识，而是因为它们在片刻之后就被忘掉了。所以不为心灵所知道的知觉是没有的。因此，知觉和意识就只不过是同一个活动的两个不同名称而已。作为把它仅仅看作是心灵中的一个印象来说，我们可以给它保留知觉这个名称，作为它把它的呈现报知心灵来说，可以给它以意识这个名称。我今后就将在这样的意义下来使用这两个词。

§14　事物从它们与我们的气质、我们的激情以及我们的状况关系最密切的一方面来吸引我们的注意。正是这些关系，使事物最强烈地触动着我们，而我们对这种关系就具有更加鲜明的意识。从而就出现了这样的情况，当这些关系一旦发生变化，我们所看到的事物就会完全不同了，我们对它们也就会作出截然相反的判断。人们通常总是被这类判断蒙骗到这种地步，以至于那种在某一时间以这种方式来看待和判断事物，而在另一个时间又以截然不同的另一种方式来看待和判断事物的人，总是相信自己的看法是很准确的，判断也没有错误。这种倾向在我们的身上已经变得如此自然，以致，由于它使我们总是从客体与我们有关系的方面来观察它们，我们就不免以推崇自己行为的同样程度来指责别人的行为。再加上自尊心又使我们很容易相信，事物只有在它们以某种使我们满意的方式来吸引我们注意的时候，才是可赞赏的；这样您就可以了解，为什么就是那些对于鉴赏事物具有相当识别能力的人，平常也会把他们的赞赏滥用到如此的地步，以致他们时而对应该赞赏的不公正地加以否定，时而对不该赞赏的倒反不吝称颂之词。

§15　当客体吸引我们的注意的时候，它们在我们身上所引起的那些知觉是和我们自身的存在感以及可能与之具有某种关系的一切东西联结在一起的。从而可以推知，意识不仅使我们知道
23 我们的知觉，而且，如果这些知觉重复多次的话，意识还经常会告知我们，这些知觉是我们已经有过的，并且使我们知道，这些知觉确是我们所有的，或者，尽管这些知觉是多种多样和连续不断的，使我们知道它们是在触动着一个存在物，而这个存在物始终就是同一个**我们**。从有关这些新的效能来考虑，意识是一件新的活动，这种活动每时每刻都在为我们服务着，它是经验的基础。如果没有这种活动，生命的每一时刻对我们来说就都好像是我们存在的第一个时刻一样，而我们的知识就永远也不会超出第一个知觉的范围。我将把这种活动称为**回忆**(le reminiscence)。

显然，假如我目前所感受的知觉和昨天所感受的知觉之间的联结，以及和我自身的存在感之间的联结遭到破坏，那么，我就不能认出我昨天碰到过的事物确是发生在我自己身上的。如果这个联结在每天夜里都中断的话，那么可以这么说，每天我都得开始一个新的生活，并且谁也不能使我相信，今天的**我**就是昨天的**我**。因

此回忆就是由保存我们一系列知觉的联结所产生的。在以后各章中，这种联结的效能将逐步深入地予以阐明。但是，要是有人问我：这种联结是怎么通过注意来自行形成的呢？我就回答说，其理由是唯一地存在于心灵和肉体的本性之中的。所以，我把这种联结看作是一个应该足以解释其他一切经验的最初的经验。

为了更好地分析回忆起见，必须给它两个名称：一个名称是就其使我们认出我们自身的存在而言的；另一个名称是就其使我们认出在我们身上反复出现的那些知觉而言的；因为这是两个截然不同的观念。但是语言并没有给我提供可以使用的术语，而且，为了我的意图而特地去设想出这些术语来，也不见得会有多大的用处。既已指出这种活动的复合概念是由怎样的一些简单观念所组成的，那就够了。

§16　以上我对于心灵活动的进展所作的分析和对其派衍的解释是显而易见的。首先，在心灵中只有一个简单的知觉，这个知觉只不过是在客体出现时心灵所接受的印象。从这里就依次产生了其他三种活动。这种印象，如果把它看作是以其出现来报知心灵的，就是我叫做意识的那种活动。如果我们对它的认识是这样的，即它好像是我们所意识到的唯一的知觉，这就是注意。最后，
当它被人认为是已经触动过心灵的，这就是回忆。意识好像是在 24
对心灵说：这就是一个知觉；注意说：这就是你所具有的唯一的一个知觉；回忆说：这就是你已经有了的一个知觉。

第二章　论想象、默想和记忆

§17　从经验中学到，注意的第一个效能就是当客体不在眼

前的时候，将客体所引起的知觉继续保存在我们的精神中。这些知觉甚至在我们的精神中按它们在客体出现时的原有顺序保存得有条不紊。从而在知觉和知觉之间便自行形成了一种联结，而若干种心灵活动就都和回忆一样从这种联结上起源了。第一种心灵活动就是想象(l'imagination)。当一个知觉凭着注意在知觉和某一客体之间所架设的连结这唯一的力量就能够在视觉中自行勾画出这一客体的形象时，想象就产生了。比如，有时只需听见一件事物的名称，便足以使这件事物浮现出来，宛如它真的出现在我们眼前一样。

§18　然而，这并不依赖于我们经常要去唤起我们曾感受过的一些知觉。在有些情况下，我们的一切努力仅限于追忆起这些知觉的名称；追忆起伴随着这些知觉的某些环境；追忆起知觉的某一个抽象观念，而这个观念是我们每时每刻都可以形成的，因为在没有意识到某个知觉的情况下，我们是永远不可能进行思维的，尽管这个知觉只需我们加以一般化就行了。比如，当你想起一种花香并不熟悉的花来的时候，你将会回忆起这种花的名称，回想起你从前见到这种花时的一些环境，你将会在这一触动嗅觉器官的知觉的一般观念之下，重现出花的芳香来；可是，你将无法唤起知觉的本身。尽管如此，我仍把产生这种效能的心灵活动称为记忆(le mémoire)。

§19　从注意在我们的观念之间所架设的联结还产生出另一种心灵活动，这就是默想(la contemplation)。默想主要是在于毫
25 不中断地把刚消灭的一个客体的知觉、名称或其所处的环境加以保存。循着默想的途径，当一件事物不在我们眼前出现时，我们仍

能继续对它进行思考。至于到底应把默想归之于想象还是归之于记忆，人们可以随意选择：如果默想保存着知觉本身，那就可以将它归之于想象；如果它仅仅保存着知觉的名称或者环境，我们又可以将它归之于记忆。

§20　重要的是很好地弄清想象和记忆的分界线。一旦人们真的发现了这个差别时，人人都将由他亲身来对此作出判断。也许这个差别过于简单，并不足以显示事情的本质，但它却遍布于心灵活动的所有派衍之中。直到如今，哲学家们在这一问题上所作的论述都是如此混淆不清，以致往往可以把他们关于想象的论述应用到记忆上去，而把他们关于记忆所说的话应用到想象上来。洛克本人也认为，记忆就在于心灵具有用一个感觉来唤起它已有的一些知觉的能力，在这种时候，这个感觉使心灵坚信它以前是有过这些知觉的。然而，这种看法是根本不精确的，因为人们总是能很清楚地记起一个知觉，但他们却没有能力去唤起这个知觉。

所有的哲学家在这里全都陷入了洛克的错误之中。有些哲学家认为，每一知觉都在心灵中留下了它本身的形象，这有点儿像一颗图章留下它的印迹一样，他们也都同样毫无例外地陷入了洛克的错误之中。因为一个知觉的形象，如果不是知觉的本身，那又会是个什么东西呢？在这个问题上，错误来自对事情没有作充分的考虑，而把实际上是唤起的某些环境或某种一般的观念看作是客体的知觉本身了。为了避免这样的错误，我将把我们所能感受的一些不同的知觉区分开来，并将按照这些知觉产生的先后顺序来逐个对它们进行考察。

§21　广延的观念是我们最容易唤起的观念，因为使我们取得广延观念的感觉乃是这样的一些感觉,即只要我们清醒着,它们就绝不可能离开我们。我们有可能一点也感受不到滋味或嗅味;我们可以听不到任何声音,也可以看不见任何颜色;但是只有熟睡才能使我们失去触摸的知觉。我们的身体必须支承在某种东西上,而身体的各部分又都是彼此互相叠压着的,这是无可否认的,这就产生了一种使身体的各部分对我们呈现出诸如距离和范围之类的知觉,而由这种知觉,便引起了某种广延的观念。

然而,我们是可以把这种观念加以一般化的,只要对这种观念
26 用一种不确定的方式来进行考虑就行。随后我们就可以把这一观念作一下变更,并从中取出比如直线或者曲线的观念。可是我们却不能确切地唤起一个物体的体积大小的知觉,因为我们在这一点上丝毫也没有绝对的观念,能供我们作为固定的尺度之用。在这些情况中,我们的精神只能以体积的观念回想起一些尺、丈[*]之类的名称,同时,在想象这个体积的观念时,越是把要它想象得巨大,便越是觉得空洞模糊。

依靠这类最初的观念的帮助,我们可以在客体不在眼前时仍确切地想象出一些最简单的图形,如三角形和四边形。但是,当边的数目大大增加时,我们的努力就成为多余的了。倘若我正在思考一个有一千条边的多边形和另一个有九百九十九条边的多边形,这时,我就不是用知觉来区别它们,而只能用我对这些图形所给予的名称来区别它们的了。对于一切复合概念,情况也是如此。每个人都可以发现,当他要使用这类复合概念时,他只是回想一下

---

* 原文是 Pied 和 toise,即英尺、英寻,1 英寻等于 6 英尺余。

这类复合概念的名称，对于这些复合概念所包含的简单观念，他只能把它们逐个唤起，而这便要归之于另一种与记忆不同的活动了。

§22　想象会自然而然地借助于一切能对它有所帮助的东西。只有通过和我们自己的容貌相比较，我们才能使不在眼前的一位朋友的容貌呈现出来，而且我们也能想象出他的身材的高矮，因为我们差不多是以我们自己的身材来衡量他的身材的。可是，有助于想象的主要是顺序和对称，因为想象能够在顺序和对称中找出可以作为它自身依据的不同的点来，而且，想象也正是把整个图形都对应到这些点上来的。假如我在构思一副美丽的容貌，眼睛或其他最能触动我的线条就会首先显示出来；而根据这些最先出现的线条，其他线条便随后相应地在我的想象中找到了位置。所以，越是比较匀称的容貌就越是比较易于想象。同样可以说，这样的一副面貌是最易于看清楚的，因为只需一眼就足以对它形成一个观念。相反，如果这副面貌是很不端正的话，那么，只有在对它的各个不同部分观察良久以后，方能最终把它看清楚。

§23　当引起滋味、声音、嗅味、色彩和光亮这些感觉的事物不在眼前时，便不会在我们身上留下任何我们可以加以更改的知觉，来把它们造成某种在色、香、味方面同比方说一个橘子相同的 27
东西。在这些感觉中也根本不再会有顺序，对称来作为想象的帮助。因此，这些观念也只能在人们对它们十分熟悉的情况下方能被唤起。由于这个理由，光亮和色彩的观念应当是最容易回想起来的，其次是声音的观念。至于嗅味和滋味，人们则只能唤起那些他们比较喜好的。因此，此外还有很多人们可以记得起来的知觉，然而却只能想起它们的名称了。这种情形，甚至对于最熟悉的事物,不也同样曾如此频繁地发生过吗?尤其是在人们的谈话中,往往满足于谈论事物,而对它们并不加以想象。

§24 我们可以对想象过程中的各个不同的发展阶段加以考察。

倘使我们要唤起一个我们不太熟悉的知觉,比如,一种我们只尝过一次的水果的滋味,我们的努力通常只能使大脑和口腔的神经纤维引起一些波动;而我们所感受到的知觉却一点也不像这种水果的滋味。无论是对一个甜瓜,一个桃子,或是一种我们从来没有尝到过的水果,这种知觉都是同样的。至于对于其他感官,我们也能发现同样的情况。

当一个知觉被熟悉后,大脑的神经纤维,因其已习惯于屈从客体的刺激作用,因此就更易于顺从我们的努力。甚至有时我们还没有来得及去想,我们的观念就自动地出现了,并且显现得如此地鲜明生动,使我们竟会受其蒙蔽,信以为客体当其出现在我们的眼前。这便是疯子以及一切人们在具有梦象幻觉时所碰到的情形。这些不正常的情况多半是通过作为想象的生理原因的运动,以及对眼前的客体产生视觉的运动之间的巨大联系而产生的①。

§25 在想象、记忆和回忆之间存在着一个发展过程,这便是
28 唯一可以将这三者区分开来的东西。第一个,即想象,唤起知觉的

① 我在这里和其他地方都假设了心灵的知觉具有使大脑神经纤维波动的生理因素,并非是把这种假说看作是已加证明了的事实,而是因为对于解释我的想法来说,它在我看来似乎是最方便的了。即使事物并不符合这种方式,它必然符合另一种并无多大区别的方式。在大脑中所有能有的只不过是运动罢了。因此,如果人们断定,知觉是由神经纤维的波动,由动物精神的循环,或者是由其他一切因素而引起的话,对我为此而作的假设来说,都完全是等同的。

本身；第二个，即记忆，只回想起知觉的信号或环境；最后的一个，即回忆，使人们辨认出那些已为人们所具有的信号和环境。在这一点上，需要指出的是，这同一个活动，若是对于仅仅回想起信号或环境来的那些知觉而言，我便称之为记忆；而若是对于为它所唤起的信号和环境而言，我又称之为想象了，因为这些信号和环境都是知觉。至于默想，则它到底是属于想象还是属于记忆，要根据它对一个不在眼前，但仍在继续对之进行思考的客体究竟是保存着知觉的本身呢，还是仅仅保存着客体的名称和我们见到它时的环境来决定。默想与这两者之间之所以彼此存在着区别，仅仅是因为它在一个客体呈现在眼前时和不在眼前但人们仍对它给以注意之间，绝不容许存在片刻的间歇。这些差别看来或许是微乎其微的，但它们却绝对是必要的。在这里，情况有点像是数学中，疏忽了一个似乎无关紧要的分数，结果就必然会导致错误的计算一样。值得人人担心的是，那些论述这种细微区别的人未必能在科学上提供一切必要的准确性来就中获得成就。

§26　如我刚才所述的那样，在指出只在我们熟睡时才离开我们的知觉，和即使在清醒时我们也只能间歇地感受到的知觉之间所存在的区别，你就立即可以看到，我们所具有的唤起这些知觉的能力究竟扩展到什么地方；你可以看出，为什么想象能使我们随心所欲地再现某些不很复杂的图形，至于其他的图形，则只能由记忆使我们回想起的名称来区别它们；你可以看出，为什么色彩、滋味等等的知觉，只有我们所熟悉的那些才服从我们的支配，以及观念再生时的鲜明强烈怎么会成为幻觉和疯狂的原因；最后，你可以明显地看出，我们应该在想象和记忆之间加以怎样的区别。

第三章 由注意所形成的观念的联结是如何产生想象、默想和记忆的

§27 在读到前章所述的内容时，人们可能会向我提出两个
29 疑问：第一，为什么我们有能力唤起我们的某些知觉；第二，为什么当我们在缺乏这种能力时，却至少还常能回想得起这些知觉的一些名称或环境来。

为了首先回答第二个问题，我得说明，我们只是在这些名称或环境为我们熟悉时方能把它们回想起来。那时，它们自然是在我们所能支配的知觉之列了，这是我们在回答第一个问题时所要讲到的，而这个第一个问题是需要进行更为详尽的叙述的。

§28 关于若干观念之间的联结，除了在它们同时呈现时我们给予它们的注意而外，便不可能再有其他的起因了。所以，事物只有在跟我们的气质、我们的激情、我们的处境，或一言以蔽之，只有在跟我们的需要密切相关时才能吸引我们的注意；这便得出了这样的一种结果，即这同一个注意，同时包含了种种需要的观念，以及与需要的观念相联系的事物的观念，并且把这两者相互联结了起来。

§29 我们的一切需要都是彼此互相牵连着的，而且，我们还可以把知觉看作为一系列的基本观念，而一切作为我们知识的组成部分的东西，都将与这些基本观念相关联。在每个基本观念上，都将会产生其他许多观念的系列，而这些观念的系列便组成了各种各样的链索；这些链索的结合力完全在于信号的互相类同，在于

知觉的顺序,在于与环境所形成的联结,这些环境有时会把一些最互不相关的观念联结在一起。对于每一种需要,都有一个适合于满足这种需要的事物的观念与之相联结;对于这个观念,又会有遇见这个事物时的场所的观念与之相联结;而对于这个场所的观念,又会有人们在这个场所里所见到过的人物的观念与之相联结;而对于这些人物的观念,又会有人们从他们那里获得的喜悦或者忧伤的观念,以及种种其他的观念与之相联结。人们甚至可以发现,随着链索的不断延伸,它又会自行再分出许多不同的支链来,因此,离开链索的第一个环圈越远,链索的支链数就越是增多。第一 30
个基本观念联结着两三个其他的观念,而这两三个其他观念中的每一个观念,又联结着同样数目的,或者甚至为数更多的观念,依次类推地不断继续下去。

§30　我所设想的在每个基本观念上的各个不同的链索或支链可能通过基本观念的系列,并通过某几个想必是若干观念所共有的环圈来联结起来,因为那些相同的客体,从而也就是那些相同的观念,往往会与一些不同的需要相关联。所以,就我们的全部知识来说,只能形成一条唯一而同一的链索,在这条链索上,一些支链在某些环圈上相互联结起来,以与其他的支链相分开。

§31　如果采纳这些假设,那么,为了唤起已为自己所熟悉的观念,只要能把注意倾注于我们的某几个与这些熟悉的观念相联结的基本观念上就行了。而这一点本来是经常可以做到的,因为,只要我们清醒着,我们的气质、我们的激情以及我们的处境状况,绝不会有一刹那的时间不在我们身上引起某几个我称之为基本知觉的知觉。所以,我们做到这一点的方便程度之大小,是与我们所想要再现的观念所牵连着的需要的数目之多少，以及牵连这些需要的直接程度的大小成正比的。

§32　我刚才所作的假设并非毫无根据。这种假设是我诉诸经验而得出的，我确信，人人都会注意到，他只是依靠某一事物所具有的与他自己所处的环境的联系，来设法重新想起这一事物的[①]，而他所接触的环境越是为数众多，或者这些环境与事物的联结越是直接，他就越是容易回想起这一事物。我们对于在目前触动着我们的一种知觉所给予的注意，使我们回想起这种知觉的信号；这个信号又回想起与其有某种联系的另一些观念的信号；而另一些信号又唤起与它们相联结的观念；这些观念又再现了另一些信号或另一些观念，并如此地继续下去。比如，两位朋友，久未相见，不期重逢；此时，他们对所感受到的惊喜交集的感觉的注意，使他们立刻找到了应该相互倾吐的言辞。他们互诉久别之情，畅谈
31 往事和昔日交游之欢愉，以及别后各自的遭遇。可以容易地看出，所有这些事情是如何彼此互相联结着的，而且还联结着许多其他事物的。这里我还可以再举一个例子。

假如有人就我这部论著提出一个质疑，而对这个质疑，眼下我还不知道如何完满地予以答复。倘若这个质疑并非无懈可击的话，那么它本身就必定会给我指出答案来。所以，我就聚精会神地审查这个质疑的各个部分，发现这些部分联结在我所寻求的解答中的某几个观念上，那么，它们就不可避免会唤起这些观念来。而

---

① 我采用重新想起(resouvenir)这个词儿是适合于习惯用法的，即是说，那是为了有能力唤起一个不在眼前的客体的种种观念，或者回想起它们的符号；如此便可同样地导致想象和记忆。

这些观念，通过它们所具有的同其他观念的紧密的联结，便陆续把其他观念逐一地再现出来；最终，我便看出了我在解答中所需要的一切。

凡愿意留心察看在俱乐部里所发生的事情的人，都可以遇到大量其他的例子。凡是保持着冷静的头脑而又对那些谈话者的性格稍有了解的人，总是可以看出，人们是通过何种观念的联结从一个话题转换到另一个话题上去的，不管话题变化得如何迅速。所以我自信有把握下结论说，唤起我们的知觉，这些知觉的名称，或获得这些知觉时人们所处环境的那种能力，唯一地来自注意在这些事物之间，以及在这些事物与知觉与知觉相关联的那些需要之间所架设的联结。破坏了这种联结，你也就必然破坏了想象力和记忆力。

§33　并非人人都可以用同等的力量，以同等的数量来联结他们的观念的，这就是想象力和记忆力何以不能一视同仁地为每个人服务的缘故。在这方面的无能为力来自于器官构造的差异，或许还在于心灵的天赋禀质上的差异；因此，人们可以提出的种种理由全部是生理方面的，故也不在本论著所叙述的范围之内。我将仅限于指出，各种器官之所以有时不能十分适应于观念的联结，仅仅是由于没有充分地得到运用的缘故。

§34　联结我们观念的能力也有其不利的一面，正如有其有利的一面一样。为了明显地看出这一点，我假设有这么两个人：其一，他身上的观念从来也不能彼此联结起来过；而另一，他的观念却能如此方便，如此牢固地联结起来，使他简直不能再随心所欲地把它们分拆开来。第一个人必定是个没有想象力和记忆力的人，

结果，他对想象和记忆所相应地产生的活动就一点也不可能具有任何的运用。他对反省也当然是完全无能为力的。这就是说，他
32 必定是个呆子。而第二个人呢，他必定是个记忆力过于强烈而想象力也过于丰富的人，这种过度的情况对他几乎产生了同者相同的结果，即他的想象力和记忆力也差不多丧失殆尽了，他对他的反省也差不多一点不能运用，这就是说，他必定是个疯子。最不相关的观念，仅仅由于这些观念都是同时呈现的这么唯一的一个理由，在他的精神中就全都十分牢固地联结在一起了。他自然而然会断定，这些观念都是互相联结着的，而他当然也就会把这些观念一个接一个依次排列起来，好像理应如此一样。

在这两种极端情况之间，可以假设一种中间的情况，在这种情况中，精神的健全既不因想象力的过于丰富和记忆力的过于旺盛而受到损害，它的愉悦也不因想象力的过于贫乏和记忆力的过于薄弱而有所影响。这种中间的情况或许是如此难得，即使最伟大的天才，也只能约略地处于这种情况。种种不同的精神类型，按照它们偏离这种中间状态，趋向于两个互相对立的极端的情况而都兼备着这两种多少有点彼此水火不相容的品质，因为这些品质或多或少地分属于两个完全排斥的极端。因此，那些靠近想象力和记忆力占上风的这一极端的人，其丧失那些使精神正确、层次井然和条理清晰的品质的情况，必定与接近该极端的程度成正比；而那些接近另一极端的人，其丧失那些有助于风趣横生的品质的情况，也必定同样与接近该极端的程度成正比。若论写作，则前一类型的人更偏向于文采绚丽而饶有风致；而后一类型的人则更侧重于条理清晰而深刻透彻。

你不仅看到了联结我们观念的方便程度怎样产生了想象、默想和记忆的，而且还看到了，联结观念的容易程度怎么会成为这些活动的完美或缺损的真正原理。

第四章　信号的使用是想象、默想和记忆发展的真正原因

为了全面阐述想象、默想和记忆的原动力，必须探求这些活动从信号的使用中吸取了怎样的助益。

§ 35　我把信号分为三种。第一种，偶然信号（les signes accidentals），或者说，是一些客体，这些客体由于某些特殊环境而与我们的某些观念联结起来了，因此，这些客体是适宜于唤起那些观念的。第二种，自然信号（les signes naturels），或者说，某几种 33
呼喊声，这些呼喊声是大自然为了表达欢乐、恐惧、痛苦等感情而给予我们的。第三种，制定信号（les signes d'institution），或者说，是由我们自己选定的一些信号，这些信号和我们的观念之间只有一种人为的联系。

§ 36　对发生于回忆之前的心灵活动的运用来说，这些信号并非必不可少，因为只要人们处于清醒状态之下，知觉和意识就不可能丧失；而且注意只不过是这么一种意识，它把某一知觉的呈现向我们特别地报知而已，只要一种客体比另一些客体更鲜明生动地作用于感官，就足以引起注意。直到此刻，信号或许只能对注意的运用提供更为频繁的机会而已。

§ 37　但是，假定有一个人，他从来没有使用过任何人为的信

号。凭着偶然信号的唯一帮助，他的想象和回忆或许已经有了某些运用，就是说，一见到某个客体，已与它联结起来的那个知觉将自行唤起，他也一定能认出这是一个他已经有过的知觉。然而，必须指出，这种情况只有在某种外界原因把那个客体放到他眼前时方能发生。而当那件客体不在眼前时，我所假设的那个人就毫无办法凭自己来把它回想起来了，因为，没有哪一种可能与它联结的东西是处于他的支配之下的。因此，唤起那个依附于客体的观念就绝不取决于他自己了。这样，他的想象的运用便仍然不在他的能力范围之内。

§38　至于那些自然呼喊，则是每当这个人在感到受它们的触动而产生的感觉时就立刻会形成的。可是，那些呼喊并非在形成之初就对他成为信号的，因为它们并不唤起他的一些知觉，而只能是他的知觉的一些产物而已。

在他常常感受到那个同样的感觉，而且也往往完全同时发出自然而然地伴随着那种感觉而来的呼喊的时候，那种感觉和那声呼喊，就会在他的想象中如此息息相关地联结起来，以致要是不再听见那种呼喊，他就怎么也不会感受到那种感觉。到了那个时候，那声呼喊就成了一个信号。可是，只有在这个人碰巧听见那声呼喊时，这个信号才使他的想象有所运用。因此，除非在上述情况下，这种运用也是不会受他的支配的。

有人说，久而久之，他便能用这些呼喊来随意再现这些信号所
34 表达的感觉了。用这种说法来反对我是大可不必的。我倒要这样回答：自然信号的特征，就在于由它们本身来使人知道在别人身上引起某些相类似的东西时我们所感受到的印象，而与我们对它们

所作的选择无关，故到了那个时候，这些呼喊便不再是自然信号了。这个人要选择的话，倒可能就选择了一些声音，就同我们选择了恐惧、欢乐等等的声音一样。这样一来，他便使用了若干制定信号，而这是和我此时正在用以推理的假设相抵触的。

§39　如我们已见到的，记忆就在于具有使我们回想起我们观念的信号，或者伴随着这些观念的环境的能力。而这种能力，只能通过我们已选择的信号的类同，以及通过我们在观念与观念之间所安排的顺序，在那些我们所要再现的客体联系着我们当前的若干需要时，方能产生。最后，也只有在一件事物从某个方面联结到受我们支配的一些事物中的某几件上的时候，我们才可能把它回想起来。可是，一个仅仅具有偶然信号和自然信号的人，是绝不会有可以受他调动的信号的。故他的需要当然只能引起他的想象的运用。因此，他必然是个没有记忆的人。

§40　由此可下一个结论，兽类是绝不会有记忆的。它们只有一种它们丝毫不能加以支配的想象。它们只有在某件事物的形象在其大脑中与一件出现在眼前的客体紧密地联结在一起时，才有可能来想象这件不在眼前的事物。把它们引导到前一天它们曾经找到过食物的地方去的并不是记忆，而是因为饥饿的感觉是如此强烈地跟那个地方以及通往那里的那条道儿的那些观念相联结着，以致它们一感觉到饥饿，那些观念便立即自行唤起了。而在遇到进攻它们的野兽时，使它们赶快逃跑的不是记忆，而是因为它们曾亲眼目睹它们的同类中有几个被这种野兽吞吃，一见到这种惨状，那些曾使它们丧魂落魄的惨叫声就在它们的心灵中唤起了一些痛苦的感觉，而呼叫便成了这些痛苦的感觉的自然信号，于是它们就立即逃跑了。当这些野兽再次出现时，这些信号又会在它们身上再现同样的感觉，因为这些感觉上次已经在它们的遭遇中产生过了，联结也就建立了，它们当然就又要逃跑了。

至于那些未曾目睹过任何一个同类这样丧了命的动物，亦可有根据地假设，它们的母亲或其他某个同类，当初曾带着它们一起
35 逃跑过，通过呼叫声向它们传达了它们至今仍保存着的恐怖，这种恐怖，每每在一见到它们的大敌时总是被唤起的。倘若否定这一切假设，我就看不出驱使它们逃跑的到底是什么原因了。

或许有人要问我，是什么教会它们知道那些成为痛苦的自然信号的呼叫呢？是经验。绝对找不到一种兽类，没有从幼小时就感受过痛苦，因而也没有机会把它的呼叫与感觉联结起来的。不应当设想它们只是有了一个明确的、对它们构成威胁的、危险的观念才会逃跑的；只要和它们同类的那些野兽的呼叫声就足以在它们的身上唤起某种痛苦的感觉，而令它们逃跑了。

§41　人们可以看出，倘若兽类由于缺乏记忆而不能跟我们一样，由自身并且随意地回想起已在它们的大脑中联结起来的那些知觉的话，那么想象在这时便完全取代了记忆。因为，当它们再现出不在眼前的客体的那些知觉的本身时，想象就把它们置于自行引导他们行为的情况下，就像他们宛如看到那些客体在眼前时一样，而且，从而可以让它们来保全自己，比我们有时在理性的帮助下来保护自己更为迅速、更加稳妥。我们可以发现自己也有某种类似的情况，在某些场合下，反省对于让我们躲避一个危险来说是过于缓慢了。比如，在蓦地看到一个巨大的物体向我压来的当儿，想象就为我们再现出死亡的观念，或者某种相似的东西，正是

这个观念，促使我们马上避开那个威胁我们生命的打击。如果在这种时刻，单单依靠记忆和反省的帮助，我们就势必会断送性命。

§42　想象甚至往往在我们身上产生这样一些效能，按理说，这些效能显然应当属于最迫切的反省的范围。尽管我们被一个观念强烈地吸引着，可是我们周围的客体仍是不停地作用于我们的感官，由于他们所引起的那些知觉，又唤起与它们相联结的另一些知觉，而这些知觉便决定了我们躯体的某些动作。若这一切事物对我们的作用不如吸引我们的那个观念来得鲜明生动的话，这些事物就不能转移我们的注意，从而便发生了这样的情况：我们做出的举动就同事先经过推理的行为一般无异，其实我们对我们的所作所为并未加以反省。谁都有过这样的体验。一个穿行于巴黎街市的人，避开种种阻碍，所持的谨慎留神，宛如他一门心思想的就是穿行街市这件事一样。然而，可以确定，他所全神贯注的其实完 36
全是别的事情。更有甚者，有时竟然经常会出现这样的情况，尽管我们的思想根本没有集中在人家问起我们的事情上，我们也能确切地对这些问题作出回答。这是因为那些表达问题的词语都是和构成答案的词语相联结着的，加上构成答案的词语又决定了清楚地发出这些词语的动作。观念的联结乃是所有这些现象的原理。

因而，我们可以通过自己的经验来认识到，甚至在我们不由自主地对想象的运用加以调节时，想象也已足以解释那些似乎是经过推理的行动，尽管这些行动并不是经过推理的。这就是为什么我们有理由认为，兽类是没有其他心灵活动的。不管人们所引以为证的事实如何，人类将提供如此惊人的事实，这些事实都是可以用观念联结的原理来解释的。

§43　按我刚才所作的解释，人们对称为**本能**(l'instinct)的东西就能得出一个清晰的观念。本能乃是一种想象，每逢一个客体出现时，它便唤起直接与那个客体相联结的一些知觉，并且，通过这个途径，不必借助于反省而指导各种动物的行动。

正是由于不了解我刚才所作的分析，尤其是对我所说的关于观念联结的原理缺乏认识，哲学家们在解释兽类的本能时都曾感到过莫大的困惑。每当人们在推理时不去追溯事物的本源，他们就免不了要遇到这样的困难。我的意思是说，因为他们不能采取一种恰如其分的折中的办法，就势必会迷失于两个极端之中。一些人，将本能与理智相提并论，或者甚至认为本能是凌驾于理智之上的；另一些人，则将本能加以摈弃，并将兽类看作纯粹是机械的动物。这两种见解，说得不过分一些，都同样是荒诞可笑的。兽类与我们之间的相似之处证明兽类是有心灵的；而兽类同我们之间存在的差别又证明兽类的心灵低于我们的心灵。我所作的分析，使事物较易于理解，因为兽类的心灵活动局限于知觉、意识、注意、回忆以及一种不受它们指挥的想象；而我们的心灵还具有其他种种的活动，下面将要阐述这些活动的派衍。

§44　我刚才对于想象和记忆所说的东西，也应当应用到默想上去，这要看人们到底是将默想归之于想象，还是归之于记忆而定。如果我们认为默想主要在于保存知觉的话，那么在使用制定
37 信号之前，默想仅仅具有一种并不依赖于我们的运用。如果我们把默想当作主要在于保存信号本身的话，则它完全不具有任何的运用。

§45　只要想象、默想和记忆都还未经任何运用，或者在二者

之中还有一个不受控制的时候，人们就不可能由自己来支配自己的注意。事实上，既然心灵在其能力的范围之内还不具备任何的活动，人们又怎么能去支配注意呢？所以心灵只有受到作用于它的那些事物的强烈印象的带动，才能由一个客体面及另一个客体地活动起来。

§46　可是，每一个人一开始把观念结合到他自己所选择的信号上去时，便可看出，他已经马上自己形成了记忆。记忆一经获得，他便开始由他自己来支配他的想象，并给想象以一种新的运用。因为，通过他能随心所欲地回想起的信号的帮助，他便唤起，或者至少常常能唤起那些联结在信号上的观念。随后，他便对他的想象获得了更多的控制，他将创造出更多的信号，因为他对运用他的想象将拥有更多的方法。

从这儿就可以开始发现我们的心灵高于兽类的心灵。因为，一方面，永远不能指望兽类能把它们的观念结合到人为的信号上去；而另一方面，可以肯定，这种无能并不仅仅是由于器官的构造。它们的躯体跟我们的躯体难道不是同样地适合于动作的言语么？兽类中有几种不是也具备发音所需要一切器官吗？如果它们也能具有和我们同样的心灵活动的话，那么它们为什么不能提供这方面的证据呢？

以上详尽的论述证明了各种不同的信号的使用是怎样促进了想象、默想和记忆的发展的。关于这些内容，还将在下一章中作进一步的阐述。

第五章　论反省

§47　对一切作用于心灵的客体来说，心灵原是处于一种从
38 属地位的，但当记忆一经形成，想象的运用也已处于我们能力的控制之下时，记忆所回想起的一些信号，以及想象所唤起的那些观念就开始把心灵从那种从属地位中解脱出来。一旦心灵能主动回想起它所见过的事物，它便能把它的注意贯注其间，还可以把注意从它看到的事物那里撤回来。尔后，它又能把注意再放回到这些事物上去，或者仅仅放回到这些事物中间的某几件上去，并可以对这几件事物和那几件事物交替地予以注意。比如，见到了一幅画，我们便会回想起我们对自然所具有的知识，以及那些教导我们临摹自然的规则；而且，我们连续不断地将我们的注意从这幅画再带到这些知识上，再从这些知识上又带回到这幅画上来，或者轮番交替地将注意倾注于画面上的不同细部。可是，我们之所以这样地支配我们的注意，仅仅是凭了由一个强有力的记忆所产生的想象的能动性给我们以帮助的缘故，这是很明显的，没有这一点，我们就不可能由自己来调节注意，而它便只能一味地服从于客体的作用了。

§48　我们这样轮番地将我们的注意贯注于种种不同的客体，或者贯注于某一客体的不同部分的这一方式，即是人们所谓的**反省**(réflechir)。因此，可以明显地看出，反省是如何从想象和记忆中产生出来的。不过这里有一些不应随便疏漏的进展过程。

§49　记忆一旦开始就足以使我们开始自主地运用我们的想

象。只消一个人为信号就能自己唤起一个观念来，而且，人们在想象上所能获得的最初的和最低阶段的记忆和能力，肯定就在那个人为信号上。这个信号给予我们的支配我们注意的能力，或许是最微弱不过的。但是，即便这样，这种能力也令人开始感到了信号的便利，而且因此，它有利于使人至少抓得住其中某一个时机，在这个时机中，它可能对以此信号来发明新的信号是有益或必要的。通过这条途径，那种能力必将增强记忆和想象的运用，从此，反省也将会有更多的运用，并且，反作用于想象以及产生反省的记忆。39
于是，反省反过来又给想象和记忆以一种新的运用。这样，通过这些活动之间相互提供的帮助，这些活动必将在各自的发展中彼此促进。

如果，对这些心灵活动的微弱开端加以思考仍不能相当明显地看出这些活动的相互影响的话，那么，我们就只能将我方才听说的内容应用到经过考察是我们已完美地获得了的那些心灵活动上去了。例如，在形成语言的过程中难道不需要作那么多次的反省吗？而这些语言又难道对反省不是很大的帮助吗？这个题材正是我打算花若干章的篇幅来阐述的。

如果人们不是已经有了足够的反省能力来选择制定信号，并把它们附加到观念上去的话，似乎是不会知道如何使用制定信号的。或许有人要反诘我说，那么，反省的运用难道只有通过使用这些制定信号才能获得吗？

我的回答是，对于这个诘难，我将在论述言语的历史时给予满意的解答。在这儿我只想让大家知道，我并没有把这个问题丢开不管。

§50 综上所述，可知只有在专注于那些把更多的信号与观念联结在一起从而更促进注意的运用的客体时，人们才可以大大地增加想象的能动性和记忆的广度，并使反省的运用更为方便，这是永恒不变的事实。一切全取决于此。不妨顺便指出，从上述叙述可以看出，在孩子们上学的最初几年里，人们习惯上总是只用这样一些东西来作为他们的教材，他们对这些东西不但什么也无法懂得，而且也不会发生什么兴趣，这种做法对于发展他们的智力来说是很不妥当的。这种惯用的教育方法，要么丝毫也不能形成观念的联结，要么把观念的联结形成得如此薄弱，以致这些联结根本无法保存下来。

§51 正是由于反省，我们才开始窥见了心灵所能胜任的一切。我们已经看到，只要人们还丝毫不能自主地引导他的注意，心灵依然是服从于它周围的一切事物的，而且除非通过一种不为人知的功能，它什么也不能拥有。但是，如果心灵一旦主宰了它的注意，人们就能随心所欲地引导它，于是，心灵便由自己来支配，从中提取那些理应只是属于它的观念，从而也就丰富了它本身的内容。

这种活动的效能变得越来越大，尤其是通过这种活动，使我们支配着我们的知觉，简直好像我们有了产生并消灭知觉的那种能
40 力似的。假定我要在目前所感受到的这些知觉中挑选出一个来，那么对这个知觉的意识就会立即变得那么强烈，而对其他知觉的意识就会变得那么淡薄，以致我仿佛觉得，那个知觉是我所知道的唯一的一个知觉。如果片刻之后，我想抛开这个知觉，以便让自己全神贯注于这些知觉中对我触动得最轻微的那个，于是，先前的那个知觉便仿佛入了乌有之境，而另一个知觉却对我显示出来了。

讲得不太具体一点，对于第一个知觉的意识将变得如此淡薄，而对第二个知觉的意识的意识却会变得如此强烈，以致在我看来，我只是逐个地感受了它们。我们在考察一个结构极其复杂的客体时，是可以得到这种经验的。不容怀疑的是，只有在这个客体的各个不同的部分依次作用于感官而产生所有的知觉时，人们才能同时对所有这些知觉具有意识。但是，也可以说，反省会随心所欲地暂时撇开在心灵中形成的那些印象，以便只保留其中单独的一个印象。

§52　几何学使我们学会便利我们反省的最恰当的方法，那就是把人们所要专注的并从中取得观念的那些客体的本身置于感官之下的方法，因为那样一来，对于那些客体的意识便会更为强烈。可惜我们不可能在各门科学中都应用这个诀窍。但是，放之四海而均能奏效的方法之一乃是在我们的沉思（méditation）中力求明晰、准确和有条理。要明晰，因为符号愈是明晰，我们对其所表达的观念就能具有更多的意识，从而，这些观念也就愈少为我们所疏漏。要准确，其目的在使注意减少分散，从而可用更少的力气就使它固定起来。要有条理，为的是对一个最初的观念更为了解，更为熟悉，以便我们的注意为接受继之而来的观念做好准备。

§53　同一个人，能在各种各样的题材上同等地运用他的记忆、想象以及反省的，是从来也不会有的事。这是因为这些活动有赖于注意，也有赖于它们的起因，又因为注意唯有在客体同我们的气质以及一切我们所接触的事物的联系相对较密切时方能倾注于这个客体。这个道理使我们懂得，为什么那些冀求成为全才的作家，会在很多文学体裁上遭受失败的危险。世界上只有两种才能，一种是单凭在官能上的种种磨炼而获得的才能；另一种则来自一种其所特有的，仅需加以发展的资质和灵分。后者更多地属于天赋禀质，所以更生动、更活跃，而所产生的效果亦更为卓越。而前
41 者则恰恰相反，总不免令人觉其费劲努力，却永不能脱离平庸而达登峰造极之境。

§54 我在先于想象、记忆和反省的那些心灵活动中探求了想象、记忆和反省的起因，这是因为本篇的目的在于说明这些活动是怎样由此及彼地产生的。至于其他的原因，如有可能知道的话，恐怕应当追溯到生理学方面去了①。

第六章 论主要在于区分、抽象、比较、组合和分解我们观念的心灵活动

我们终于阐明了存在于心灵活动的进展中的最难以察觉的东西。其余留待我们讨论的活动，都是出自反省的那些显而易见的效能，它们的派衍简直从其本身就能得到说明。

§55 对于我们的观念分别地加以考察的这种能力来自反省，或者说，来自我们由自己来支配我们注意的能力；这样，原来的那个把某些观念的出现尤其特别地作了报知的意识（这是注意的标志）就能进一步告知我们，那些观念都是分明有别的。因此，在心灵还不处于能自主调配它的注意的时候，它就还不具备自己来

① 这部著作是以读者刚才所读到的五章为基础的；因此在进入其他各章之前，对上述五章应有透彻的了解。

区分它从客体接受来的种种不同印象的能力。每当我们想要从事那些我们所不熟悉的内容的研究时,我们都能得出这样的经验。在那种时候,我们把诸客体混淆到如此地步,甚至有时对于识别那些差异十分显著的客体也会感到困难。这是由于不善于反省,或者是没有能把我们的注意放到这些客体所引起的全部知觉上去,于是其中那些把客体区别开来的知觉便为我们所疏漏了。由此可以断言,一旦我们完全丧失了反省的使用,我们就只能单凭每一客体对我们造成的某个极为深刻的印象去区别各种不同的客体,而 42
所有作用轻微的客体便一概都成为无足轻重的了。

§56　区分两个绝对简单的观念是容易的事,可是,随着观念组合得逐步复杂起来,困难就随之而增加了。其时,我们的概念之间的相似之处由于增加得较多了,恐怕就会把若干概念看成是单一的一个概念,或者至少,我们不会把它们区分得同它们之间本来应有的区别一样清楚。在形而上学和伦理学中往往可以碰到这种情况。我们现在所论述的题材就是其疑难必须予以克服的一个明显的例子。在这些场合里,为了指出哪怕是最细微的差异,给予怎么多的谨慎小心也是绝不嫌太过分的。因此,正是这种小心翼翼,将决定我们精神的明晰性和准确性,也将有助于对我们的观念提供最多的达到某些知识所必需的这种条理性和准确性。此外,这个真理又是如此不为我们所了解,以致只要人们进行一些稍微细致的分析,就不免会冒遭到嘲笑的风险。

§57　在人们区分他们的观念时,有时会把观念主体的最基本的品质完全从主体上分离出来加以考察。这便是人们特别地称之为抽象(abstraire)的东西。从抽象中得出的那些观念称为一般

的(générale)观念，因为它们代表着同时适合若干不同事物的那些品质。举例说，如果我对人类同兽类的区别之处不加任何注意，单就两者之间存在的共同之处来进行考察的话，我就在作了一个抽象，这个抽象给了我**动物**这个一般观念。

这种抽象活动对于那些精神狭窄的人来说是绝对必要的，那种人只能同时考察很少几个观念，而且由于这个原因，他们都不得不将若干观念归属到同一个类别中去。但必须小心谨慎，不要因此把仅仅是由于我们的体会方式而加以区分的东西当作本来就分明有别的事物。这是一种错误，不少哲学家都曾陷入过这种错误之中。因此我打算就这个问题在本书第一卷第五篇中专门加以评论。

§58　反省给了我们区分我们观念的能力，还给了我们比较我们观念的能力，使我们能认识种种观念之间的联系。这种能力体现在把我们的注意交替地由一些观念引到另一些观念上去，或者使之同时固定在若干观念之上。当一些不很复杂的概念，毋需
43 我们费多大的劲就能造成一个相当显明的印象来吸引我们的注意时，对它们进行比较是不难的；不过，随着那些观念组合得越来越复杂起来，而造成的印象又比较淡薄时，困难就随之增加了。举个例子来说，在几何学中作比较，通常总比在形而上学中作比较要来得容易。

凭着这个活动的帮助，我们便能使一些不很熟悉的观念，与那些比较熟悉的观念接近起来；而我们从此中所找到的那些关系，就在那些观念之间建立起一些联系，这些联系十分有利于增进并加强记忆力，而反过来又增进和加强了反省。

§59 有时，在将若干观念作了区分之后，我们便将这些观念当作仅仅是一个单一的概念来加以考察；而在另一些时候，我们又从一个概念中剔出组成它的某几个观念。这就是人们所谓的组合(composer)或分解(décomposer)他们的观念。循着这些心灵活动的途径，我们就能通过各种各样的联系来对这些观念进行比较，并且每天都可以把这些观念作成新的组合。

§60 为了很好地引导组合，必须指出什么是我们概念中最简单的一些观念；它们是怎样，以及在什么顺序下同不期而至的观念结合到一起的。从而，人们就能同样地调节观念的分解，因为这只需要把那个已经组合起来的概念拆开来就行了。从这里可以看出，组合和分解这两者是如何分别地来自反省的。

第七章 原理起源上的偏向以及主要在于分析的心灵活动

§61 抽象和分解的方便性很早就被引进一般命题的使用中去了。人们不会很久而不觉察到，这些一般命题，作为若干特殊知识的结果，都是有利于减轻记忆的负担，并能给叙述以准确性的。但是，它们不久便由于滥用而蜕化变质，从而导致了一种极不完备的推理方式。其理由如下所述。

§62 科学领域中的最初的发现，原都是如此简单，如此容 44
易，以致人们无须求助于任何方法就能作出这些发现。他们当初甚至只能在已经取得一些进展之后才设想出一些规则来，而这些已取得的进展又使他们处于这样的境地，即想去发现自己是如何才到达某些真理的，这些进展还要求他们去弄清怎样才能到达另一些真理。因此，那些作出最初的发现的人们就不能指出，必须采取怎样的途径才能继续作出发现，因为连他们自己也不知道，他们到底是循了怎样的一条道路才走过来的。为了表明途径的可靠性，除了使人们明了他们的发现符合无可置疑的一般命题而外，对他们来说，便不能再有什么别的方法了。这就使人们信以为，这些命题都是我们知识的真正源泉。因此，人们便给这些命题以原理(le principe)这个名称；这就造成了一种普遍承袭的偏见，而且直到现在，人们还得凭借这些原理来进行推理[①]。那些发现过新的真理的人深信，为了让他们的洞察力显得更高深莫测，应当把他们所遵循的方法弄得神秘虚玄。他们就满足于通过人们所普遍采用的原理来阐明新发现的真理，于是这种被承袭的偏见，由于越传越广，便产生出无数的学说来了。

§63 那些原理的无用和弊端在综合法中显得尤其突出，这种方法看来似乎是避免让真理显得是被一大串的公理、定义以及丰富多彩的其他所谓的命题充斥在其前面。数学论证的显明性以及所有博学之士对这种推理方式的称颂也许足以令人信服，我提出的不过是一派站不住脚的奇谈怪论。但是，不难看出，数学之所以准确可靠，绝不应归功于综合法。事实上，如果这门科学确实和形而上学一样，曾经易于产生那么多的谬误、晦涩和模棱两可的话，那么使这些缺点得以留存下来并日益增加的倒不是别的，却正

① 我绝不会在这里把原理这个词理解为由经验所证实的观察。我是按哲学家们通常所采取的意义来使用这个词的，他们把那些一般命题和抽象命题统称为原理，而他们的学说就建立在这些命题上。

是综合法本身。数学家们的观念之所以是精确的，正是因为那些观念都是代数和分析的产物。而我们所指责的这个方法，因其无补于纠正一条空洞的原理，一个确定得不当的观念，只能听任某项推理的一切弊病存在，或者以井然有序的种种外衣，把这些弊病掩 45
盖起来，而这种井然有序也同样是画蛇添足的，既枯燥乏味又令人生厌。为了使大家信服这一点，不妨请读者参阅形而上学、伦理学以及神学的诸家著作，人们在这些著作中都是甘愿采用那种方法的①。

§64　为了看出，一个一般命题只能使我们倒退到已把我们提高到一般命题高度的那些知识中去，或者倒退到那些同样能为我们开辟这条道路的知识中去，那只消考虑到，那个一般命题无非是我们一些特殊知识的结果而已。因此，这个一般命题，虽然还远远算不上是知识的原理，却要假设一切知识都能通过其他种种方法来认识的，或者至少是可以被认识的。事实上，为了将综合法所需要的原理加以罗列来阐明真理，显然必须对综合法先有个认识才行。这种方法，极而言之，也只适宜于以十分抽象的方式来揭示一些本来甚至能以更为简单得多的方式去证明的事物，因此，这种

---

①　例如，当笛卡尔想按照这一方法的规则来证明他有关形而上学的沉思的时候，他有没有把他的沉思阐述得更为透彻一些呢？人们还找得到比斯宾诺莎更糟糕的论证吗？我还可以引证马勒伯朗士的论证，他有时也采用综合法；还有，阿尔诺在一本写得相当拙劣的关于观念的专题论著中也使用了综合法；此外，那本《上帝对其创造物的作用》（*De l'Action de Dieu sur les créatures*）的作者† 以及其他一些作家也曾使用过这种方法。据说，这些作家都曾设想过，只需将一个推理的各个不同部分按一定的顺序分别冠以**公理**（l'axiom）、**定义**（la définition）、**求证**（la demande）等等的名称，就可以得出几何学那样的证明了。

†　即布西埃（Boursier）。

方法，对于精神启发不多，就是因为它遮掩了那条通往种种发现的道路。值得担心的是，这方法甚至会给最虚妄的谬论披上堂皇的外衣来吓唬人，因为使用那些缺乏联系而又往往离题千里的命题，可以轻而易举地证明想要证明的一切，而不易让人察觉到某项推理的错误究竟何在。在形而上学中我们可以找到不少诸如此类的例子。总之，这个方法并不如人们通常所设想的那样能进行概括，因为凡是运用这种方法来进行写作的人，无不陷入最屡见不鲜的唠叨重复和最无关紧要的琐碎细节中去。

§65　比如，为了明显地看出整体大于它的部分，在我看来，我们只要对构成整体的观念以及构成部分的观念的方式分别加以反省即可。然而，好多现代的几何学家对欧几里得不屑论证此类命题大加斥责，斥责之余，仍企图弥补其不足。实际上，综合法是极其严谨的，绝不肯遗漏什么未加证明的东西；综合法只有在被它
46 看作为其他命题的原理的这个单独的命题才对我们有所通融，而且这个命题还必须是同一*的才行。下面请看一位几何学家是以何种小心来求证整体大于它的部分的。

他首先确立了这么一条定义：若某整体的某一部分等于另一整体，则该整体大于另一整体；同时他又确立了如下公理：任一量均与其自身相等**，这是他未经证明的唯一的一个命题。接着他便作了如下的论证：

若一整体的一部分等于另一整体，则该整体必大于另一整体（按定

* “同一的”，即“等价，等同”，习惯上称为“同一性命题”。

** 这是几何学中的一条公理，称为“等量代换公理”。此处译文均按几何学中的习惯说法来表达。

义);但一整体之任一部分均与该部分自身相等(按公理);故一整体大于它的部分①。

老实说,要使我接受这个推理,尚需加个注解才行。无论如何,在我看来,这个定义既不比定理更加清晰,也不比它更加明白,所以,它不能用作定理的证明。然而,人们却把这种论证奉为一种尽善尽美的分析的范例;因为人们声称,定义是包括在一个三段论(syllogisme)之内的:"这个三段论的一个前提就是一条定义,而另一个前提则是一条等量代换(同一性)命题;这便是一种完美的分析的标志。"

§66　如果以上就是几何学家们所理解的分析法(l'analyse)的话,那么在我看来,再没有什么比这个方法更不管用的东西了。他们无疑是有过更好的方法的,因为他们所取得的进步证明了这一点。甚至他们的分析法或许同其他各门科学中所使用的分析法并不相去太远,只是因为其所用的符号都是几何学所专用的符号罢了。尽管如此,照我看,所谓分析者,只不过是从前面所分析过的心灵活动中导出的另一种活动而已。它不外乎组合并分解我们的观念,以作出不同的比较,并循此途径去揭示观念之间所具有的联系,以及可能产生出来的那些新的观念。这样的分析法正是各种发现的真正诀窍,因为它不断使我们追溯到事物的本源上去。

① 以上论证录自一位名人的数学概要。下面是作者用拉丁文所写的证明:"§18.定义:若一物体之部分等于另一物体之整体,则此物体大于另一物体;若一物体之整体等于另一物体之部分,则此物体小于另一物体。§73.公理:等量相等。定理:整体大于它的部分。证明:若一物体之部分相等于另一物体之整体(全部),则此物体大于另一整体(据§18),然而,一物体之整体的任一部分若均等于另一物体之整体的任一部分,即此两物体彼此全等(据§73),故整体必大于它自己的任何部分。"

47 分析法具有这种好处，即在于它永远只同时提供少数几个观念，并总是最简明地循序渐进。分析法既是空洞的原理的大敌，也可能是一切与精确性和准确性相抵触的东西的对头。分析法绝不依靠一般命题的帮助来寻求真理，而总是通过一种运算，换句话说，总是通过组合并分解一些概念来寻求真理，以便以最有利于人们已看到的发现的方式来对概念进行比较。这就根本不再从通常只能徒增争论的定义出发；而是对每一观念的派衍加以说明。通过这番详论，读者就不难看出，分析法乃是可以给我们的推理以明晰性的唯一方法；因此，也是我们在探求真理的过程中所应遵循的独一无二的方法。不过，对于想使用分析法的人们来说，其前提是首先要对心灵活动的进展具有很透彻的认识才行。

§67　所以，应当得出如下结论：原理只不过是一些结果，它们可以用来指明人们已经走过的主要地方，就像迷宫的引线一样*，但当我们想要向前迈进时，它们对我们就不但毫无用处，反而只会促使我们沿原路向后倒退。如果说原理有利于减轻记忆的负担，并能扼要地指出对争论双方都适用的一些真理而免却争论的话，它们通常又显得过于空洞，以致如果对它们使用不当，就会引起更多的争论，进而使争论蜕变为纯属用词问题。因此，获得知识的唯一途径，就是追溯到我们观念的本源上去，并循着观念的派衍过程，通过各种可能的关系对它们进行比较；这就是我称之为分

---

* 迷宫的引线的典故出自希腊神话。克里特王米诺斯生下牛头怪物，监禁于迷宫内，并命雅典人每九年进贡童男童女十四名供它享用。雅典王埃勾斯之子提修斯在米诺斯之女阿里阿德涅公主的帮助下持线球进入迷宫，边行边放，最后杀死牛头怪物，沿线所指之路走出迷宫。

析的东西。

§68　人们通常总喜欢说应当有原理。他们当然是有道理的；但要么是我弄错了，要么就是大部分一再重复这句格言的人仿佛并不知道他们所要求的到底是什么，因为在我看来，我们甚至只不过是把我们自己所采用的原理作为原理，并且因此在别人拒绝接受我们的原理时就指责他们缺乏原理。如果把那些在需要时可以用于特殊情况的一般命题理解为原理的话，那么还有谁会没有原理呢？但是，即使有了这样的原理又有什么好处呢？这都是些意义空洞的格言，无益于作出正确的应用。说到具有这类原理的一个人，那无非是告诉人家，他对于他所思考的东西不可能有清晰的观念而已。如果说人们因而应当具有原理，那并不是说应当从原理开始而随之倒退到那些不够一般性的知识上去，而是必须在 48
很好地研究了特殊的真理之后，使自己从抽象上升到抽象，最终达到放之四海而皆准的命题。这样的一些原理自然都是由那些导致命题的特殊知识所确定的，我们看到其整个广度，并可确保总是能精确地使用它们。说到一个具有这类原理的人，那就意味着他对作为其研究对象的艺术和科学了解得十分透彻，而且在处事接物上处处都是既清晰而又准确的。

第八章　肯定、否定、判断、推理、体会、理解

§69　在我们把我们的一些观念进行比较的时候，如果我们对它们所具有的意识使我们认出这些就是我们从某些地方对之进

行考察时同样的一些观念，我们便把这些观念联系起来，用是这个字来表达，这便称为肯定(affirmer)。或者，意识使我们认出这些观念并非同样一些观念，我们就把它们区分开来，用不是这两个字来表达，这便称为否定(nier)。这种双重活动即是人们所谓判断(juger)的活动。显然，这个判断活动是其他一系列心灵活动的继续。

§70　推理的活动产生于判断的活动。推理只不过是相互关联着的一连串的判断而已。这些判断活动是这样的一些活动，即推理在它们的身上几乎是无须扩展的。那些逻辑学家们对这些活动曾作了长篇大论的述说，但在我看来，这些述说似乎完全是浪费笔墨，毫无用处。这里，我想仅限以一条经验来说明这一点。

§71　有人会问，在谈话中为什么往往能毫不吞吐地开展极其广泛的推理呢？推理的所有部分难道是在同一瞬间全都一齐呈现出来的吗？假如它们并非在同一瞬间一齐呈现出来的话(这似乎是真实的，因为精神是极其有限的，难以一下子把握住为数众多的观念)，那么又要出于怎样的偶然性方能条理清晰地引导自己呢？关于这一点，我们可以用已叙述过的内容很容易作出解释。

49 在一个人打算作一项推理的时候，他对所想证明的命题给予的注意使他连续不断地察见作为即将作出推理的各不同部分的结果的主要命题。如果这些部分联结得十分牢固的话，他便能把它们极为迅速地浏览一过，使他可以想象把它们一下子全部看见。一旦抓住了这些命题，他就对那个应该首先加以阐明的命题进行考虑。循着这个途径，那些能用于使问题变得豁然开朗的观念便会在他身上按观念之间联结顺序依次地唤醒。从这儿他再向第二个命题过渡，以便重复同样的活动，并且如此继续下去，直到对它的推理得出结论为止。因此，他的精神其实是不能同时包括一切部分的。但是，通过各部分之间的联结，他可以极其迅速把这些部分浏览一过，使它们总是在他开口之前就呈现出来，差不多就像一个在高声朗读的人一样，在他发出声音之前，他的眼睛早已看清了所要发音的单词。

或许有人要问，在尚未抓住一项推理的各个不同部分的细节时，我们怎么能瞥见这项推理的结果呢？我回答说，这种情况只有在我们谈论我们所熟悉的题材，或者离我们所熟悉的题材并不太远的时候，通过这些题材跟我们认识得比较透彻的题材之间的联系才会发生。以上是可以看出我提出的那些现象的仅有的情况。在其他一切情况下，你说起话来就会支支吾吾，这乃是出于观念之间联结得过于薄弱，唤起观念比较迟缓的缘故；要不就讲得语无伦次，这就是对所讲题材不学无术所引起的结果。

§72　当人们通过前述的心灵活动的运用，或者至少是通过前述的心灵活动中某几种的运用，便可以得出某些精确的观念，并可以认识这些观念的联系的时候，我们对于这些观念所具有的意识，就是人们称为体会(concevoir)的活动。因此，为了很好地体会，一个基本的条件，乃是要经常在适合于事物的观念之下来想象事物。

§73　上述分析使我们对理解有了一个比人们通常对理解所得出的更为精确的观念。人们把理解看作是同我们的知识并不相同的一种机能，看作是种种知识自行集结起来的场所。然而我相信，为了讲得更加明白起见，必须这样说，即理解只不过是种种心

灵活动的集合体或者组合物而已。察觉或者具有意识，加以注意、再认识、想象、重新记起，反省、区分他的观念、把他的观念加以抽
50 象、把观念组合起来、把观念分解开来、把它们加以分析、肯定、否定、判断、推理、体会，这一切即是理解(l'entendement)。

§74　在上述分析中，我力图使人看出心灵活动的从属关系，以及这些活动是怎样全部从第一个活动中孕育出来的。我们先从感受我们具有意识的这些知觉开始，随后，我们便对某几种知觉形成了一个更加鲜明的意识，这个意识就变成了注意。从那时起，种种观念便相互联结起来了，我们因此又重新认识了我们已经具有过了的知觉，而且，我们重又认识了这个已经具有些知觉的人乃是同一个人，这就构成了回忆。心灵能够唤起它的知觉吗？它能够把这些知觉保存起来吗？或者，它只能回想起这些信号吗？这乃是想象、默想和记忆了；还有，如果心灵能够自己来支配它的注意的话，这便是反省了。最后，从反省又产生出其他一切活动。正是这个反省，进行着区分、比较、组合、分解和分析，因为上述这几种活动，仅仅是引导注意的一些不同的方式而已。从这里出发，循着一系列自然的顺序，便形成了判断、推理、体会，并且产生了理解。但是我曾经认为，应该考虑到一些不同的方式，而反省对于这些不同方式的运用，就像对各种不同的心灵活动的运用一样，因为在由它们所产生的一些效能中，是或多或少地具有差别的。比如，当反省执意要对这些观念加以区分时，则反省在对观念进行比较之中，自能得出更多的东西。当反省限于就观念的本来面目进行比较的时候，它只是把这些观念加以组合和分解而已，而其余的一切亦复如是。不容怀疑，我们是不能按照我们自己愿意的方式去体会事

物，从而或多或少地增加心灵的活动的。我们甚至可以把这些活动缩减到唯一的一个活动，它或许就是意识了。但是，在分得过细和分得太粗之间是有一个折中的分法的。为了把这个题材阐述得清楚明白，还必须再作一些新的分析才行。

第九章　论想象的弊端和裨益

§75　我们在客体不在眼前时所具有的唤起我们知觉的能 51
力，使我们获得了把那些最最互不相关的观念聚集并联结在一起的能力。在我们的想象中，是没有什么东西不能采取新的形式的。由于想象将某个主体的一些品质移植到另一个主体上去的自由，它便把足以让大自然美化几个主体的品质聚集到一个主体上去了。乍一看来，再没有什么东西比想象支配我们观念的方式更与真理背道而驰的了。实际上，如果我们不能把想象活动处于自主控制之下的话，它就必然会使我们迷失方向；但是如果我们善于调整想象，它就会成为我们知识的主要的原动力之一[①]。

§76　观念在想象中是以两种方式联结起来的：有时是自觉的，而在另一些时候，这些联结仅仅是一种无关的印象的效能。前

① 直到目前，我只是把想象当作客体不在眼前时唤起知觉的活动。但是，在观察了这一活动的效能之后，我现在觉得向这个词语的习常用法接近并无什么不妥之处，而且我甚至不得不这么做。这就是为什么我在这一章里把想象当作是这么一种活动的缘故，它在唤起观念的时候，可以随着我们的心意，经常把观念搭配成新的组合。因而，想象这个词儿，从今以后在我这里将有两种不同的意义；可是这一点并不会引起什么异议，因为，我每次都会通过我将使用它的环境来把它在我心目中所特有的意义加以明确。

一种联结通常是不太牢固的，以致我们能比较轻易地将这些联结打断，因为据公认这种联结全都是制定的。后一种联结往往是凝合得极为牢固的，以致我们竟无法将它们破坏，因为人们都愿意认为这些联结都是自然的。这两种联结方式各有其利弊；但后一种联结方式由于对精神起着更其强烈的作用，因此亦具有更多的用处或更多的危险。

§77　言语乃是我们自觉地形成的联结的最显著的一个例子。只要从言语这一个例子，就能够使我们看出，这种活动给了我们何许的便利，并且，为了讲得准确而必须采取的谨慎小心，又表
52 明了这种活动是多么难以调整。但是，既然我自己已经提出，不久将要论述言语的必要性、使用法、起源和发展，有关想象的这一部分的裨益和弊端，我当不必再在这里多费口舌了。因此，我就转到那些作为某种无关印象效能的观念的联结上去了。

§78　我曾经说过，这种观念的联结全都是有用而且必不可少的。比如，在看到一个我们在那里有可能失足坠下危险的悬崖峭壁时，我们便必然会在自己身上唤起死亡的观念。因此在第一次形成这种联结的时候，便不可能会没有注意，而且注意甚至应能把这种联结变得尽可能更加牢固，因为在这种场合下，它是由最迫切的动机——保全我们的生命——所决定的。

马勒伯朗士曾经信以为这种联结是自然的，或者是我们生来就有的。他说："身处悬崖险境的人，会觉得自己有个下临莫测深渊的观念；而且有从这个高度失足坠下的危险的观念，或者有某个体积庞大的物体即将向我们坠落下来把我们压得粉身碎骨的观念，这种观念是自然而然地跟那个对我们呈现出死亡来的观念联

结在一起的,而且是跟一种促使我们逃跑的想法,以及产生逃跑的念头联结在一起的。这个联结是永远不可改变的,因为有必要让这个观念保持恒定不变,而且,这个联结是由大脑神经纤维的指挥作用所构成的,我们从童稚时代以来就已经具备了这种大脑神经纤维的指挥作用[①]。”

如果经验并没有使我们懂得我们是注定要死亡的,我们便永远不会具有一个死亡的观念,这样,当我们在初次见到一个死亡的人的时候,便将会觉得不胜惊骇,这是显而易见的。由此看来,这个观念是后天获得的。而马勒伯朗士却不了解这一点,竟然把自然的或生来就有的东西跟人人所具有的东西混为一谈了。这种错误是很普遍的。人们不愿正视,相同的感官、相同的活动以及相同的环境,应该到处产生相同的效能[②];他们宁愿坚决地乞灵于某种天赋的或者自然的东西,而这种东西又是先于感官的作用、心灵活动的运用以及共同的环境就早已具备了的。

§79　倘若这些由无关的印象在我们身上所形成的观念的联结均是有用的话,那么它们都往往又是有危险的。只因教育使我们习惯于把羞愧或者耻辱的观念与在忍羞含辱下偷生的观念联结 53
在一起;把伟大灵魂或者见义勇为的观念与牺牲自己生命的观念,或者甘冒生命危险去追踪那个曾使他蒙受耻辱的人,以把他翦除

① 见《真理的探求》第二卷第五章。

② 有人问我,假定有一个人,他刚出生在悬崖峭壁旁,他是不是真的就能免于在这里失足坠身崖下呢?我可以这么说,我相信他是能免于失足坠下的。这并不是他怕死,因为人们是不会惧怕他所不知道的东西的;而是因为他能把他的脚步引导到这样的方向去,在那里他的双足能够踏实地落在某些东西上,而这种解释我看来显然是很自然的。

雪恨的观念联结在一起，人们就有了两种偏见：一种偏见曾经是罗马人的荣誉观；另一种偏见则成了一部分欧洲人的荣誉观。这些联结的互相影响和互相激励，或多或少地会随年龄而或长或消。那些得自气质的力量、支配着人们行为的激情，以及人们周围的处境，都会把这些观念联结的绳结或是抽紧或是割断。

这些形形色色的偏见既然成了已为我们感受的最初的印象，我们就不免觉得这些偏见好像是一些无可否认的原理了。在我刚才所举的例子中，错误是显而易见的，而错误的原因也是早就为人们所知道的。可是，或许没有人会不偶尔作出一些荒诞不经的推理，虽然人们最后终能识破这些荒诞不经的推理的一切可笑之处，但却不能了解他们是怎么会一时受到这些荒诞推理的蒙蔽的。这类偏见往往只是观念之间的某种特异的联结的结果，它们是我们虚荣心上屈抑自卑的原因，正是由于这一点，我们对之就很难察觉。如果这类原因是以一种如此隐蔽的方式在起作用的话，那么人们就有理由断言，它使绝大多数的人都作了这样的推理。

§80　概括起来说，我们在种种不同的环境中所感受的印象，使我们把观念联结起来，以致我们不再能把它们随意分拆开来。比如，在与他人的频频交往中，人们总会不知不觉地把他人的某种精神气质和性格特征的观念与种种表露得引人注目的外貌联结在一起。这就是为什么有特殊面相的人会比其他的人更令我们感到欢喜或厌恶。因为面相仅仅是线条的一种组合体，我们就把观念联结到这些线条上去，而这些观念若不伴之以欢愉或不悦的感觉，是绝不会自行唤起的。所以，如果我们根据面相来判断他人，而且我们如果有时在初见某人之下有敬而远之或者一见倾心的感觉，那是不值得大惊小怪的。

由于这些联结的一种效能，我们对某些人往往先意相迎，青睐频加，同我们与另一些人的相处比较之下，其情意之过分，简直完全是不公道的。这就是因为在我们的朋友之中的一切触动着我们的东西，正如同在我们的仇敌之中的一样，自然而然地和这些使我们感受愉悦或不快的情绪相联结起来；而且，这样一来，有些人的缺点总是能借我们在他们身上所赏识的某种比较亲切的愉快感觉而得到庇护，而另一些人的最良好的品质在我们看来却似乎是和 54
他们的缺点掺合在一起的，这些联结就这样无限地影响着我们的全部行为。它们影响着我们的情爱或我们的怨恨，酝酿着我们的敬仰或我们的鄙薄，激发着我们的感恩之情或复仇之心，并且产生了这些同情之意，这些憎恶之感，以及一切这些离奇怪僻的倾向，对于这些倾向，人们有时简直是难以使之言之成理的。我记得在什么地方曾经读到过笛卡尔对斜视眼的人始终保持着很大的好感，原来他所恋爱的第一个女子就是有这种缺陷的。

§81 洛克在指明观念的联结是疯狂的根源时，曾使人们见到了观念联结的最大的危害性。他说[①]："有一个人，他对一切别的事情都是极其明智，并有很健全的思想的，而在某一件事上都或许跟被禁闭在疯人院中的任何一个疯子同样的痴呆，这或者是由于骤然在他的精神上所造成的某种强烈的印象，或者是由于长期地沉湎于某种特殊类型的思想，以致发生了某些毫不相容的观念

① 见第二卷第十一章 §13[†]。在同一卷的第十三章 §4 中，他差不多又重复了同样的内容。

† 参阅关文运译《人类理解论》上册 127。

竟会在他的精神中联结得如此牢固的情况，遂使这些观念好像在他的精神上生了根似的。”

§82　为了理解上述想法是多么的正确，只要指出，从生理上来看，想象和疯狂仅仅只有程度上的深浅之别就行了。一切全取决于精神向大脑进行传达时的鲜明和丰富的程度。这就是为什么在神驰于幻想时，知觉会再现得如此生动活跃，以致直到梦醒神还之后，有时竟难以认出他的错觉。那当然只是一时的神魂颠倒而已。为了解释人们是如何陷入疯狂状态的，只要这么假设就行了，即大脑神经纤维曾被震撼得过于剧烈，以致无法自行恢复原状。同样的效果也会以一种较为缓慢的方式来产生。

§83　我想，在空闲无聊的时候，没有人会不以他自己作为主人公来想象某种传奇小说的，人们把这种虚构的情节称为**空中楼阁**(le château en Espagne)，它们通常只会在大脑中造成淡薄的印象，因为人们不会深深地迷恋于这种空想之中，而且这些空想宛如昙花一现，不久即会被不得不加以注意的更为现实的客体所打破。但是，一旦突如其来地发生了某种悲哀忧伤的遭遇，就会使我们对最为莫逆的朋友也避而不见，并且对一切赏心乐事感到厌倦乏味，
55 于是，我们的整个身心便都沉浸在忧郁愁闷之中，而我们心爱的虚构的小说就成了能使我们消愁解闷的唯一念头。那些动物性的精神便慢慢地给这空中楼阁挖掘了深深的地基，以致什么都不能改变这种幻想的思路。我们将在睡梦中建立这座空中楼阁，我们将在幻想中生活在这座空中楼阁之中。最后，当精神的印象在不知不觉地进入我们所虚构的故事中去的时候，我们就好像实实在在地确是身临其境一样，直至梦醒神返之后，还把这一切虚构幻境当

作是真情实况。很可能除了疯狂之外，不会再有什么别的原因可以解释那位雅典人为什么会以为所有开进比雷埃夫斯港*的船只都是属于他的了。

§84　这种解释可以使人认识到，小说的阅读对两性青少年来说是多么具有危险性的，因为他们的大脑太柔嫩了。他们的精神通常由于缺乏教育，因此就会贪得无厌地对这些虚构的情节紧抓不放，而这些虚构的情节又恰恰迎合着他们年龄的天性热情之所好。激情就在这里面觅得了可以用来建筑最美的空中楼阁的材料；接着，激情又以与切望欢乐同等的喜悦之心着手将这些材料构筑起来，而小说描写对他们所显示的柔情蜜意又毫不间断地把他们吸引在这种情趣之中。那时，或许只要有一丝轻微的哀思，就可以使他倾心于一位年轻的姑娘，使他深信不疑她就是昂若丽克，或者是另外一位使他倾倒的诸如此类的女主人公，而她呢，则把他和一切追求她的人全部都当成迈道尔来看待了。

§85　另有一些著作是以大不相同的目的写成的，它们也可能具有类似的危险性。我们要说的是那种以强烈而富有感染力的想象而写成的献身宗教的书籍。这些书籍有时竟能使一位妇女想入非非，直至使她信以为她已具有洞见神明的慧眼，信以为她真的在与天使谈话，或者甚至已经跟天使们一起升入了天堂。但愿两性的青少年们能从熟知如何锻炼青少年的想象的导师们所写的那些读物中经常不断地受到启发和教益。

§86　刚才所阐述的那些疯狂痴迷均是众所周知的。但尚有

* le Pirée/Piraiévs/Πειραιεύς，雅典的外港。

另外几种精神错乱，人们却未想到要对它们冠以同样的名称。然而，一切凡是在想象之中具有疯狂因素的人均应归入同一类人中去。我们只能凭着错误的后果来确定一个疯子，至于其发疯究竟始自何处，我们却无法加以确定。因此，必须将疯狂的本质主要归之于一种想象，这种想象，不问我们是否能指出发疯的起点，是以一种彻头彻尾混乱颠倒的方式来把观念结合起来的，其影响所及，
56 有时一直会达于我们的判断或我们的行为之中。既如上述，那么，看来是没有一个人能够幸免于疯狂的了。最明智的人之所以区别于最疯狂的人，仅仅是因为他的想象的缺陷，幸运地仅限于以这样的一些事物作为对象，这些事物是很少地进入常规的生活方式中去的，而且这些事物也并不使他十分明显地与他人有什么截然不同的地方。事实上，哪里会有这样的人，在某些巧合奇遇中，他的某种喜好的激情会不经常地怂恿着他，使他不按照事物在他的想象中所造成的那些强烈的印象来指导自己的行动，而使之不再陷入同样的过失中去的呢？请您特别地观察一个为他自己的行动制定了方针的人吧；因为对大多数来说，理智的暗礁即在于此。即使是在精神最健全的人的头脑中，也会有多少的先入之见，多少轻率盲目的举动啊！要使他认识他已经遭受了多大的损害，那是很少能奏效的，他是不会改正自己的错误的。曾经引诱过他的同一个想象仍将引诱他，您将会看到他在向犯同第一个错误相类似的错误走去，但您却毫无办法说服他不去这么做。

§87 在冷静的头脑里所形成的印象，能够长时间地保存下来。因此，仪表庄重而若有所思的人是并无什么好处的，即使有一个好处的话，那只是经常地保持同样的一些缺陷。由于这个缘故，

他们的精神错乱，在初次相见之下，是不会引起人家的疑心的，但如果对他们作一个时期的观察，则他们的精神错乱只会变得更易于认识。相反，在那些想象丰富，活力横溢的头脑中，印象时而消失，时而复生，于是精神错乱的状态也起伏不息。在初次见面时，人们便能清楚地看出一个人的精神具有某些怪僻，可是他以那么快的速度改变着自己的神态，使人对他几乎难以觉察。

§88　想象的能力是宽广无边的。想象可以减轻或者甚至消除我们的痛苦，而且能够单单给我们的快乐添上活色生香的情味，而这种情味又使乐趣变成无价之宝。可是有时，想象乃是我们最残酷的敌人，它增加我们的痛苦，给我们以从未有过的痛苦，而终于在我们的心胸里插上了一把匕首。

为了使这些效能言之成理，我首先必须说明的是，感官对想象的机能起着作用，而这个机能又对感官起了反作用。这是无可否认的，因为经验使我们在甚至弹性最弱的物体上也能看到这样的一种反作用。其次，我要说的是，这种想象机能的反作用又要比感官的作用更为强烈，因为这个机能不是以所假设的感官所产生的
那个知觉的唯一的力量反作用于感官之上，而是以与这个知觉紧 57
密相联结的所有知觉的合力反作用于感官之上，而且由于这个理由，所有这些知觉都是能够自行唤起的。既然如此，想家的效能乃是不难了解的。让我再举一个例子来加以说明。

一个痛苦的知觉在我的想象中唤起所有与痛苦知觉紧密联结着的知觉。我见到了危险，恐怖侵袭着我，我被恐怖所吓倒，我的躯体支撑不住了，我的痛苦变得更加剧烈了，我的心里觉得更加沉重了，而且，一经具有已受感染的想象，在开始时只是一种轻微的

疾病，却有可能把我送进坟墓。

我所追求的一种乐趣可以同样地再现出凡为乐趣所能联结起来的种种愉快的观念。想象将若干知觉作为它所接受的一个知觉，交还给感官，于是我的精神也就集中在一种运动之中，这种运动消除了可能从我所感受的情绪中夺去的一切东西。在这样的情况下，整个身心都处于我通过感官所接受的一切知觉，以及由想象所再产生的那些知觉之中，于是我品尝着最浓郁强烈的乐趣。如果有人打断了我的想象活动，我便宛如刚从极乐世界中走出来一样，在我的眼前有我的幸福之所寄托的种种客体，于是我便寻找它们，而我却不复再能见到它们了。

根据这种解释，人们可以体会出，想象的乐趣是和其他的乐趣完全一样地真实，完全一样地有声有色的，虽然人们通常总要说一些反对的话。我只需再举一个例子就可以使人明白了。

有一个人，给风湿症折腾得痛苦万分，他的身体已经支持不住，在他等待儿子直等到希望渺茫之际，突然重新见到了他以为早已失踪了的儿子，顿时，他的痛苦完全消失了。片刻之后，他的屋子失火焚烧起来，这时他已不再是衰弱无力的了，在别人想去救他出险时，他已经脱离了险境。他的想象被感染得骤然而剧烈，对他身体的各个部分起着反作用，并从中产生了起死回生的激变作用，他就因此而得了救。

我想，这就是想象的最惊人的效能。在下一章中，我将就想象尚能以种种令人心旷神怡的情趣资助于真理这一点略谈只字片语。

第十章　想象从何吸取加诸真理的情趣

§89　想象凭借它从自然界中所巧取豪夺的最为笑容可掬、最为惹人喜爱的东西中有权处理的那些乐闻趣事来美化它所处置的主体。一旦想象能更光彩夺目地突出它的主体时，就再也没有 58
什么与它无关的东西了，一切都成为适宜于它的东西了。它像一只蜜蜂，把一个花坛上所开放的全部最美丽的鲜花变成它的宝库；它像一位风骚的娘儿，一心一意要逗人爱怜，依仗其恣意任性远甚于揆情度理。她*总是一视同仁地讨好我们，迎合我们的趣味、我们的激情以及我们的弱点。她以她的活泼可爱和挑逗引诱，使这一个流连忘返，心悦诚服；她又以她的端庄大方和雍容华贵，令那一个受宠若惊、神魂颠倒。她时而以妙趣横生的谈笑诱人怡然自娱，时而又以她放浪形骸的嬉语而叫人心花怒放。在彼处，她体贴温柔，脉脉含情，以招人喜爱；在此处又愁思厌厌、泪眼盈盈，以令人感动，并且，如其有所需要，她立刻会扮个鬼脸，以激起哄堂大笑。她对自己至高无上的权威深信不疑，运用她那恣意任性的手法驾驭一切。她有时将伟大崇高强加于最平庸和陈腐不堪的东西之上，有时又将最庄严肃穆和最超凡卓绝的事情弄得卑不足道和滑稽可笑以自得其乐。纵然她把她所接触到的一切事物随意地加以变更，可是只有在她单纯是为了寻欢作乐的时候，才往往是得心

---

* 法文中“想象”和“娘儿”两个名词同为阴性名词，用同一个代词 elle，故作者将“想象”比作“娘儿”。译文中原先用“它”作想象的代词，为了表达作者这一比喻的意图，故在此段中亦相应改为“她”。

应手的；除此之外，她却只能碰得头破血流；她那至高无上的权威，终于在分析的权威开始的地方寿终正寝。

§90 只要偏见(le préjugé)授权，想象不仅能从大自然中，而且还能从怪诞不经和荒唐可笑的事物内吸取东西。只要我们执意把这些事物信以为真，那么即使它们纯属虚假，也是无关紧要的。想象特别具有令人注目的情趣；然而，它并不和真理相抵触。当想象的一切虚构和我们的知识，或者和我们的偏见本质类同时，它们都是美好的。可是，一旦想象脱离了这个本质，它就只能孕育出离奇古怪和胡思乱想的观念来了。我相信，使德斯泼莱欧(Despréaux)的这种想法变得如此正确的，其原因盖出于此。他说：

59 无物能与真媲美，

唯有真实最可爱；

处处应由真主宰；

纵使神话无例外。

事实上，真实是属于神话的，但这并不是说，事物应该绝对无异地同神话向我们展现出来的一样，而是因为神话是在清晰、熟悉的形象下来展示事物的，因而神话使我们喜爱，而不致将我们引入歧途。

§91 除了真实而外，便不再有什么美的东西了，然而一切真实的东西却并非件件皆美的。为了弥补真实的不足，想象把最适宜于美化真实的观念跟真实结合起来；而且，由于这一结合，想象便形成了一个整体，我们既可以在这个整体中找到想象的可靠性，又可以找到美妙的情趣。在这方面，诗歌提供了举之不尽的例子。人们可以在诗歌中看到可以虚构来润饰真实，一旦离开了真实，虚构就往往显得滑稽可笑;但一旦去除了虚构,真实又常常会变得淡泊乏味。只要对这些修饰的选择具有卓识别裁,而对它的点缀又是匠心别具的,那么,这种虚和实的结合便往往讨人喜欢。想象加诸于真理,犹如珠宝加诸于美人。它应当竭尽全力以扶助真理,更便于使真理变得明显,因而也更易于使人感受。

我不拟在想象这一方面作更多的叙述,这将是一部独立的著作的论题。对我的计划来说,只要没有忘记述及这些内容就足够了。

第十一章　论理性、论精神及其种种不同的类型

§92　从我们已叙述的一切活动中可以归结出一种活动,这种活动简直可以称作是理解中首屈一指的活动,它就是理性(la rai son)。不管人们对理性得出怎样的观念,大家都异口同声地承认,只是由于理性,我们方能在人事中明智地行事,并在真理的探求中取得进步。必须从这里得出结论,即理性并非别的东西,它只是一种认识方式,这种方式可以使我们对我们的种种心灵活动作出调整。

§93　我不相信,对理性作这样一种解释会使我们脱离这个词的习常用法,因为无论哪一个概念,只有在我看来没有一个部分
不是足够精确的时候,我才会把它确定下来。我甚至早就提防到 60
人们反对理性而进行的种种抨击,说我在过去模糊不清的意义上来取用理性这个观念。当大自然授予我们以谨慎明智地引导我们心灵活动的种种方法时,人们会不会说,大自然给我们赠送了一份

称得上是一位恶毒的后母的礼物呢？同样的一种想法不是也可能落到精神的头上去么？人们会不会说，当心灵还不曾被赋予我们上述的一切活动时，它只会更加幸福，因为这些活动不都是由于心灵的滥用而成为它痛苦的根源了么？我们不是因此而责备大自然为什么给我们生了一张嘴巴，两条胳膊，以及其他各种器官，而这些器官不又经常成为我们招灾惹祸的工具么？或许我们只要有条生命，使我们感觉到自己是存在着的，心甘情愿地放弃那些如此强有力地使我们超越一切兽类之上的种种活动，而只要具有它们的本能也就够了吧。

§94　可是，人们又会不会说，我们对种种心灵活动应该得出的习惯用法到底又是什么呢？纵使费尽九牛二虎之力，人们在研究工作中所取得的成功，不仍是多么地微不足道么？今天又有谁能自夸在这里取得了更良好的成绩呢？我回答说，我们只能因此去埋怨我们没有能够在各方面都获得理性。但是我们宁可什么都不要夸大。仔细地研究一下心灵的活动，了解这些活动的全部范围，不要对我们掩盖这些活动的弱点，精确地把这些活动区分开来，把这些活动的种种原动力辨别清楚，指出它们的裨益和弊端，看清它们是如何彼此协作互相帮助的，最后，只把它们应用到我们力所能及的种种客体上去，我就可以担保，我们将学会，我们应该对它们得出怎样的习惯用法了。我们将重新认识到，理性会按我们的处境所要求的那样，恰如其分地分降于我们的各个方面；而且，倘若我们对我们的一切控制得有分寸，对理性活动的优惠不任意挥霍，那就会知道如何审慎明智地使用它的优点了。

§95　有三种心灵活动是需要加以恰当的对照，以便更好地感觉到它们的区别的。这就是本能、疯狂和理性。本能仅仅是一种想象，这种想象的应用是毫不受我们支配的，可是，由于它的活力，它十分妥然地帮助我们保全自己的存在。本能是不包含记忆、反省和心灵的各种其他活动的。疯狂则相反，它容许各种心灵活动的运用；可是，引导这些活动的却是一种杂乱无章的想象。最后，理性产生出引导得当的一切心灵活动。如果蒲伯自己善于对上述事物得出正确的观念的话，他便不会对理性作出这样的斥责，61
并且也不至于得出这样的结论了，他说：

> 你枉费心机地夸耀理性的卓越绝伦，
> 她是否应压倒本能而独占魁元？
> 人只能指导理性而神才能管理本能，
> 这两个机能简直是无法相提并论！

§96　余下的事，即在这里解释人们在超乎理性、合乎理性以及反乎理性之间所得出的区别，就是非常容易的了。凡包含着某些不能成为心灵活动的对象的观念——因为这些观念既不能通过感官进入心灵，又不能从感觉中抽取出来的——的一切真理，均是超乎理性的。一条仅包含着这样一些观念——它们是我们的精神能对之进行活动的——的真理乃是合乎理性的。最后，一切和另一个命题——它是由一条由引导得极为妥当的心灵活动所归结出来的命题——相矛盾的命题即是反乎理性的。

§97　人们不难发觉，在理性的概念中，以及在我关于想象所作的新的评述中[①]，除了作为本篇前八章的题材的那些观念之外，

① 请参阅前章。

别无加入什么其他的观念。然而，关于将这些事物另作考察，那要么是为了与习惯的用法相一致，要么是为了更精确地指出理解活动的种种不同的对象。我甚至相信，在区别健全思想（le bon sens）、精神（l'ésprit）、智力（l'intélligence）、洞察（le pénétration）、深入（la profondeur）、识别（le discernement）、判断（le jugement）、敏锐（la sagacité）、趣尚（le goût）、创造（l'invention）、才华（le talent）、天才（le genie）和热忱（l'enthousiasm）等等的时候，仍然应当遵循着习惯的用法；然而，所有以上一些事物，我只需以只字片语略叙一过，就足以窥见其一斑了。

§98　健全思想和智力也只不过是由体会或想象而造成的，并且，其差别也仅仅在于人们所从事的对象的性质的不同而已。比如，要懂得二加二等于四，或者要懂得数学的全部课程，这两件事同样是体会，但却具有这样的区别，即其一称为健全思想，而另一则称为智力。同样，为了对成天在我们眼前出现的寻常的事物进行想象，那只要有健全思想就行了；而为了想象一些新鲜的事物，特别是如果这些事物具有一定的广度，那就必须要有智力才
62 行。因而，健全思想的对象显然只有在简易和普通的事物中方能遇到，而要体会或想象较为复杂、较为新奇的事物，那才是智力的事。

§99　因为缺乏一种用以分析我们观念的良好的方法，我们对自己就往往只好满足于一知半解。从**精神**这个单词中，我们就可以看到这样的例子。虽然这个词眼常常挂在大家的口上，但人们通常总是给它一个非常模糊的概念。不问这个词的意义到底怎样，它总不至于会延伸到我已经予以分析的那些活动之外。可是按照人们分别地研究这些活动，按照人们把这些活动中的若干活

动结合起来，或者按照把这些活动全部集中在一起来加以考察，便可形成种种不同的概念，对这些概念，人们通常总是以精神这个名词相加的。然而，在这里还必须加上一个条件，即我们应该以一种比较高级的方式来引导这些活动，而这种高级的方式标明了理解的能动作用。而那些心灵自己几乎还不能加以支配的活动是不配领受精神这个美称的。这样，记忆和种种先于记忆的活动就不足以构成精神。倘若心灵的能动作用同样只是以一些普通的事物作为对象，那么，如我刚才说过的那样，它仍然只是健全思想而已。对一个在一切场合均能懂得如何妥然地引导他的理解的一切活动，并以一切可能的便利来使用理解的人来说，精神就立即在他的身上产生了，并在他的身上处于高的极点。精神乃是这样的一种概念，人们对这种概念是永远无法找到样板的，可是应该对这个样板作一个假设，使之最终具有一个固定的点，人们可以从不同的方面使自己或近或远地偏离这个固定的点，而且通过这个方法，就能得出某些比较低级的观念。我现在仅限于对人们赋予名称的若干低级的观念作如下阐述。

§100　洞察意味着人们能以充分的注意、反省和分析，一直贯穿到事物的内部；至于深入，则是人们在某一点上对事物进入纵深的研究，以弄清其所有的原动力，并看出这些事物是从何而来，它们目前的情况如何，以及它们将来的发展又是如何的。

§101　识别和判断乃是对事物作出比较，从而得出它们之间的区别并正确地鉴别彼此的价值。但前者更着重地用来指那些被看作是需加思辨推敲的事物，而后者则用来指那些关系到实践的事物。在哲学的研究中必须具有识别力，而在生活的行动中则必须具有判断力。

§102　敏锐只不过是机灵的另一种说法，人们借此能随机应变，以便更容易地抓住他们的客体，或者为了使客体更好地为其他人们所了解，这只能通过想象和反省、分析相结合的方法才能做到。

63 §103　趣尚是一种无比美好的感觉方式，它使人们无须求助于反省就能察觉事物的价值，或者不妨说不必使用任何规则就能审定事物的价值。这是某种想象所产生的效能，这种想象很早就运用在选定的客体上，它把这些客体一直新鲜地保存着，并且很自然地把它们作为比较的样板。这就是何以良好的趣尚一般总是上流社会人士的得天独厚的禀质。

§104　我们并非在真正地创造着观念。我们只不过是通过组合和分解来组成我们通过感官而获得的观念罢了。创造就是懂得如何对观念作出新的搭配。创造力有两种：才华和天才。

前一种创造力是以一种恰当的方式把一门已知的艺术或者科学中的观念组合起来，使之产生人们理所当然地期待着的结果。这种创造力时而要求较多的想象力，时而又要求较多的分析力。后一种创造力是在才华上再加以那种精神的观念，也可以说是创造性的观念。天才发明一些新颖的艺术门类，或者在同一门艺术中创立一些新颖的流派，这些流派有时可以与已为人们所熟悉的艺术流派相媲美，有时甚至更胜于它们。天才在它所特有的观点下审察事物，产生一门新的科学，或者在人们所研究的那些科学门类中，独自开辟出一条通往真理的蹊径，对于这些真理，别人本来早已不再希冀有到达的可能了。它在这些已为前人所认识的科学门类中放射出异彩，并把人们本来已经断定为不可实现的事物搞得易如反掌。一个有才华的人具有一种可以为别人所具有的性格，他和常人是无异的，有时或许比一般的人略胜一筹。而一个有天才的人则具有一种独特别具的性格，他是别人无法效仿的。因此，那些试图模仿天才所获成就的体裁的大作家们，罕见侥幸能有所成功的。没有一个人能通过模仿高乃依、莫里哀和基诺而获得成功的。我们当代的那些天才，也不见得会有更成功的模仿者的。

有人以精深及博大来形容天才。在精深方面，它在某一流派中作出巨大的发展；而在博大方面，它将许多流派连成一体，直到这样的程度，使人竟可以说是难以想象其是否有边有际。

§105 人们在感受热忱时是无法将热忱加以分析的，因为在这种时候，他们便无法控制自己的反省了。可是在人们不再感受热忱的时候，又如何能对它作出分析呢？这就只能对热忱所产生的结果来进行考察了。在这种场合下，对这些结果的认识理应导致对其原因的认识，而这个原因又只能是我们已作出分析的那些活动中的一个活动。

在激情给我们以剧烈震撼的时候，它们竟会把我们对反省的 64
习常使用也剥夺光了，我们便感受着千头万绪的复杂的情绪。这就是说，由于强弱程度不等的激情，便激起了强弱程度不等的想象，而强弱程度不等的想象，又以强弱程度不等的力量，唤起与其具有某种关系的情绪。结果，也就唤起与我们所处的环境有某种联结的情绪。

假如有这么两个人，他们处在同样的环境下，并且感受着同样的激情，但他们感受激情的力量在程度上是不相等的。第一个人，我们不妨举荷拉斯老人为例，正如高乃依所描绘的那样，他以这种罗马人的心灵，为了拯救共和国而牺牲了他的两个亲生儿子。当他得知另一个儿子临阵逃跑时，他所获得的印象，是对祖国的热爱和对荣誉的看重所能产生的全部感情的错综混杂的组合体，这些感情一直上升到最高峰，直到他非但不因他的两个儿子的阵亡而感到痛惜，甚至心甘情愿地希望第三个儿子也应同样地以身殉国。这些便是在他身上起着作用的感情。但是，他是否要把这一切感情全都表达得那么详尽细致呢？不需要，因为这不是崇高的激情的言语。他不再会满足于让人知道这些感情中不太强烈的一个，而自然宁愿让人了解那个在他身上起着最强烈作用的感情，并且就停留在这种感情上，因为通过这种感情和其他种种感情的联系，他就足以把这些感情全都包含进去了。然而，这个感情又是什么呢？这种感情乃是但愿他那个逃跑了的儿子也一起牺牲。因为这么一种愿望，要么丝毫也不会进入一位父亲的心灵，要么在进入其心灵时就独自地充满了他的心灵。这就是为什么当有人问他，他的儿子在以一当三时应该怎么做，他必然这么回答：**他应当以死报国**(qu'il mourût)*†。

第二个人，我们不妨假设是这么一个罗马人，他对他家属的荣

* 作者此例取自高乃依著名悲剧《荷拉斯》：罗马和阿尔巴失和，两城决定各选三人作生死决斗，以他们的胜负为全城的胜负。荷拉斯老人的三子被推为罗马代表，迎战阿尔巴的居里亚斯三昆仲。老人在家静候消息，听说两个儿子壮烈牺牲，幼子却临阵逃脱，他勃然大怒，决定亲手处死幼子。不久他又接报，原来幼子并非怯阵而系诱敌，最后杀死了居氏三兄弟。这里摘引的话是他回答女儿的问题时所说，狄德罗在《百科全书》第二卷的条目《美之根源及性质的哲学的研究》〔译文见人民文学出版社《文艺理论译丛》1958年第一期第1—32页〕中说它是“最美、最崇高的语言”。

† 又译：让他死吧！见汲自信，孟式钧译《近代美学思想史论丛》第102页，商务印书馆，1966。

耀之心和对共和国的拯救之情，虽然也切切于怀，然而，他所感受的激情要远较荷拉斯老人薄弱得多，他便使我觉得好像几乎是麻木不仁的了。出于对荣誉和对祖国的热爱而在他身上产生的种种感情也反映得比较淡薄，而且，每种感情也差不多是处于同样的程度。这个人不可能宁愿表达此一种感情而不愿表达彼一种感情，因此，他自然会把这些感情和盘托出，使人知道其一切详情细节。他可能会说，看到共和国的毁灭，看到他儿子所蒙受的奇耻大辱，使他多么痛心疾首；他会发愤说永远不让他这个儿子再来见他，但他不会说他情愿希望这个儿子为国捐躯，而只会这样断言，说这个儿子最好还是走跟他的弟兄们相同的道路来得更有价值一些。

为了说明只有在处于热忱之中，人们才可以使自己置身于高 65
乃依笔下的荷拉斯老人的情况，不管人们对热忱作怎样的理解，只要懂得它和冷漠是截然相反的就行了；而要处于我刚才所设想的那个人的地位，就不是这样的了。下面请再看一个例子吧。

如果认为摩西在谈论光的创造时对上帝的伟大讲述得不够深刻的话，他其实是可以进一步展示这位至高无上的神明的万能的。一方面，他本来可以不遗余力地详细颂扬光的一切非凡的美妙；而另一方面，他又可以把黑暗描绘成一团未开的混沌，整个大自然就全部沉浸在这团混沌之中。但是，如果要对这些细节作深入的描写，就会对开天辟地的第一个人的至高无上的权威及其所创造的芸芸众生的从属地位的看法所能产生的感情变得过于细琐。既然发号施令和唯命是从的观念是与上级和下属的观念相联结的，那么，这些观念在他的心灵中便不可能不会被唤起；因而摩西就只需叙述到这儿为止，因为对于表达一切其他观念来说，这些话已经是足够的了。所以，他只需这么说就行了："神说要有光，就有了光。"* 由于这些简洁明了的词句在同一时间所能唤起的观念的数目和美感已经足够，这些观念就有以令人赞叹的方式去打动心灵的好处，于是，出于这个道理，人们便对之加以无上神品这样的称呼。

通过上述分析，我在这里就能给自己得出热忱的概念：热忱乃是一个努力考察自己所处环境的人所处的状态，这种状态就是被环境所必然产生的一切感情强烈地冲动着，而这个人，为了表达他所感受的东西，自然而然地在这些感情中挑选了一个最强烈的感情，并且通过它和其他感情的紧密联系，单凭这个最强烈的感情就可以相当于所有其他的感情。如果这种状态只是转瞬即逝的话，它就给我们提供写成一篇一气呵成的短篇作品的机会，如果这种状态持续一段时间，它就可能产生整整一部剧本。在人们保持着冷漠的情况下，如果他们自己养成了分析可以为他所效法的诗人们的美丽的诗篇的习惯的话，他们是可以将热忱模仿出来的，但是，鹦鹉学舌的作品当然是无法同原作相提并论的了。

§106　精神本来是一种工具，用这种工具，人们可以获得远离最普通的观念的那些观念，这就是为什么我们的观念按心灵活动——这些活动尤其特别地构成了各人的精神——类型的不同都有一种差别悬殊的性质。在您所假设的长于分析而短于想象的类
66 型中，以及在您所假设的长于想象而短于分析的类型中，精神的功效都不可能是相同的。唯独想象才是易于受千变万化的事物的感

* 参见《圣经·旧约·创世记》第一章。

染，并足以造成各种各样的精神类型的。在我们的书写中，各人都有自己独特的字体，可是所有这些字体都没有它们的名称。此外，为了从精神的一切功效上来对精神进行考察，光在那理解活动上进行分析还是不够的，还必须对激情作出分析，并指出这一切事物是怎样自行组织起来的，又是怎样在一个唯一的原因下相互混合在一起的。激情的影响是如此之大，以致如果没有激情，常常会使理解几乎丝毫得不到运用；而且，一个人有时竟会仅仅因为缺乏激情而谈不上具有精神。对于具有某种才华的人来说，激情甚至是绝对不可少的。可是要对激情作一番分析，还是把它放到另一部探讨关于我们知识的发展的专著中去为妥，而本论著的内容仅限于涉及知识的起源。

§107　以我的方式对心灵活动来进行考察，其主要优点就是能令人清楚地看出，健全思想、精神、理性以及和它们相对立的事物是如何同样地从同一条原理中产生出来的，这一原理乃是观念和观念之间的相互联结；若是再进一步向上追溯，就可以看出，这种联结乃是通过信号的使用而产生的。原理就在这里。我想把这些已作叙述的内容再重复一遍，以作本篇的结尾。

有更多的理性便相应地具有更多的反省能力。因此，理性的机能乃是产生反省。一方面，反省使我们成了自己注意的主人，所以反省产生着注意；另一方面，反省又使我们将我们的观念联结起来，所以它又引起了记忆。从这里便产生了分析，由分析再形成回忆，而回忆又导致了想象（我在这里是以我所对它赋予的意义来采用“想象”这个词眼的）。

使想象置于我们能力之下的，乃是通过反省的途径，而我们仅仅是在能够支配我们想象的运用很久之后，方才对记忆的运用拥有我们的支配权的；而由这两种活动便产生了体会。

理解之不同于想象，正如主要在于体会的活动之不同于分析。至于这些主要在于区别、比较、组合、分解、判断、推理的活动，它们是由此及彼一个接一个地产生出来的，并且都是想象和记忆的直接结果。以上就是心灵活动的派衍。

67 重要的是很好地掌握所有这些事物，特别是指出那些形成理解的活动（大家知道，我是不在别的意义上来取用"理解"这个单词的），并把理解与它所产生的一些活动区分开来。正是在这个区别上，才有本论著的以下各个章节，因为这个区别乃是本论著的基础。对于那些不能掌握这个区别的人来说，本论著的一切内容都将令他们迷惑不解。

第三篇　论简单观念和复合观念

§1　我把若干知觉的结合或者集合体称为复合观念（l'idée complexe），而把被认为是完全纯一的一个知觉称为简单观念（l'idée simple）。 68

洛克说[①]："虽然触动着我们感官的各种质，在事物本身中都是结合得那么牢固，混合得那么融洽，以致在它们之间并无任何间隔或任何距离；然而，确定不移的是，这些不同的质在心灵里所产生的观念，却是以简单而没有任何混杂的方式通过感官进入心灵的。因为，尽管视觉和触觉往往会被同一个客体同时激起不同的观念，正如人们能同时看见运动和颜色，手能同时感觉到一支蜡烛的柔软和温暖一样。然而，在同一主体中，这样集结起来的一些简单观念，也是和通过各种不同的感官进入精神的那些观念同样截然分明的。比如，人们在一块冰上所感觉到的寒冷和坚硬，在心灵里所产生的观念就像一朵百合花的香气和白色，或者糖的甜味和一朵玫瑰花的香气同样的截然分明；对一个人来说，再没有什么会比他对这些简单观念所具有的清楚分明的知觉更为明显的了。每一个简单观念，都是单独地获得的，它并不具有任何复合性，所以

① 第二卷第二章§1。

在心灵中仅能产生一个完全纯一的概念，而这个概念是不可能被区分成种种不同的观念的。”

69 虽然我们的知觉在强度上的差别或多或少是可以觉察的，可是人们错误地把每个知觉设想成是由其他若干知觉组成的了。不妨将几种颜色调和在一起，倘若这几种颜色的差别只是由于它们的浓淡不等，那么它们也只能产生一个纯一的知觉而已。

实际上，对于所有相去不远的知觉，人们便会把它们看成是程度不同的同一个知觉。可是，正是因为没有同知觉一样多的名称，人们就不得不把这些知觉分门别类地加以回想。如果要个别地拿来回想的话，便根本没有一个知觉不是简单的知觉。比如说，怎样来分解由雪的白色所引起的那个知觉呢？难道要把构成雪的白色的若干种别的白色都区分开来吗？

§2　心灵的一切活动，若从其起源上来加以考察，都是同样简单的；因为那时每个活动都只不过是一个知觉罢了。但是，随后为了求得行动的协调一致，这些知觉就自行组合起来了，并形成了复合的心灵活动。这一点在人们认之为**洞察**、**识别**、**敏锐**等心灵活动中显得很明显。

§3　除了这些真正的简单观念之外，当我们把由若干知觉所组成的一个集合体放到一个更大的集合体中去，作为这个更大的集合体中的一个组成部分的时候，我们也经常把这个较小的集合体看成是一个简单的观念。甚至可以这样说，随便哪一个概念，不论它是如何的复杂，只要把单位的观念加到它上面去，都可以把它当作简单的观念来看待。

§4　在复合的观念中间，有一些观念是由不同的知觉组成的，比如一个物体的观念就是这样的；而另一些观念则是由若干纯一的知觉所组成的，或者不如说，它们仅仅是由一个同样的知觉重复多次而组成的。有时，它们的数目是不确定的，比如广延的抽象观念就是这样的；但有时它们的数目又是确定的，比如尺这个观念，就是大拇指*的知觉重复十二次而形成的。

§5　至于这些由不同的知觉所构成的概念，可以把它们分为两类：实体的概念，以及由与人类种种不同的活动有关的简单观念所组成的概念。为了使第一类概念成为有用的概念，必须使这些概念按实体的样板来作出，而且必须使这些概念只能表现包涵在这些实体中的属性。在另外一类概念里，人们的做法便完全不同了。重要的是，在见到他们的例子之前，往往就已经形成了概念；况且，这些例子通常是没有什么足够的稳定性，可以用作我们的规则的。这样形成的一种道德或正义的概念，就是根据一些特殊情况之容许或排斥某种环境而变化的；而情况的错综复杂，竟会达到 70
这样的地步，致使人们不再能识别正义和非正义了。很多哲学家的错误盖在于此。所以，留给我们的任务，只是按我们的选择把若干简单的观念聚集起来，并且一旦当这些集合体被确定下来之后，便把它们拿来作为判断事物所应遵循的样板。附加在诸如：光荣(gloire)、名誉(honneur)、勇气(courage)等这些名词上的观念就是这样的，我把上述这些名词称为典范观念(l'idée archétype)这个术语是近代形而上学家们用得相当频繁的。

§6　既然简单观念只不过是我们本身的知觉，那么认识简单

* 此处原文为 pouce，意即“大拇指”或“大足趾”，也是一种古长度单位，相当于 2.7 厘米，与一英寸的长度相差无几。

观念的唯一途径就是对我们在一见到客体时所感受到的东西进行反省。

§7　对于那些只不过是同一知觉的无数次重复的复合观念来说，上述情况也同样适用。比如，为了具有广延的抽象观念，只要对广延的知觉进行考虑就行了，而不要把它看作是任何确定部分的一定次数的重复。

§8　如果只凭这些观念进入我们知识的方式来对它们进行审察的话，我就只能把这两类观念归并为单独的一类了。这样，当我在讲到复合观念的时候，必须把我所说的复合观念理解为由不同知觉所构成的复合观念，或者以一种确定的方式来重复同一知觉而构成的复合观念。

§9　若取我刚才在分析复合观念时对它们加以限制的那种意义，是不能很好地认识复合观念的；换句话说，必须把这些复合观念还原到组成它们的简单观念上去，并且观察它们的派衍的过程，方能认识这些复合观念。我们在形成理解这一概念时，就是这样做的。直到此时，还没有一位哲学家知道，这一方面在形而上学中是可以付诸实践的，而他们在形而上学中所使用的作为代替的方法，都只会使混乱越发增加，使争论愈益纷繁而已。

§10　从这点来看，就可以得出这样的结论，即定义是毫无用处的，就是说，人们要从这些命题出发，通过某种类同或某种差异来辩释事物的属性是毫不顶事的。第一，在涉及简单观念时，定义是不可能使用的。洛克已使我们懂得了这一点[①]，相当奇怪的是，

---

① 第三卷，第四章。

他竟是第一个指出这一点的人。在他以前的哲学家们，都既不能识别哪些是他们应该下定义的观念，也不知道哪些是他们不应该下定义的观念，从他们著作中可以看到的混淆不清就可以断定这一点。笛卡尔学派对存在着比人们所能给出的任何定义都更为清楚明白的观念这件事倒并不是全然无知的，可是他们对其中的道理却并不了解，尽管这些道理看来是显而易见的。因此，为了给那 71
些极其简单的观念下定义，他们曾如此煞费苦心，至于那些极其复杂的观念，他们倒反断言，为它们下定义是没有用处的。从这里我们可以看出，在哲学上，即使最小的步子也是多么难以跨出啊！

第二，大凡定义，对于给予稍为复杂一些的事物以一个精确的概念来说，都是不十分妥当的。甚至那些最佳的定义，也抵不上一个不太完备的分析。这是因为在定义中掺入了某些想当然的东西，或者至少是，人们对于从相反的方面作出确定是毫无规则可依的。而在分析中，人们就不得不遵循事物的来龙去脉的本身。可见，一旦作出了精辟的分析，它就分毫不爽地汇集了全体一致的意见，并且从而终止了种种争论。

§11　虽然几何学家早就熟知了这一方法，他们仍然免不了要蒙受指责。他们有时竟会弄到抓不住事物真正来龙去脉的地步，而这种情况，竟会发生在一些并不是很难做到的场合。只要一踏进几何学的大门，你就可以见到这个证据。在对“点”说了这么一番话，即：**点是终止了于其自身的一切部分的东西**，**点是除其自身外别无他边界的东西**，或者，**点是既无长度、又无宽度、亦无厚度的东西**后，他们便把点移动，使之产生线；接着又把线移动，使之产生面；把面移动，使之产生体。

首先，我要指出，他们就是在这里陷入其他哲学家的错误中去的，这就是企图对一件极其简单的事物下定义。这错误乃是他们所念念不忘的综合法带来的后果之一，综合法正是要求人们对一切事物都下定义的。

其次，边界(la borne)这个名词极其必要地道出了与一件具有广延性的事物的关系，以致对于一件终止于其自身的一切部分的事物，或者除其自身外别无其他边界的事物是无法想象的。对于表示边界来说，取消了一切长度和厚度，便不再是一个相当易于接受的概念了。

再次，人们是无法表现出一个没有广延性的点的运动的，更不可能表现出人们设想的在它后面遗留下来的形成线的轨迹。至于对线，人们可以在运动中根据对它的长度的确定，而不是根据它理应产生面的确定来很好地加以体会的；因为那时线是处于和点同样的情况中的。对于将面移动使之成为体，也可以这么说。

72 §12　可以清楚地看出，那些几何学家都曾以自己的设想与事物的来龙去脉或者观念的派衍相符合作为目标，可是他们在这方面却是毫无成就的。

在观看事物时，如果对它不是马上就具有伴随它的体积而来的广延的观念，就无法使用感官。体的观念之所以成为感官所传达的最初的一些观念，就是这个缘故。不妨请您取一个立体，并从其一边对它进行观察，不要去考虑它的厚度，您就能得到一个面的观念，或者得到一个具有长度和宽度而没有厚度的广延的观念。因为您的反省只能是它所专注着的事物的观念而已。

然后再请您取这个面，并请您只去考虑它的长度而不要考虑它的宽度，您就将得到一条线的观念，或者得到一个只有长度而没有宽度、没有厚度的广延性的观念。

最后，请您对这条线的一端加以反省，不要去注意它的长度，您就将得出一个点的观念，或者得到那个人们在几何学中所采取的既无长度、又无宽度、亦无高度的东西的观念。

循着这条途径，您就将毫不费劲地形成点的观念、面的观念以及体的观念。大家可以看出，为了在形成观念的同样的顺序下来解释观念的派衍，一切全赖于对经验加以研究。当问题涉及抽象的概念时，这一方法尤其是必不可少的，这是把抽象概念解释得明白清楚的唯一的方法。

§13　在简单观念和复合观念之间，我们可以指出两点本质的区别：第一，在简单观念的产生中，精神纯粹是被动的，它不能给自己一个它从未见到过的颜色的观念。相反地，在复合观念的派衍中，精神却是主动的。按照样板或者以它的选择把一些简单观念结合起来，乃是精神的作用。一言以蔽之，复合观念只不过是某种反省经验的产物。我以后将比较特别地把它们称为概念(la notion)。第二，对于认识一个简单观念是否超越另一个简单观念，我们是毫无办法的，这乃是我们无法把简单观念分割开来的缘故。对于复合观念，情况就不同了，人们能准确无误地知道两个数字的差，因为通用的度量衡单位总是相等的。我们还可以数出那些复合观念中的有多少个简单观念，这些简单观念既然是由各种不同的知觉所形成的，它们就没有一个同单位一样精确的标准来衡量了。倘若在观念中确实存在着人们所从品评的联系的话，那唯一的只能是简单观念的联系了。例如，人们精确地知道，怎样的一些

观念可以比放到**人造金**这个名词更好地放到**黄金**这个名词上去，
73 可是人们却不能测量这两种金属的颜色的差别，因为颜色的知觉是简单而不可分割的。

§ 14　简单观念和复合观念同样还可以被当作绝对观念和相对观念来看待。当人们只是停留在这些观念之中，并把它们作为他们反省的对象，而不把它们再归于其他客体上去时，这些观念便是绝对观念(l'idée absolue)。但是，当人们把这些观念看成彼此互为从属的时候，就可以把它们称为相对观念(l'idée relative)。

§ 15　这些典范性的概念具有两个优点：第一个优点，就是它们可以成为完整的概念，因为这种概念都是一些定形的样板，精神可以从这些样板中获得一种极其完备的知识，以致不会再遗留下什么需加发现的东西，这是显而易见的，因为这些概念除了包含精神本身已聚集起来的简单的观念之外，便不再能有其他的简单观念了。第二个优点是第一个优点的结果，它主要在于典范概念之间一切联系均是能被察觉的，因为，认识了形成典范概念的一切简单观念之后，我们就能对典范概念作一切可能的分析。

但是，实体的概念(notion de substance)就不具备这样一些优点了，这些概念都必然是一些不完整的概念，因为我们把那些实体的概念联系到这样的一些样板上去，在这些样板中，我们天天都可以发现一些新的属性。由此可见，我们是不能认识存在于两种实体之间的一切联系的。倘若通过经验来寻求逐渐地增加我们有关这方面的知识乃是值得嘉许的话，那么自吹自擂，以为总有一天可以使知识变得完美无缺就是幼稚可笑的了。

然而，必须引起重视的是，这种概念并非像人们自己设想的那样模糊和混乱，它只是比较局限而已。这便有赖于我们以最可靠的精确性来叙述这些实体，而这只要在我们的观念和表达中养成一种持之以恒的观察的习惯，便能学会。

§16　下列那些意义相近的名词，如思想(la pensée)、心灵活动(l'opération)、知觉(la perception)、感觉(la sensation)、意识(la conscience)、观念(l'idée)、概念(la notion)在形而上学中都是被大量使用着的，以至于指出它们的区别乃是首要的问题了。我把心灵所感受的一切东西都称为思想，无论是通过无关的印象来感受的东西，还是心灵通过使用它的反省来感受的东西；我所称为心灵活动的，乃是宜于在心灵中产生某种变化的思想，并且，通过活动这一途径，使思想得到启发，得到引导；我所称为知觉的，乃是客体呈现时在我们身上所产生的印象；而我所称之为感觉的，乃 74
是通过感官而接受的同一个印象；而所谓意识者，乃是人们从印象所获得的知识；至于观念，则是人们把它当作形象的知识；而概念呢，乃是成为我们自己的产物的任何观念。以上就是这些词语在我使用下所具有的意义。我们绝不可能在取用时不分青红皂白地将它们张冠李戴，全需看这些词语所表示的主要意义来决定其取舍。我们可以毫无区别地把简单观念称为知觉或观念，但不应当把简单观念称为概念，因为简单观念并不是精神的产物。我们不应当说白色的概念，但却可以说白色的知觉。概念从其本身来看，可以被当作形象来加以考虑，因此我们可以给它们加上观念的名称，但却永远不能给它加上知觉的名称。因为这样一来，会使人把它们理解为它们并非我们的产物了。我们可以说勇敢的概念，但却不能说勇敢的知觉；或者，假如人们要对这个词语作习惯的使用，那就必须说组成勇敢这个概念的一些知觉。一言以蔽之，因为我们仅仅对在心灵中经过的某些单纯而不可分割的事物所引起的印象才具有意识，所以知觉这个名词应该用于简单观念，或者至少是用于相对于比较复杂的概念来说可以被人们看作是简单观念的观念。

在观念和概念这两个名词上，我还得出一个说明，这就是，观念是指一个可以被认为是形象化了的知觉，而概念则是精神自身所形成的观念。观念和概念只能属于有反省能力的生物。至于对其他的生物，比如兽类等，它们都只有感觉和知觉。那些对他们来说只不过是一个知觉的东西，一旦到了我们身上，通过我们所作的反省，就可以把这种表象某件事物的知觉变成观念。

第四篇

第一章 论我们对我们的观念加以符号*的心灵活动

这种心灵活动乃是这样的想象和注意所导致的，这种想象在精神中是以人们丝毫还没有使用习惯的符号来表现的，而这种注 75
意则能将符号与观念联结在一起。在真理的探求中，这种心灵活动乃是最主要的活动之一；然而，这种活动也是人们最不熟悉的。我已经使大家看到，对于心灵活动的运用来说，符号的使用及其必要性究竟是什么。我将通过与种种不同类型的观念相比来对它们进行考察，从而论证这同一件事情。这是一条人们无法以许多迥然不同的面目来表现的真理。

§1 算术提供了一个很显著的例子。可以说明符号的必要性，如果在给单位取了一个名称之后，我们不继续对通过该单位的增加而使我们形成的一切观念进行想象的话，那么，我们必将不可能在数目的知识上取得任何进步。我们只是因为有了本身极其分明的数字，才能识别种种不同的集合数目。抛开了这些数字，抛开

---

* 原文是 le signe，意即“信号”、“符号”，但汉语中此两词略有区别，前文曾译“信号”，译文视文中具体意义，或译“符号”，或译“信号”。

了习常使用的一切符号，我们就会发现自己不可能保存数目的观念。如果人们不考察若干客体，而这些客体个个都像是能把单位附加上去的符号一样，那么，人们是否能单独地自己得出最小的数目的概念呢？就拿我来说吧，我只能在呈现两个或三个不同的客体时，才能察见二或三这两个数目。如果我想跳到四这个数目，为了比较方便起见，我不得不这么想象，即两个客体在一起，两个客体在另一边；如果我要跳到六这个数目，我就不免要将这个数目分
76 为三份，每两个为一份；或者分为两份，每三个为一份；而且，如果我要进一步跳到更大的数目上去的话，势必要立刻把几个单位当作单独的一个单位来考虑，而且为了获得这样的结果，必须把这几个单位集结到一个单一的客体上去。

§2　洛克谈到[①]，有一些美洲人，他们一点也没有千数的观念，因为实际上他们仅仅只想出了从一计数到二十这些数目的名称。我得补充说，他们即使要得出二十一这个数目，也肯定曾遇到过一些困难，其理由如下：

根据我们的计算的性质，只要有了开头的几个数目的观念，就足以得出人们能够确定的一切数字来。这就是说，一旦最初的几个符号已经得出，我们就有规则来发明其他的符号。那些忽视这种方法的人，便不得不把每个集合的数目联系到一些相互之间毫无类同之处的符号上去，这对于指导符号的创造便没有任何帮助可言了。因此他们在得出新的观念方面就得不到和我们一样的便利。这些美洲人的情况大概也是这样的。因此，他们不仅仅是毫

---

① 第二卷，第十六章，§6。他说，他曾和他们谈过话。

无千数的观念，甚至要他立刻去得出二十以上的数目，也不是一件轻而易举的事[①]。

§3 因此，我们在数目方面的知识进步，唯一地来自我们在给递增级数中的每一数字赋予一个名称，使之和前后的数字有所区别时，把所用的单位添加到单位本身上去的精确性。我知道，一百比九十九大一个单位而比一百零一小一个单位，因为我记住了它们就是我为了指明彼此相连的三个数目而选用的三个符号。

§4 不应产生这样的错觉，即以为这些数目的观念，一旦与它们的符号分离之后，就可以成为某种明晰而确定的东西了[②]。77
在精神中是没有什么东西能把若干单位集结起来的，除了人们把这些单位附加到的那个名称本身之外。要是有人问我千是什么的话，如果不是这个单词把由某些单位组成的一个集合数目固定在我的精神之中的话，我还能以什么来回答呢？如果他还要问我这个集合数目是什么，很明显，我是无法使他察见这个集合数目的所有部分的。因此，对我来说，留下的事只是向他依次展示人们为了表示在这个集合数目之前的递增级数而发明的所有名称。我必须使他学会将一个单位加到另一个单位上去，并且使用二这个符号

① 自从和德·拉·贡达米纳先生交往以来，大家对我在这里所提出的说法便不会再有什么怀疑了。他讲到(第67页)有这么一个民族，他们只有 poellarrarorincourac 这么一个符号来表示三这个数目。这个民族既然已经以如此不方便的一种方式开了头，那么他们要计数到这个数目以上的数目时就更不容易了。这就使人不难了解，正如大家所确信的那样，这已经成了那个民族在算术上的极限了。

② 马勒伯朗士曾这么想过，纯粹的理解力(l'entendement pur)所能领会的数字要比感官所能观察到的那些东西优越得多。圣·奥古斯丁(在他的《忏悔录》里)，柏拉图学派的哲学家们以及一切天赋观念者也都曾陷入这种偏见。

将它们结合在一起；再将第三个单位加到前两个单位上去，并把三这个符号加在它们身上，余者类推。循着这条独一无二的途径，我将把他从一个数目引向另一个数目，直到千这个数目为止。

如果有人随后要到精神中去寻求什么明白清楚的东西的话，他将会在里面找到三样东西：单位的观念；某种心灵活动的观念，通过这种心灵活动，他已几次三番地将单位加到它的本身上去了；最后，在已设想出九百九十九、九百九十八等等符号之后，对曾已设想出千这个符号一事的记忆。决定这个数目的，当不是通过单位的观念，也不是通过使单位递增上去的心灵活动的观念；因为这些东西同样能够在一切其他数目中找到。但是，既然千这个符号仅仅是属于这个集合数目的，那么只有它这个符号能决定并区别这一集合数目了。

§5 因此，当一个人即使只想为自己计算时，他也同样不得不发明一些符号，好像他当真要将他的计算传达给别人那样，这是毋庸置疑的。但是，这个在计算上是真实的东西，为什么在其他各门科学中就不能是真实的呢？我们难道可以永不对形而上学以及伦理学也作番思考，假如我们不曾发明出某些符号来固定我们的观念，则我们在陆续形成新的观念集合体时又将怎么办呢？词语对各门科学中的观念，难道不应当像数字对算术中的观念一样吗？混乱模糊的东西之所以在形而上学和伦理学的著作中到处泛滥，其原因之一确实在于对这条真理的愚昧无知。为了对这一题材有条不紊地进行讨论，必须对可能成为我们反省对象的一切观念检查一遍。

§6 我关于简单观念所已说过的那些内容，似乎是没有什么可以补充的了。当然，我们往往在对我们的知觉加以反省时，除了对它们的名称，或者是我们在感受这些知觉时所处的一些环境之外，对其他事物并不进行回想。甚至只要通过知觉所具有的与这些符号的联结，想象就能按我们的意愿将它们唤起。 78

精神的能力是如此的有限，以致要是同时把大量的观念作为它反省的主体的话，它就无法一下子把它们全部再现出来。因此，往往有必要将这大量的观念以若干个为一组来加以考察。这就是要靠符号的帮助来完成的事情了。因为，当符号把这些观念集结起来的时候，它们就使精神可以把这些观念当作仅仅是单独的一个观念那样来对之加以审视。

§7　我们可以将简单观念聚集在一个单独的符号之下的，有两种情况，即：我们可以按照样板来制成符号，或者不用样板来制成符号。

我发现一个物体，我看到它是具有广延性的，有形状的，可分割的，是固体的，坚硬的，既能运动也能静止的，黄色的，可熔化的，可延展的，可打成薄片的，很沉重的，稳定不变的，它具有可以溶解于王水*的性质，等等。可肯定的是，如果我不能一下子就给某人提供具有这一切品质的一个观念，那我就只能把这些品质排列在我的精神前面，让我检查一遍，方能使自己把它们全部回想起来。可是，如果我不能把这一切品质一齐罗列起来，而只愿意去思考单独的一条品质，比方说，只想到它的颜色，那么，这么一条不完整的

* eau régale / aqua regia，由一体积的浓硝酸和三体积的浓盐酸混合而成，有极强的腐蚀性，能溶解金、铂等金属。

观念对我势必是毫无用处的，并且时常会使我把这个物体同在这一点上与之类似的另一些东西相混淆。为了摆脱这个困难，我于是发明了*黄金*这个单词，并且让自己习惯于把我所屈指列举的一切观念附加到这个单词上去。随后，当我想到黄金这个概念时，我就因而只觉察到*黄金*这个单词的声音，记起在这个单词上已经联结了一定数量的简单的观念，而这些简单观念都是我所不能一下子全部唤起的，但是，我已经看到它们同时共存于一个同一的主体之中，在我愿意的时候，我就能够把它们由此及彼地逐一回想起来。

因此，我们只能对与我们所具有的符号同样多的实体进行反省，这些符号决定着我们在实体中已经发现并想要在复合观念中集结起来的属性的数目和种类，就像它们都是存在于我们身外的主体里一样。有些时候，要是人们把这些符号全部忘记干净，或者他们试图要用这些符号去把观念回想起来，他们便将看到，这些单词，或者与这些单词相当的其他符号，乃是具有极大的必要性的，以致可以这么说，它们在我们精神中所占的地位，同主体在我们身外所占的地位一样。正如事物的品质一样：要是没有主体使这些品质集结起来的话，它们就不会同时共存于我们身外；要是没有这些符号使这些观念同样地集结起来的话，事物的观念也不会同时共存于我们的精神之中。

§8　符号的必要性在我们没有样板而形成的复合观念中甚
79 至表现得更为显著。当我们把那些我们到处都见不到其集结的观念聚集起来时，正如在典范的概念中通常能遇到的那样，假如我们不把这些观念附加到像绳索一样地贯串起来的单词上去，以防止它们散失的话，那么，又能用什么东西来把这些观念的集合体固定下来呢？假若您以为那些名称对您毫无用处的话，那么请您从您的记忆中把那些名称全部清除干净，并且设法在民事法和道德法上，在美德和邪恶上，直到人类的一切行为上来加以思考，您就将会承认您的错误了。如果，在您所作出的每一个组合里，您没有符号来确定您所想要搜集的简单观念的数目，您也会承认，您是无法举足前进的，您所望见的，除了一片混沌之外，便什么也没有了。您将和这样一个人处于同样的困境之中：他一心想进行计算，但总是几次三番重复地说着一、一、一。之所以弄得如此狼狈，就是因为他不愿意为每个集合数目设想出一些符号来。这个人永远也不会得出二十这个数目的观念，因为什么也不能确保他可以精确地重复一切单位，以达到二十这个数目的观念。

§9 我们可以下结论说。为了具有可供我们进行反省的观念，我们就需要设想出一些符号，用以将简单观念的种种不同的集合体联结起来，而我们的概念也只有在我们尽可能有条有理地发明了一些可以用来固定概念的符号之后方能成为精确的概念。

§10 这条真理将使一切想要对他们自身加以反省的人认识到，在我们记忆里所具有的单词的数目是怎么会多于我们观念的数目的。这种情况自然是理所当然的，或许是因为只能在有了记忆之后才会有反省，而反省并非经常地以充分的细心来重温这些已被人们赋予了符号的观念的，或许是因为我们看到，从开始培养一个孩子的记忆起，人们就在孩子的记忆中镌刻下许多他还不能辨认其观念的词语，直到他开始有能力来分析他的概念，用以明白地叙述某种情况的时候为止，这中间存在着一个很大的时间间隔。

当这种心灵活动接踵而来的时候，它便感到，要跟随一个须经长期锻炼方能变得迅速便利的记忆来行事，实在是太缓慢的了。如果需要它将一切符号逐个地加以检查，会是件多么繁重的工作啊！因此，人们就按照这些符号所表现的本意来使用它们，而人们一般也就自满于约摸地把握住符号的意义。由此便发生了这种情况，即在心灵的一切活动中，分析乃是人们对其使用知道得最少的一种活动。分析在多少人的身上是永无立足之地的啊！至少是，经验证实了，分析的运用机会之少，恰如记忆和想象的运用机会之多
80 一样。所以我再重复一遍：一切愿意反躬自思的人，将会在自己身上找到大量这样的符号，他们在这些符号上所联结的，都只不过是些极不完备的观念，甚至还有这样一些符号，在它们的上面连一点观念也没有附加上去过。各门抽象的科学之所以处于一片混沌之中，原因盖出于此。这种混沌是哲学家们从来也不能澄清的，因为他们谁也不曾认识到其最初的原因。洛克由于他卓识灼见，乃是在这里唯一可称得上是某种例外的人物了。

§11　这条真理还指明，我们知识的原动力是多么简单而令人惊叹，那就是具有感觉和活动的人的心灵。心灵怎样来处理这些材料呢？用一些姿势动作、一些声音、一些数字、一些文字；正是用了对我们的观念来说如此无关的一些工具，我们才能把这些观念加工处理，以使自己上升到最登峰造极的知识。材料在一切人的身上都是同样的，可是使用这些符号的纯熟巧妙的程度则因人而异，人与人之间的差异就是从此而来的。

您若不许一个精神出类拔萃的人使用文字，这意味着禁止他获得多少丰富的知识啊，而对于这些知识，即使一个精神极其平凡

的人也能轻而易举地获得！您若再对他剥夺说话的使用，那么哑巴的命运会使您懂得，您把他禁锢在多么狭窄的范围里啊！最后，您又取消了他对一切种类的符号的使用，他就无法恰当地作出最起码的手势，来表达最普通的思想，这样，您就将看到他成了一个傻子。

§12 但愿那些负责教育孩子的人们不要忽视人类精神的最初原动力。假如一位家庭教师，对我们观念的起源及其发展了解得十分透彻，只对他的学生教授与他的需要以及他的年龄最密切相关的东西；假如这位教师有相当熟练的技巧，使孩子处于最适当的环境里，使他学会怎样来作出确当的观念，并使他学会用恒定不变的符号来固定这些观念；即使在玩笑嬉娱之中，假如老师的出言吐语，除了用一些意义确定得精确不移的词语之外，从不使用别的词语，那么，他对他的学生的精神所灌输的东西，是何等的清楚明晰，又是何等的丰富宽广啊！可是，能为孩子聘请这类老师的父亲是多么鲜见，而能适合于贯彻他们的意图的人甚至更为稀有！因此，对一切能助成于一种良好教育的事物，即使是认识一下也仍然是有益的。要是人们不能经常在教育方面贯彻这一点，或许至少
可以避免在教育中可能发生的完全相反的情况。比如，我们千万 81
不能用妄说谬论、巧词诡辩以及其他拙劣的推理来折磨孩子。允许这类玩笑嬉娱，就会有这样的危险，即把他们的精神引向混乱甚至谬误。只能在他们的理解力获得了充分的明晰性与准确性之后，来锻炼他们的敏锐，才能使他们掌握令人神往的演讲才能。我甚至希望大家在这件事中持相当的小心来预防一切弊病；可是，要对这个题材细加推敲，会使我离题太远。我将在下一章中，以事实

来证明我确信在此处已加以论证的东西，那将是一个能进一步阐明我的看法的机会。

第二章 以事实证明已在前章论证的内容

§13 “在夏德莱城(Chartres)有一个二十三四岁光景的青年，他是个手艺工人的儿子，一生下来就又聋又哑，不知怎么的，他突然开始说起话来了，这使全城居民大为惊奇。人们所知道的是，在三四个月前，他已经听见了打钟的声音，并曾对这种新奇而陌生的感觉产生过极度的惊异。随后，他的左耳流出了一种液体，他的双耳就从此完全复聪了。从那时起，他花了三四个月的时间专心于听，但什么也不说，使自己习惯于低声重复所听到的话语，并把自己在发音上和附加在词语上的观念巩固起来。终于，他自信有条件冲破沉默了，他就发起言来，说他会讲话了，虽然话说得还不够流利。于是精明练达的神学家就马上来询问他过去的情况，而他们的主要问题全都是围绕在上帝的、灵魂的、行为方面的德性之仁慈或邪恶等等。他似乎没有能把他的思想引导到这些问题上去。尽管他是信奉天主教的父母所生，他早就参加过望弥撒，他早
82 就受到过画十字手势的训练，并且在一位态度庄严的祷告者面前会情不自禁地双膝跪下，但他却从来也不曾把任何心愿和这一切行为联系起来过，他也不懂得人家在这些行为中所加入的心愿是什么。他从来没有十分清楚地了解死亡到底是什么，也从未在这个问题上作过什么思索。他过的纯然是一种动物般的生活方式，

占据在他心头的都是一些可感觉的以及呈现在他眼前的客体，还有通过眼睛而接受的少许观念。他甚至没有从他的观念的比较中得出一切似乎能得出的东西。这并不是因为他天生没有精神，而是因为他所具有的，乃是一个被剥夺了与他人相互交流的人的精神，这种精神是如此缺乏锻炼，如此缺乏培养，以致他只能在外界客体的必不可少的强制下方能进行思考。而人类观念的最大基础，乃是在于他们相互的思想交流。”

§14　以上事实录自国立科学院的文献[①]。可谓如愿以偿的乃是，人家曾问及那位青年人，在他还没有使用话语的时候，他所具有的少量的观念是怎样的，而自从他的听觉恢复之后，他所获得的最初观念又是怎样的；为了得出新的观念，他所接受的或者是来自外界客体的帮助，或者是来自他听到人家说话所得的帮助，或者是来自他亲自作出的反省的帮助等又是怎样的。总而言之，问及他有关形成他的精神的一切情况。经验在极早的时候就对我们起着作用，以致它有时竟被误认为是天生的本性，那是不足为奇的。然而，这里所说的那位青年的情况却是恰恰相反的，经验所起的作用是那样的迟，这便不容易使人对之有所误解。可是那些神学家们还想从这件事中去认识天性，尽管他们是精明透顶的，但他们对经验和天性这两者却一无所知。我们在这里就只能由揣测来作补充了。

§15　我所设想的，就是这位青年人，在二十三年的时间内，一直是约略地处于我所阐述过的那种心灵状态之中，在他还一点

① 见 1703 年的文献，第 18 页。

不会支配他的注意的时候，心灵就把注意施加在客体上了，那倒并不是出于他的选择，而是根据客体在心灵上所起作用的力量的牵引。的确，既然是在人们中间长大起来的，他也曾在人们中间得到过一些帮助，使他把他的某几个观念与符号连接起来了。不容怀疑，他知道通过手势，来让人家了解他的主要需要，以及一切可以满足他的需要的东西。但是，正因为他缺乏名称来指定那些对他并无很大关系的东西，他对于在那些东西中用某种别的方法来作
83 补充就不太感兴趣，而且也不会从外界取得任何帮助；除非在他对事物有了一个实际的知觉时，他是永远不会对那些事物加以思索的。他的注意唯一地只被那些鲜明强烈的感觉所吸引，并随这些感觉的停止而停止。在那个时候，连默想都没有任何运用可言，至于记忆，那是更谈不上的了。

§16　有时我们的意识，分散于大量的知觉之间，而这些知觉，又几乎是以同等的力量在我们的身上起着作用的，这时意识便会变得那么微弱，致使它对我们所曾感受过的事物竟不能给我们留下任何的记忆。此时我们就只能勉强地感觉到我们是存在着的而已。日子的过去就像是顷刻即逝一样，我们差不多没有觉察到它们的差别；并且，尽管我们成千上百次地感受过同一个知觉，但却并未觉察我们早已具备了这一知觉。一个人，通过对符号的使用，已获得了许多观念，并且对这些观念很熟悉，这样他们就不可能长久地停留在这种麻痹状态之中了。他所积储的观念愈多，他就愈有理由相信，这些观念中的某一个观念就会有机会自行唤起，就会有机会来运用他的注意，并使他从这种半睡眠的状态中摆脱出来。由此可见，人们所具有的观念愈少，这类麻痹状态便愈是常

见。因此，对夏德莱城的这位年轻人来说，在二十三年的岁月中，曾是既聋且哑的，那么他的心灵是否能常常对他的注意、他的回忆以及他的反省加以使用，便是不难判断的了。

§17 假如连这些最初的心灵活动的运用都是如此有限的话，那么其他的心灵活动又有多少能得到进一步的运用呢？因为不能把他通过感官而接受的观念精确地固定下来，他就既不能把这些观念组合起来，又不能把它们分解开来，因而也不能以他自己的选择来得出概念。既然没有足够方便的符号来比较他的最熟悉的观念，这就难以使他形成判断。甚至可以这么说，在他生命的起初的二十三年的历程中，他不曾作出过一次单独的推理。所谓推理者，即是形成判断，并把这些判断按彼此间的从属关系相互联结起来。然而，只要这位青年人还不曾具备对连接词或小品词的使用，可以表达讲话中各个不同部分的关系，他就根本不能作出推理。因此，自然而然地，他便**不能从对他的观念所作的比较中，提取一切他仿佛有可能提取的东西**。他的反省，仅能以强烈的或者新鲜的感觉作为客体，这种反省对他的大部分的行为毫不发生影响，并且对他的其他行为，也极少发生影响。他只是通过习惯和通过模仿来引导自己的行为，对于与他的需要关系不太密切的那些事情，尤其是这样。这样，虽然他作出了他的双亲用虔诚之心来督 84
促他去做的事情，但他从来也不曾想到别人可能有的动机，并且也不知道应该怎样把他所做的事情与某种意图联系起来。在反省丝毫未曾随着模仿而来的时候，或许模仿倒反会更加精确一些；因为在这一个几乎不知道反省的人的身上，心不在焉应当是极少发生的。

§18　看来，为了知道生命是什么，仿佛只要生存着并自我感觉着就行了。然而，在无意中辨明一项谬论的时候，我将会说，这位年轻人仅能勉强地具有一个生命的观念而已。对于一个不会作出反省的生物，对我们本身来说，在这种时候，纵然神志清醒，但同样可以说我们只是在完成动物一般的生长，感觉只不过是感觉而已，只有在反省使我们把感觉当作某种事物的形象来看待的时候，感觉方能成为观念。说感觉引导着这位年轻人去寻求那些有益于保存他生命的东西，并避开那些能够伤害他的东西，那倒是千真万确的。但是，他只知跟随着所感觉到的印象行事，而对什么是自我保存，或者什么是自趋毁灭，却并不加以反省。在我的论述中，事实真相的一个明证，就是他对什么是死亡是并不很清楚的。如果他已经知道什么是生命，难道他不会同我们一样，早已清楚地见到死亡只不过是生命的丧失么①？

§19　我们在这位年轻人的身上尚能见到心灵活动的一些微弱的痕迹，但是，如果在心灵还一点没有处于我们的能力范围之中时，我们就把知觉、意识、注意、回忆和想象去掉，那么我们便将不能在早已和人类断绝了一切交际往来的某人身上寻觅到其他任何的遗迹了。而那个人，比方说，就像是在熊群中长大的一样，是有着健康而组织也很健全的器官的。这样的一个人是几乎没有回忆的，他常常经历过同样的状态，却不知道他早已处于这种状态了。

① 死亡还可以当作由今生向来世过渡的道路，可是上述意义在此不应作这样的理解。德·丰德奈尔先生曾经说过，这位年轻人丝毫没有上帝的观念，也没有灵魂的观念，显而易见，他更没有死亡的观念，更不用说是把死亡当作由今生向来世过渡的道路了。

没有记忆,他就不能具有任何信号来代替不在眼前的事物。他所有的,只是一个没有能力加以支配的想象,于是他的知觉只有在机缘给他呈现出一个客体,而某些环境又把这个客体与知觉联结起来时,才能唤起。最后,因为没有反省,他只能接受事物在他的感官上造成的印象,并且也仅仅只能通过本能来服从这些印象。他模仿熊的一切动作,学会了差不多跟它们相类似的号叫声,并且手 85
足并用地拖着他的躯体爬行。我们是如此擅长模仿,以致或许有一位名叫笛卡尔的人,在处于那个人的地位时,也不会试图只用他的双脚来走路的。

§20 有人会对我说:“但这是怎么回事啊!既已具备了能适应他的需要和满足他的激情的必要性,难道这种必要性还不足以发展他的一切心灵活动么?”

我回答说,不,因为只要他这样独立生活而又不与别人交际往来,他就丝毫得不到把他的观念联结到人为信号上去的机会。这样,他就会没有记忆,因此,他的想象就一点也不会处于他的能力支配之下,从而可以得出这样的结论,即他对反省将是完全无能为力的。

§21 然而,他的想象将具有超乎我们想象的一种优点,这就是他的想象将以一种更鲜明强烈得多的方式来向他刻画出事物来。至于我们,由于有了记忆的帮助,回想起我们的观念便会变得如此便利,以致我们的想象难得有运用的机会。在他身上,情况就恰恰相反了,这种想象活动取代了其他一切活动,因此它的运用就将和他的需要同样的频繁,而且,想象活动还将以更大的力量来唤起知觉。这件事用盲人作例子来证明便可不言自明:盲人一般都有比我们更灵敏的触觉，我们可以引用同样的理由来说明上述论点。

§22　但是，这个人将永远也不能由他本人来支配他的心灵活动。为了了解这一点，我们且来看看心灵活动在怎样的环境中方能获得某种运用。

假设有一头怪兽，他曾见到过这头怪兽吞噬过其他的动物，或者是曾经和他生活在一起的动物使他学会了逃命。有一天这头怪兽居然出现在他面前了，这幕景象吸引了他的注意，唤起了恐怖的感觉，这些感觉都是和这头怪兽的观念联结在一起的，这便促他拔脚奔逃。他居然逃脱了这个仇敌，可是那个使他吓得浑身发抖的恐怖使他把恍如眼前的观念保存一个时期，这就是所谓默想了。不久之后，偶然的机会又把他引导到那个地点，地点的观念便唤起了与其相连的怪兽的观念，这就是想象了。最后，因为他认出自己是已经出现在这个地方的同一个生物，于是在他的身上还要引起回忆。人们可以从这些看出，他的心灵活动的运用有赖于环境的某种协助，而这种环境是以一种特殊的方式来对它起作用的，因此，心灵活动的运用必然在这些环境不再出现时也就立刻停止的。
86 如果我们假设，这个人的恐怖已经消散，他并未回到那个地点去，或者他只是在他的观念不再和关于怪兽的观念联结在一起的时候方才回到那个地点去的，那么，我们在他的身上是再也找不到什么东西，能利于他回想起他所见到过的东西来的。我们只能在我们的观念尽可能都联结到某些信号上去的情况下，才能唤起我们的观念，而他的观念却只能在产生那些观念的环境之下才能被唤起，所以他只有在重临同样的环境时才能回想起这些观念来。他的心灵活动的运用就取决于此。我要再说一遍，他是不能随心所欲地由他自己来引导心灵活动的。他只能服从客体在他身上所造成的印象。我们不应当期待他能够提供任何理性的迹象。

§23　我并非纯然是以臆测来作论述的。1694 年，在立陶宛和俄罗斯交界的森林里，曾经有人捕获到一个大约十岁光景的孩子，他生活在熊群里，他一点也没有显露出任何具有理性的迹象，走起路来手脚并用，什么话也不会说，只能发出一些丝毫也不像人的声音。他着实花费了相当长的一段时间才掌握几句话语，虽然如此，他说起话来仍然带着极为野蛮的腔调。到了他刚刚能够说话的时候，人们就问起他最初的情况，可是他对那时情况的记忆却什么也想不起来了，就像我们再也回想不起我们在摇篮时代的那些事情一样[①]。

§24　这件事情完全证实了我关于心灵活动的进展所作的叙述确是真实的。容易预料的是，这孩子是不会回想起他最初的情况的。在人们刚把他从熊群中解放出来的时候，他对那时的情况可能是有些记忆的，可是这种记忆唯一地是由难得降临在身上的一种注意而产生的，并且从来也没有通过反省来把它巩固起来过，以致这种记忆是这样的薄弱，竟使在从他开始自己构成观念的时候起，直到人们可以向他提出问题的时候为止的这段时间内，一切痕迹都已自行消失了。为了详尽地探讨种种假说，不妨假定，他还能记得起他在森林中度过生活的那段时光，但即使这样，他也只能通过他所回想起来的知觉来再现这段时光，而这些知觉只能是为

① 高诺尔:《医生的福音》(Evangelium Medici seu Medicina mystica de guspensis Naturae Legibus sive de Miraculis,伦敦,1697 年)第 15 条,第 133 页及其次页。

数甚少的；他丝毫也不能回忆起在这些知觉之前的、随后的、或者中止了的那些知觉，他对这段时光中各部分的先后接续次序却完全不能重新勾画出来了。从这一点可以得出，他从来也不曾怀疑过时间的先后接续是有一个开端的，然而，他只把这种接续过程看作是好像只有一刹那一样。总而言之，他对最初情况的混乱不堪的记忆，使他陷于困惑的境地之中，难于把自己想象成从来就是这样的，而且也只能把他过去的无穷岁月当作好像是只有一刹那那
87 样。因此，我绝不会怀疑，当人家向他说起，他早已开始生存时，他一定会感到万分的惊奇；而当人家进一步向他说起，他曾经历过不同的成长阶段，他的惊奇必定会更加厉害。直到此前，由于对反省无能为力，他将永远不能察见如此不知不觉的变化，他已经自然而然地深信不疑，以为他一直是处在当人们促使他对自身加以反省的时刻所处的情况一样的。

§25　著名的法国国立科学院秘书曾极其精辟地指出，人类观念的最大基础，乃是在于他们相互之间的思想交流。这一已阐明的真理将证实我刚才所说的一切。

我曾把信号分成三类，即：偶然信号、自然信号和制定信号。一个在熊群里长大的孩子仅能得到第一类信号的帮助。人们不能阻止他在每当激情迸发时发出一些自然叫喊，这确是事实；但是，他怎样才能猜度出，他的这些信号恰恰可以成为他所感受的感情的信号呢？如果他与别人生活在一起，他就能如此经常地听到他们发出的一些类似于他所脱口而出的叫喊声，以至于或迟或早，他会把这些叫喊声和他们所要表达的感情联结起来。但熊群是不能向他提供这样的机会的，因为它们的吼叫声都不足以和人类的嗓

音相提并论的。由于这些动物群居在一起而发生的往来接触，它们却是把一些知觉附加到它们的叫喊上去了，而叫喊便成了知觉的信号；而这是那孩子所不能照办的事情。因此，对于根据自然叫喊的印象来引导自己的行动来说，它们都具有他所不能具有的信号作为帮助，而且从表面上看来，注意、回忆和想象在它们的身上比在他的身上似乎有更多的运用，但这就是它们心灵的一切活动之所以会受到限制的原因[①]。

既然人们只有在一起生活的时候才能为自己制定出符号，我们就可以得出结论说，在他们的精神刚开始形成时，他们观念的基础唯一地存在于他相互的交际往来之中。我说**在他们的精神刚开
始形成时**，因为很明显的是，当精神在作出进步的时候，它已经认 88
识了制作符号的技巧，而且不需要依靠任何外来的帮助就可以获得观念。

不能因为精神有了种种的知觉就指责我说，在这种交际往来之前，精神就已经具备观念了，因为这些知觉从来都不曾成为反省的对象，所以算不上是真正的观念。这些观念仅仅是在心灵上所造成的印象，对于这些印象，要使之成为观念，其所缺乏的乃是可以被看作为形象的东西。

§26 我仿佛觉得，无论在这些例子上，还是在我已经提供的

---

① 洛克以充分的理由指出(第二卷，第十一章，§10 和 §11)，兽类是丝毫不能形成抽象的东西的。因此，他不承认它们对一般观念会具有推理的能力。但他认为很明显的是，它们在某些巧合下能对一些特殊观念进行推理。如果这位哲学家曾经见到，人们只是在有了制定信号的使用习惯之后才能作出反省的，他便将认识到，凡兽类对于推理是绝对无能为力的，因而它们的行为，即使显得好像是推理似的，其实只不过是某种想象的效能，而对于这种想象，它们又是丝毫不能自由支配的。

解释上，还要再添加些什么东西的话，都是毫无用处的。因为这些例子的解释都被明显地证明了，精神活动的发展之多少，乃是按照人们对符号的使用程度而定的。

然而，在这里却提出一个疑难来了，这就是，如果我们的精神只有通过一些符号才能固定它的观念的话，那么我们的推理就要冒往往只是在字眼上兜圈子的危险，这就必然会使我们陷入很多的错误中去。

我回答说，数学的准确性就可以解决这个疑难。只要我们能极其精确地把附加在每个符号上的一些简单观念确定下来，只要我们能够在需要时对观念作出分析，我们便再也用不着担心会比数学家们在使用他们的数字的时候犯更多的错误。坦白地说，这个责难令人看出，必须以极大的谨慎来引导自己，方能使我们不至于像很多的哲学家那样，陷入字眼上的争端中去，陷入枉费心思和幼稚不堪的问题中去；可是，从上面的阐述看来，这个责难只不过是更证实了我本人所指出的结论是正确的而已。

§27　人们可以从这里观察到，精神要把自己提高到真理的认识上去是多么的缓慢啊。在这方面洛克对我提供了一个使人颇觉离奇的例子。

虽然他对有必要给数目的观念制定符号这一点未曾疏忽，然而他关于这个问题的讲法却不像是一个对他所论述的东西很有把握的人。他说，我们是以符号来区别各个单位的集合数目的，如果没有这些符号，我们几乎不能对数字作出使用，尤其是在一些极其复杂的组合中[①]。

---

① 见第二卷，第十六章，§5。

他自己早就发现,名称对于典范观念是必要的,可是他却不曾 89
抓住其真正的理由。他说,“既然精神已经在这些复合观念的各个松散的部分之间架设了联系,这一作为联结的东西,在自然界中就不会有任何特殊的基础,因此,如果不曾有某种东西来把它维持住的话,则它势必将会终止作用[1]。”这一推理,如他所作出的一样,必然会妨碍他去看清符号对于实体概念的必要性,因为这些概念在自然界中既然有了基础,那么就可以得出结论,它们的简单观念的结合便毋需词语的帮助就能在精神中保存起来了。

只须些许小事,就可以使最伟大的天才在他们的前进中止步不前;正如在这里可以看到的一样,甚至是在他们保卫真理的时间里,只要他们忽视了一个细小的谬误,就足以使他们停步不前。下面我们可以看到是什么阻碍了洛克去发现符号对于心灵活动的运用的绝对必要性。他假设,精神所指出的是心智的命题,在这些命题中,精神或把观念连接起来,或把观念分拆开来,并不需要词语的干预[2]。他甚至强调说,为了获得知识,最好的途径将是从观念的自身来观察观念;可是他指出,这样做的人是很罕见的,他说,特别是在把一些声音用来当作观念的习惯在我们之间占着优势的时候[3]。我在说了这些话之后,无须多费笔墨,就能叫人看出,这一切是多么的不正确。

沃尔夫先生指出,在一个没有制定信号的使用习惯的人的身上,要使理性有某种运用是难乎其难的。他以我刚才所援行的两

① 见第三卷,第五章,§10。

② 见第四卷,第五章,§3、4、5。

③ 见第四卷,第六章,§1。

件事实[①]作为此事的例子，可是他并没有对它们加以解释。此外，他对符号的绝对必要性却一点也不知道，而且对符号是以何种方式来协助心灵活动的进展也毫不了解。

至于笛卡尔学派和马勒伯朗士学派，他们也都同样地远离这个人们所能得出的发现。当人们以笛卡尔的说法，即所有的观念都是天赋的；或者，以马勒伯朗士的说法，即我们是在上帝那儿看到一切事物的，来思考问题的时候，怎么还会去揣测符号是否有必要的呢？

① 见《纯理性心理学》，§461。

第五篇　论抽象

§1　我们已经看出，抽象概念乃是不去就使事物相互区别的属性进行思考，而仅仅就使事物相互适从的品质进行思考而形成的。不去考察确定一个广延的是这么一个东西，而确定一个整体的又是那么一个东西，则我们就将得出广延和整体的抽象观念[①]。

因此，这种类型的观念都只不过是我们通过对事物相互之间的类似之处进行观察而加以名目的，这就是为什么人们称它们为一般的观点(l'idée générale)。可是，这还不足以认识这种观念的起源，还必须就这种观念的必要性，就伴随着这种观念而来的弊端

---

① 下面是洛克对这种观念的发展情况所作的解释。他说："孩子们从同他们谈话的这些人的身上得出的观念，与这些人的本身是类似的，都只是些特殊的观念。孩子们对他们的奶妈和妈妈所具有的观念，在他们的精神中都是勾画得极其清楚的，而且，如同真实的图画一样，在精神中所唯一地呈现出来的，便是这些个别的人物。孩子们起初对这些观念所给予的名称，同样也是只限于这些个别人物的。因而，孩子们所使用的像奶妈、妈妈之类的名称，自会唯一地同这些人物联系起来。在此以后，时间长了，对世界的认识更多了，他们便观察到尚有不少其他的人物，这些人物，通过状貌和若干其他的品质上的共同的关系，和他们的爸爸、他们的妈妈以及他们日常见到的其他一些人物相类似，他们便形成了一个观念，在这个观念上，他们发现，那些特殊的个别人物是同样也包括在其中的，于是他们就像其他的人物一样，给他以人的名称。他们就是这样地逐步地获得一个一般名称和一个一般观念的。他们在这方面没有形成什么新的东西，只不过是在他们所具有的对诸如比埃尔、雅各、玛丽和伊丽莎白等等人物的复合观念中，把对他们中间的每一个人说来是特殊的成分撇开，而只把在他们看来对无论哪一个人都是共同的东西保留下来而已。"见第三卷第三章，§7。

等方面作一番重要的考察才行。

91 §2　毋庸置疑，这些观念都是绝对必要的。人类既然不得不按事物的相互差异或事物的相互类同来谈论它们，他们早就必须把这些观念归入由符号来相互区别的各种门类中去。有了符号的帮助，他们就可以把那些无法毫不含糊地放进冗长的谈话中去的东西，包含在单独的一个单词里了。人们可以从对诸如：实体(la substance)精神(l'esprit)肉体(le corps)动物(l'animal)之类的术语所作的使用中，看到一个明显的例子。如果人们在谈论事物时，只想就他们在每件事物中所想及的一个主体来进行讨论，而这个主体又只确立在事物的属性和形态上，那么他们只需要实体这个名词就够了。如果他们的目的是为了更特别地指出事物的属性和形态的种类，他们就可以使用精神或肉体这个名词。如果他们为了把这两个观念结合起来，用以谈论一个活生生的整体，这个整体由其本身以及由于本能的驱使而使自己活动着，于是他们就有动物这一名词。最后，按照人们在动物这个概念中所加入的用以区分不同门类的动物的观念，习常用语还提供了一些适当的词语，以使我们的思想达到一种简练的方式。

§3　但是，必须提出，在我们决定事物的种和类的时候，通过事物的性质要远远地不及通过我们认识这些事物的方式，或者，用一种更为熟悉的语言来讲，就是我们要把这些事物划分到彼此相互从属的类别中去。假如我们曾有明察秋毫的能力，能够在客体中发现为数更多的属性的话，我们就立刻可以察觉，在那些对我们显得是最类同的事物之间，也存在着种种差别，而我们因此就可以把这些事物再行细分为新的门类。比如说，虽然同类金属的不同部分，就我们对它们所知道的性质而言是彼此相类同的，然而却并不因此而知道，那些留待我们去认识的性质是否也是相同的。如果我们能对它们作出进一步的分析的话，或许我们在它们之间所能找到的差别，也跟我们今天在不同种类的金属之间所已找出的差别一样之多。

§4　使一般观念成为如此必要的，乃是由于我们精神的局限。上帝就毫无这种需要，他那广大无边的知识把所有的个体全部包罗了进去，对他来说，同时想到一切东西，并不比只想到单独的一件东西来得更加困难一些。而对我们来说，不要说是只对一个客体进行思考，甚至只是对这个客体的某些局部加以考察时，我们精神的能力就感到短绌。因此，为了把我们的思想安排得有条 92
不紊，我们便不得不将事物区分为种种不同的门类。

§5　从这样的一种起源上出发的概念，只能是残缺不全的；而且，在我们对它们加以使用的时候，如果不处之以谨慎小心，则很可能将会有危险发生。故而哲学家们在这个论题上都曾陷入过一种错误，而这种错误已造成了一些严重的后果，这就是他们把他们的一切抽象全部实物化了，或者把这些抽象看作是同事物本身一样，都具有一个真实的不依赖于事物的存在而存在的存在体①。我想，这就是导致某种荒谬绝伦的观念的原因吧。

---

①　在12世纪初，逍遥学派形成了两个支派，即“唯名论”(Norminaux)和“唯实论”(Réalistes)。唯实论者所持的论点是，一般概念，即“经院学派”称之为共性(nature universelle)、关系(relation)、形成(formalité)以及其他种种的概念，都是与事物本身分明有别的实物。唯名论者则恰恰相反，他们认为一般概念只不过是一些名称，人们可以用这些名称来表达不同的理解方式，而他们的主张就建立在天生万物必有其用这一原理上。这就把一个极佳的论点确立在一条相当蹩脚的理由上了。因为，这是先承认这

§6　我们的一切最初的观念都是个别特殊的；这就是某些光亮的感觉，色彩的感觉，等等，或者是某些心灵活动。然而，所有这些观念都表示着一件真正的实物，因为这些观念确切地说来只是我们存在的身历其境的不同变化罢了。正因为我们没有把这件事情看作是属于我们的，看作是属于我们的存在的，或者看作是我们存在的这种或那种方式，即感到的、看到的等等，我们在我们自己的身上就什么也察觉不到。我们的一切观念在起源时的情形都是这样的。

由于我们的精神对一切可能隶属于它的变化同时来作出反省实在是太有限的了，它就不得不将这些变化区分开来，以便将它们由此及彼地逐一取作反省之用。而用作这种区分的基础的，乃是它的变化在它的存在中继续不断的改变和连续，对精神来说，这个存在就显得是某种常存不变的基础了。

这些变化，一旦从这样一个作为它们的主体的存在的身上区分开来以后，是不会再有什么实物可言的了，这是可以肯定的。然而，精神却不能凭空来作反省，因为这恰恰就是根本不作反省。那么这些变化，采取了一种抽象的方式之后，或者从它们所从属的存在——这个存在只能在这些变化包含在它里面的时候方能与它们

些实物(réalité)的存在是可能的，而且为了使之存在，只需给这些实物找到某种用处就行了。然而，这个原则却曾被称为唯名论者的剃刀(le rasoir de nominaux)。这两个学派之间的争论曾闹得如此剧烈，以致风潮一直刮到了德国；而在法国，路易十一不得不下令禁止阅读唯名论者的著作。*

*　作者在此处所说的经院哲学中唯名论和唯实论(即实在论)的论战，是欧洲中世纪封建社会思想斗争的主要表现，它延续了几个世纪。列宁对这场论战曾作了如下评价："……中世纪唯名论者同实在论者的斗争和唯物主义者同唯心主义者的斗争具有相似之处。"(《又一次消灭社会主义》，《列宁全集》第20卷，第185页)

相称——身上分离出来之后，又将如何成为精神的对象呢？这就 93
是精神继续把这些变化看作如同事物本身一样。通常，精神每每总是把变化看作好像是从属于它的那样来对它们进行考察的，并在变化和存在尚未分开的时候，还以其存在的实物来察觉这些变化，甚至在它把变化和存在区分开来的时候，它仍然尽可能地为这些变化把这同一件实物保存下来。这样，精神便自相矛盾了：一方面，它把它的种种变化看作同它的存在没有任何联系，从而使些变化化为乌有；而另一方面，因为虚无是无从把握捉摸的，它又须把这些变化看成好像是某种事物一样，而且继续把这同一件实物——它首先是由于这件实物而瞥见了这些变化的——归之于这些变化，尽管这件实物已不再和这些变化相称了。总而言之，这些抽象，当它们还只不过特殊观念的时候，它们都是和存在的观念联结在一起的，而这种联结也是不会中断的。

尽管上述矛盾是一种弊病，然而它却是必要的。因为，倘若精神对于一下子将它的存在和它的种种变化完全包罗进去是太有限了的话，那么，还是将这些变化区分开来，形成一些抽象的观念来得更好一些；并且，虽然由此而使这些变化失却了它们所具有的整个实物，但仍然极需对这些变化作上述假设，因为若非如此，精神就永远不能将这些变化作为它们反省的对象。

很多哲学家都不曾怀疑到，抽象观念的实物只不过是想象的产物而已，其原因便是上述的那个必要性。他们所已看到的，是我们曾经绝对地从事于把这些抽象观念当作某种真实的事物一样地进行考察，他们便都把这件事抓紧不放；而且，并不去追究曾使我们在这种虚幻的表面现象下瞥见这些抽象观念的原因，于是他们便得出结论说这些抽象观念实际上都是事物存在的本身了。

人们因而把这一切概念都实物化了，但实物化的程度之或深或浅还是根据事物所显示出具有实物性的或多或少而来的，因为这些概念都是事物的部分观念。种种变化的观念所带有存在的程度，较之实体的观念所带有存在的程度要更少些，而有限的实体的观念所带有存在的程度，还要更少于无限的存在观念[①]。

§7　这些观念，在这样地经过了这么一番实物化之后，便变得奇迹般地丰富多彩了。从这些观念那里，我们得出了隐秘的品质(qualités occultes)、实体的形式(formes substantielles)倾向的种类(espèces intentionelles)等令人满意的发现；或者，不妨只谈谈这些在现代是共通的东西吧，正是从这些观念那里，我们得出了
94 这些种属(genre)、这些类别(espèce)、这些本质(essence)以及这些差异(différence)，而诸如此类的东西全都是可以同样地放到每一实体中去的存在，用以确定实体之所以成为实体的原因。哲学家们在使用诸如存在(être)实体、本质、种属、类别等词语的时候，不应设想他们所理解的只是通过感觉和通过反省而来到我们身上的某种简单观念的集合体；他们愿意作更深入的探讨，并且要在这些观念的每一个里，看出其特有的实物。倘若我们进一步深入更为纷繁的细枝末节中去，并把诸如物体、动物、人类(homme)、金属(metal)、黄金(or)、白银(argent)等实体的名称检查一遍的话，则那些在其他的人看来是隐藏了的事物，在哲学家们的眼前便会全部揭示出来。

---

① 笛卡尔本人就是这么来进行推理的，参阅《沉思集》。

他们把这些词语看作为某种实物的一些符号，其明证之一乃是，虽然一个实体遭受了某种改头换面，他们仍然毫不放松地追问，这个实体是否仍然属于在这种改变之前与它相关的同一类别。如果他们把实体的概念和它们的类别的概念分别置于简单观念的不同集合体中，那么，这个问题便成为多余的了。当他们问起：冰和雪是否都是水，一个怪胎是否算人，上帝、精灵、肉体、甚或虚空是否都是实体时，显然可见的是，以上问题并不在于这些事物是否和集结在诸如冰、人类、实体等这些名词下的那些简单观念相称，因为这个问题只需其本身便可自行解决的。问题在于要知道这些事物是否包含了人们所假设的冰、人类、实体等这些名词所意味着的某些本质、某些实物。

§8　这一偏见曾使所有的哲学家设想，必须用最接近于并且最有利于解释实体的性质的差异来为实体下定义。可是我们仍然在等待他们举出这类定义的一个例子来。由于他们对认识本质是无能为力的，这些定义便将永远是不完善的，但他们却没有怀疑到自己的无能为力，因为他们对于被他们实物化了的，而且随后又被他们看作为事物本质的自身的抽象观念是先入为主的。

§9　在哲学家们还没有满意地以他们的方式来解释实际存在的事物的性质是什么的时候，他们倒已经想解释并不存在的事物的性质来了，于是，种种实物化了的抽象概念的滥用便更加明显地到处可见了。我们曾见到他们在谈起纯然只是可能的生物时，就像在谈论确实存在的生物那样，并且把它们全都实物化了，一直要谈到它们所起源的洪荒时代。有人还曾这样问过：在上帝创造这些生物之前，它们到底是在什么地方的，对于这个问题，回答倒

95 是挺简单的，因为问的是在它们存在之前，它们都在哪些地方，那么，在我看来似乎只需回答说这些生物压根儿到处都不存在，那就行了。

可能存在的生物的观念只不过是一个实质化了的抽象，是在我们不去思考事物的实际存在，而只去思考我们所知道的它们的其他品质时而形成的。我们思考了物体的广延性，思考了它的形状，思考了它们的运动和静止，而我们对它们的实际存在却未曾加以思考。我们就是这样来得出可能存在的物体的观念的，这种观念使物体脱离了它们的全部的实在，因为这种观念把物体假设成处于虚无之中，而且，由于一个显而易见的矛盾，这一观念又对物体保留了它们的实在，因为这种观念把这些物体向我们再现得就像是某种具有广延性、具有形状等等的事物一样。

哲学家们并没有发现这个矛盾，而是只从这后面的一点来接受了这种观念。结果，他们把这个实际存在的东西加到完全不是实在的东西上去了。有些人还信以为，他们已经用一种显而易见的方式解决了关于造化的最棘手的问题。

§10　洛克说："我恐怕人们谈及心灵的机能的那种方式，只会给不少人带来混乱的观念，恰如分明有别地存在于我们身上的那些内在因素一样，这些内在因素具有种种不同的作用以及种种不同的能力，它们指挥着、服从着并执行着种种不同的事物，就好像分明有别的事物一样，这样一来，就在有关心灵的这些不同能力的问题上产生了大量劳而无益的争论，晦涩费解而充满似是而非的内容的言论。"

对于一位理智的哲学家来说，这种忧虑并非杞人忧天。因为，人们为什么要把这些东西，诸如：判断到底是属于理解还是属于意志；理解和意志这两者是否是同样主动或同样自由的；意志到底是具有认识的能力呢，还是仅仅只是个盲目的机能；意志归根结蒂是能够指挥理解力的呢，还是受理解力的指导和决定的，当作极为重要的问题而费尽心思呢？倘若哲学家们只愿通过与心灵所产生的或者能够产生的某些行为的关系，以理解和意志来表达被考察的心灵，那么，显而易见，判断、能动性和自由是属于还是不属于理解，须根据讲到这一机能时，人们对这些行为考虑得或多或少而定。对于意志，情况亦复相同。在这种种的情况中，只要在通过精确的分析来确定人们对事物所作出的概念的同时，把一些术语解释清楚，那就行了。可是，哲学家们全都不得不通过抽象来再现心 96
灵，他们都给心灵增加了存在；而理解和意志也都遭罹了一切抽象概念的命运。正是这些人，把我刚才所列举的所有问题都搞得纷乱不堪了，其中包括诸如笛卡尔学派的学者们，他们都明确地指出，心灵与事物的区别绝非在此。因此，他们就全都违背了他们本来的意愿，把这些抽象的观念都搞成实物化了。而自己对此却无所察觉。正是由于对分析抽象观念的方法一无所知，他们对于认识抽象观念的缺点也就都无能为力，因此也就不能以一切必要的小心谨慎来使用抽象观念。

§11　这五花八门的种种抽象把人们关于自由的一切论述都搞得无限地模糊了，在这个问题上所浪费的无数笔墨好像只能使事情变得愈加模糊不清而已。按几位哲学家的说法，理解乃是接受观念的一种机能，而意志就其本身而言，却是一种盲目的机能，它只是按理解呈现给它的观念才能下决定。这并不依赖于理解之察见或不察见一些观念以及这些观念之间的实际存在的或可能存在的关系。理解不是自由的，它甚至也不是能动的；因为理解自身绝不产生白和黑的观念，而它所见到的是，必定是此种颜色并非彼种颜色。是意志在起作用，这是确实的，但是，由于意志本身的盲目，它就追随着理解的启导(dictamen)就是说，意志只能接下来对一个给它规定了必然原因的东西才能作出决定。因此意志也是必然的了。但是，如果说人是自由的话，那是由于这两个机能中的此一或彼一机能是自由的才有可能，若非如此，人就谈不上是自由的了。

只需指出，这批哲学家们把理解和意志都搞成了只是他们想象中的空中楼阁，就足以驳斥上面这一整套的推理了。如果这两种机能确是像他们所想象的那样，那么无疑地，自由便永无诞生之日了。不妨请他们反躬自思一下，而且我要这样来回答他们，即只要他们愿意把这些抽象的实在全部摈弃，并且对他们的思想作一下分析，他们便将以一种截然不同的方式来看清事物了。比如，说理解不是自由的，也不是能动的，这话一点也不对；我们对此已提供的分析，证明了它恰恰是相反的。但是，在天赋观念的假说中，那就必须承认，纵使这一困难不是不可解决的，也至少是极为巨大的。

§12　我不知道，在我讲了刚才那番话之后，人们是否有可能
97 终于放弃所有这些实物化了的抽象。有若干理由使我担心，情况会恰恰相反。必须回想一下，我们已经说过[①]这些实体的名称在

① 参见第四篇。

我们的精神中所占有的地位，就是这些主体在我们身外所占有的地位。在精神里，这些实体的名称都是简单观念的联结和相互支持，就像这些主体在我们身外都是品质的联结和相互支持一样。我们总是试图把品质归到该主体上去，并且试图使我们把品质设想成表达主体的实物本身，其原因盖在于此。

其次，我在别处[1]曾经指出过，我们不可能认识构成典范概念的一切简单观念。可是，一件事物的本质，按照哲学家们的说法，乃是把事物造成为像它这个样子的东西，我们能够在这些场合中具有本质的观念便是一种结果，我们因此也给它们取了一些名称。例如：公正(justice)这个名称意味着正义(juste)的本质；敏锐(sagesse)这个名称意味着机敏(sage)的本质，等等。这或许成了使经院学派信以为，为了具有名称来表达实体的本质，他们只需遵循着言语上的类同就是了的一个原因。因此，他们便造出了诸如物体性(corporéité)、动物性(animalité)以及人性(humanité)这类名词，用以指明物体(corps)、动物(animal)以及人(homme)的本质。一旦这些术语对他们既成熟知的东西，就很难使他们相信，这些术语都是些意义空洞的东西。

其三，使用这些名词，只有两个方法：要么是，在它们的意义所应表示的一切简单观念在人的精神中全都固定下来之后方来使用它们；要么是，仅仅在把它们假定为事物的实在本身的符号之后再来使用它们。第一个方法对于一般的人来说是很困难的，因为这些名词的习惯用法并不经常是相当肯定的。人们在观看事物时，

① 参见第三篇。

会按照各人所获经验的不同而有所不同，这就很难使他们对许多名称所包含的观念在数目和品质方面取得一致。况且，即使在取得了这种一致时，要在其恰如其分的范围内抓住一个术语的意义，那也并不总是轻而易举的，为了达到这一点，需要有一定的时间，一定的经验和一定的反省。但是，如果在一些事物中，假设有某一件实物，对于这件实物，人们可以把它的一些词语看作是真正的符号那样，通过诸如人、动物等等这么一些名称，来理解一种确定和区分这些事物的实在的东西，那就要比对可能从属于它的一切简单观念加以注意来得更为方便得多了。这个办法一下子解决了我们的不耐烦，满足了我们的好奇心。即使在那些最努力想摆脱自己的偏见的人中间，那种感觉不到有某种把一切实体的名称归之
98 于未知的实物的倾向的人，或许也是绝无仅有的。这种情况甚至在易于避免错误的某些场合下也可以看得到，因为我们知道得很清楚，被我们实物化了的观念并不是真正的事物。我所指的是道德方面的事物，比如像光荣(la gloire)、战争(la guerre)、声誉(la renommée)这类东西，对这些名词，我们已经给予了存在的称呼，那只是因为，即使在最庄严肃穆的演说中，我们也是同在最亲密的交谈中一样，在这样的观念下来想象它们的。

§13　下面必定是我们错误的最广泛的根源之一。只要先假设这些词语与事物的实物相符合，那就足以使这些词语和事物混为一谈，并得出这些词语都能尽善尽美地解释事物的性质的结论。这就是为什么那个提出一个问题，并询问如此这般的物体是什么的人，恰如洛克所指出的，自以为对某种事物比光问个名称多问了些东西，而那个回答他说这是铁的人，也同样自以为使他学到了比

名称更多的东西。可是，有了这样的一种行话，假说就毫无立足之地了，尽管假说可能是某种不能光靠自己来支持自己的难于理解的东西。而对不同学派的风行流传，更是不必再惊诧莫名了。

§14　因此，十分重要的是，不要把我们的抽象实物化了。我知道只有一个方法可以避免这一弊端，这就是善于阐明我们的一切抽象概念的起源和派衍。可是，哲学家们对于这个方法全都是一无所知的，他们都企图以定义来弥补此中的不足，真是枉费气力。他们在这方面无知的原因，就是出于偏见，他们总是固执于这种偏见，认为必须由一般观念来开始；因为，要是不准人们由特殊观念来开始，那就不可能解释一些更为抽象的观念，而这些更为抽象的观念，又是源出于特殊观念的，我们不妨举个例来说明这一点。

把“不可能”定义为：**包含着矛盾的东西**，把“可能”定义为：**不包含着矛盾的东西**，把“存在”定义为：**能够实际存在的东西**，在作了这番定义之后，如果不把“存在物”定义为**补足可能性的东西**，那么人们就不知道该给它下什么别的定义了。可是，我倒要问一下，这种定义是否表示某种观念了呢？而人们是否不会对这种定义嗤之以鼻的权利，正如人们对亚里士多德的某几条定义曾嗤之以鼻一样呢？

如果“可能”乃是**不包含着矛盾的东西**，那么“可能性”就变成了**矛盾之不包含**，那么，“存在物”便应当是**补足矛盾之不包含的**东西。这算什么言语啊！只需对观念的自然顺序作一番比较妥切的 99
观察，人们早就可以见到，“可能性”的概念只能是形成于“存在物”的概念之后的。

我想，人们只是因为从别的地方知道了定义了的事物，才采用这种定义的，而他们在那些地方又并未观察得那么真切。精神被某种明晰性所打动，它便将这种明晰性归功于定义，却一点也没有察觉到，这些定义都是难于理解的。这一例子可以令人看出，以我的方法作为依据是多么的重要，那就是说，永远要用分析来取代哲学家们的定义。我甚至相信，人们应当抱着翼翼小心，直到对这些好像是最最令人羡慕的表达方法避而不用为止。定义的滥用已变得如此地司空见惯，以致无论人们持以何种的细心谨慎，对广大的读者来说，要使这些定义能很好地把握住思想，是很难的事。对于这一点，洛克就是一个例子。的确，他对一般读者所作出的，只不过是一些极为正当的实际应用的定义；但是，倘若他曾把这些从他的写作风格中摈弃干净，则在很多地方，可以使人们更易于领会。当然，我毕竟只是从译文来作出这个结论的。

以上的详述，阐明了什么是抽象观念的影响。倘若他们那些为人们所忽视的缺点，曾使整个形而上学大大地暗淡失色的话，那么，今天，这些缺点既不为众所周知，对我们来说，所需做的就只是在这一点上加以补救而已了。

第六篇　论某些为人们毫无根据地归属于心灵的判断，或对形而上学中一个问题的解答 100

§1　我相信，讲到这里，一直还没有把各人在他自己身上所无法觉察的任何活动都归之于心灵。可是，哲学家们为了使视觉的幻象言之成理，都曾假设，我们形成了某些我们对之丝毫没有意识的判断。这种看法是如此普遍地为人们所接受，连所有哲学家中最为周密审慎的人洛克也采纳了这种看法。下面请看他是如何对此作出解释的。

"关于知觉这一论题所应得出的一个看法，就是通过感觉这一途径而来的种种观念，往往会被成年人所作出的精神上的判断而不知不觉地改头换面了。因此，当我们把一个颜色单一的圆球体，比如说，金子做的、白石做的或者乌玉做的，放在我们眼前的时候，可以肯定，在一见到这个圆球体时，在我们精神中所印刻下来的观念，是呈现出一个扁平的圆形的，它为不同亮度的阴影所覆盖，使我们的眼睛受到不同亮度的刺激。但是，由于习惯，使我们早已熟知辨别凸形的物体通常在我们身上产生的形象是怎样的，以及光线在反射中所发生的变化又是怎样的，按照物体可感形相的差别，我们立刻就可以在物体形象对我们所显示出来的位置上，将我们所看见的形象的原物本身安放上去，这乃是根据习惯而使我们觉

得自然的一种判断的结果；由于我们把跟视觉合在一起的判断结
101 合到视觉中去，我们便形成一个凸形物体和颜色单一的观念，虽然实际上，我们的眼睛只给我们呈现出一个覆盖着阴影的、颜色不匀的平面，就像在图画中所显示出来的一样。我要趁这个机会，在这里插入博学之士莫里诺先生的一个论题……'请您假定有一个生来盲目的人，他如今已长大成人，人家已教他学会了通过触摸来区别出同一金属的、大小约略相同的一个立方体和一个圆球体，当他摸到此一和彼一物体的时候，能够说出哪一个是立方体，而哪一个是圆球体。再请您假定，把立方体和圆球体安放在桌上，而这一盲人的双目忽然复明。我们要问，如果光凭观看而不去触摸这两件东西，他是否能识别它们，并且能够说出，哪一个是圆球体，哪一个是立方体吗？提出这一问题的深思敏辨而判断公正的作者立刻不假思索地回答道：'不能，'他接着解释说，'因为，尽管这位盲人已经由经验懂得圆球体和立方体是以怎样的方式来刺激他的触觉的，然而他尚不知道，以这种或那种方式刺激着他的触觉的东西，确实应当以这种或那种方式来触动他的眼睛，也不知道立方体的一个以一种不均匀的方式碰到过他的手的凸出的角，确实应当在他的眼睛里显得就如他在立方体中所显示出来的那个样子。'我完全赞同这位聪明的学者的意见……我相信，这位盲人在初见这些物体时，如果让他单单限于观看的话，要他肯定无误地说出哪一个是圆球体，哪一个是立方体来，他完全是无能为力的，虽然经过触摸，而且由触摸而觉察这些东西的形状的差别，他是纯有把握说出和区别出这些东西来的[①]。"

① 第二卷，第97页，第九章§8。

§2　整个以上的推理假定，在乍一看见一个圆球体时，在眼睛里所勾画出来的形象，只是一个扁平圆形，发出强弱不匀的光亮和色彩，这是千真万确的。但是他此外还作了一个假定，而这个假定在我看来却显得虚妄的了。他假定，在心灵中所造成的印象，结果只能给我们以这个圆形的知觉，以致如果我们看见圆球体乃是一个凸形的物体的话，这乃是因为我们已经通过触摸的经验，获得了这一形状的观念，而因为通过视觉，使我们知道这一形状在我们身上所产生的是什么样的形象，所以我们就不顾这一形象的关系，而习惯于把它判定为凸形的了。引用洛克紧接上文所叙述的话来说乃是：判断改变着来自感觉的观念，而且对我们把这个观念再现成与原来的观念本身不同的另一种样子。

§3　在这些假设中，洛克未加证明，就提出心灵的感觉除了 102
再现出我们在眼睛中所能勾画出来的形象之外，就不再再现什么东西这种说法。依我看，当我注意着一个圆球体的时候，我除了看到平面的圆形之外，还看见了别的东西，那就是经验，在我看来，把这种东西归诸经验完全是自然而然的。此外，还有很多理由可以否定这位哲学家借以作为依据的一些看法。首先，他假定，按照各种物体在可感形相上的差别，我们知道凸形物体在我们身上所产生的是怎样的一种形象，而在光的反射中又会出现怎样的变化。这些知识，绝大多数的人都是一点也没有的，虽然他们也是和哲学家们用同样的方式来看到形状的。其次，我们如果确是把这些判断与视觉很好地结合起来的话，那么我们就永远不可能像洛克所假定的那样，把这些判断和视觉混淆起来，而只能是用一种方式来观看，而用另一种方式来作判断而已。

我看见一幅有浅浅的立体感的图画，我心里明明知道，而且对此也毫不怀疑，即它是绘在一个平面上的；我曾经触摸过它；然而这一知识，反复取得的经验，以及我所能作出的一切判断，丝毫不能影响我看见那些凸出的形状。这种凸形的外观为什么能保持下去呢？为什么一个判断，它既然具有使我把事物看成与它们在我对它们的感觉所得出的观念中全然不同的效能，竟会不具有使我把这些事物看成同这些观念相吻合的效能呢？我们也可以对圆形的外观同样地进行推理：我们看见远处有一座建筑物，呈现着这种圆形的外观，但我们知道它是方形的，并且把它也判断成为方形的。对其他成千上万个别的类似的例子，我们也都能进行这样的推理。

§4　其三，还有一个理由，仅此就足以击破洛克的这种观点，那就是，我们对这几种判断是不可能具有意识的。以许多似乎在心灵中发生的而我们又不能对之取得知识的事物作为判断的依据也是徒劳无益的。按照我在别处已经说过的[①]，即在我们已经形成了这些判断的片刻之后，我们很可能随即又把它全都忘却，这话确实不错；但是，当我们把判断作为我们反省的对象时，我们对这些判断的意识就会变得如此强烈，以致我们再也不能出于疑虑而把这些判断摈弃。

§5　倘若洛克在他的一切结论中都遵循着自己的看法的话，那么，他也应当在距离、位置、大小和广延等方面同他在形状上所作出的推理一样地来进行推理。这样，人们就可以这么说："当

①　见第二篇，第一章。

我们观看一幅开阔的村野景象时，可以肯定，在一见到这幅景象 103
时，在我们精神中所印刻出来的观念，是呈现出一个平坦的表面的，它呈现出不同亮度的明暗阴影和色彩，使我们的眼睛受到光线的刺激。但是，由于习惯，使我们早已熟知辨别位置不同、距离不同、大小和广延性不同的物体通常在我们身上所产生的那些形象是怎样的，以及在光线的反射下所发生的变化又是怎样的，按照距离、位置、大小和广延的不同，我们就立刻可以在它对我们显现出来的地方，把我们所看到的形象的原物本身安放上去，这乃是由于习惯而使我们成为自然的一种判断的功效；由于我们把跟视觉合为一体的一种判断结合到视觉中去了，我们就会形成不同位置、不同距离、不同大小和不同广延的一些观念，虽然实际上，我们的眼睛只给我们呈现出一个明暗和色彩变化不均的平面。”

对洛克的推理作出上述使用是确切无误的，何况村野景象向我们所指供的位置的、距离的、大小的以及广延的观念在一个圆球体的各个不同部分的知觉中看起来全都是缩小了的。然而这位哲学家却未曾采纳这些结论。在他的论题中所严格要求的是圆球体和立方体的大小要差不多相同，他要使人充分地理解，视觉不需借助任何判断，就能够给我们提供各种大小的观念。然而，这便是一个矛盾了，因为如果没有形状的观念，人们就无从体会何以会有大小的观念了。

§6　其他的人全都未表异议就接受了这些结论。以著作数量宏富而称著的伏尔泰先生，引证[①]并赞同贝克莱博士的意见。

① 见《牛顿的哲学原理》，第四章。

贝克莱断定说，对于一个天生的盲人来说，当他的眼睛突然见到光明的时候，他对于不论位置、距离、大小还是形状，都是一概不能识别的。

§7　他继续说道："我透过一个小洞看到一个站在屋顶上的人，距离太远，光线又不足，这使我起初难以辨明这到底是不是一个人，因为客体在我看来显得太小，我断定自己所看到的，不过是一座至多二尺来高的塑像而已。但这个客体忽然自己活动起来，我马上断定这是一个人，而从这一霎那起，这个人对我就显得仿佛同常人一样的高大了。"

104 §8　如果大家愿意，我可以承认这种大家归属于视觉的判断和效能，可是，这还远远不能证实贝克莱博士的论点呢。在这里存在着一个从初次判断到达第二次截然相反的判断的突变过程。这就牵涉到要求人们以更多的注意力来凝视客体，以便可以在客体中找到一个常人的身材。这种高度的注意很可能会在大脑里产生某种变化，从而在眼睛里亦产生这种变化，这种变化就使你看出一个身高五尺左右的人来。上面所说的只是一种特殊的情况，而他所作出的判断，是使人们无法否认这个判断是具有意识的那种判断。如果真的像人们所假定的那样，我们总是能形成类似的判断，那么为什么在其他一切场合，判断便不是同样的呢？

假定有一个人，离开我只有四步远，现在他走到离我八步远的地方，那么，在我眼底里所勾画出来的形象，将只有一半那么小了。那么，为什么当我继续不断地看着他时，他还是差不多同样高矮呢？有人会回答说，您起初将发觉他小了一半，可是经验在您的大脑里所架设的一个人的观念和关于五六尺高的身材的观念之间的联系，迫使您通过一个瞬即的判断去想象一个这般高矮的人。我坦白地承认，这是一件我所不能以我的亲身经验来证实的事情。当人们将他的全部注意倾注到这件事物上的时候，第一个知觉难道会这样迅速地自行消失，而一个判断就可以这样迅速地来代替这个知觉，以致使人们竟无法觉察到这个知觉到这个判断之间过程么？更有甚者，倘若这个人跑到离开十六步远、三十二步远、六十四步远，并且这样继续地跑下去，为什么他的身材对我将显得逐渐地缩小，以致直到最后，我竟会完全看不见他了呢？如果视觉的知觉乃是一种判断的效能，通过这个判断，我已经把一个人的观念同五六尺高的身材的观念联结起来了，那么，这个人应当突然一下子在我的眼前消失，或者是，在他离我到达某个距离的时候，我继续看见的，应当是一个同样大小的人。既然我们都有着同样的经验，那么为什么他在我的眼前会比在别人的眼前缩小得更快些呢？总之，你必须说明，在距离达到什么程度时，这种判断才会开始失去它的力量吧。

§9　我所反对的那些人把视觉的感官与听觉的感官相比，并且从听觉出发来得出视觉的结论。据他们说，由于声音，使耳朵受到了刺激，人们就听到了声音，此外便再没有什么了。由于景象，使眼睛受到映射，人们就看到了色彩，此外便再没有什么了。一个有生以来第一次听到炮声的人，是不能判断这炮声是在一法里之 105
外呢，还是在三十步之外发出的。只有经验才能使他熟悉地判断出他与发出炮声的地点之间的距离。这和从一个客体所发射出来的光线完全是一回事，光线本身是丝毫也不能使我们得知这个客体到底是在什么地方的。

§10 听觉器官，就其本身来说，并不是为了给我们以距离的观念而生就的，即使在这里加以经验的帮助，听觉器官所提供的观念，仍然是一切观念中最不完备的。在有些场合中，听觉器官的情况同视觉器官约略相同。假如我透过一个小孔窥见远处的一个客体，而没有看到那些把我和客体分隔开来的东西，则我对客体的距离的认识，还只是极不完备的。在那个时候，我就回想起我所得诸于经验的种种知识，而我判断这个客体之或远或近，正是根据这个客体在我看来比其正常的体积小多少而定的。所以这儿就是必须把判断结合到视觉上去的一种情况，就像把判断结合到听觉上去一样。可是您得妥加注意的是，人们对这个判断具有意识的，而且在加判断之后，仍然同在加入判断之前一样，我们对这些距离仍然只能以一种极不完备的方式来加以认识。

我打开窗子，看见一个人站在路的尽头，在我还没有形成任何判断的时候，我就看出了他离我很远。的确，使我最准确地知道他离我有多远的，并不是从他身上所发出的光线，而是他与我之间的各个客体上所发出的光线。很自然，我一见到这个客体，就给了我某种距离的观念，而这个距离的观念就是我和这个人之间的间隔；同样，在我每次看到这些客体的时候，要使我不具备这些观念，也是不可能的。

§11 有人会对我说：您搞错了。那些瞬即的判断，差不多是与您的心灵在到了一定的年龄，就具有距离、大小、位置等观念是一致的，它们使您想到，只要睁开眼睛，就可以按您观看的方式去看事物。事情并不是这样的，这里面必须有其他感官的帮助。如果您只有视觉的感官，您就不会有任何方法可以用来认识广延。

§12 那么,我所察见的究竟是什么呢?是一个数学上的点么?毫无疑问,不是的。我所看见的当然是光亮和色彩。但是,光亮和色彩难道不会必然地勾画出不同的距离、不同的大小、不同的位置么?我朝前、朝上、朝下、朝左、朝右望,我看见一道光向四面 106
八方散发开来,我还看到若干种色彩,它们也肯定不是全集中在一个点上的;我不再多费什么口舌了。我并不需要依赖任何判断,不需其他感官的帮助,就可以在那里找到带有其各种大小的广延的观念。

我假设有一只兴奋的眼睛,不管这种假设显得多么的荒唐,请允许我作此假定。在贝克莱博士的观念中,这只眼睛看到一道带有色彩的光;可是这只眼睛却一看不见广延,二看不见大小,三看不见距离,四看不见形状。故而它已经习惯于把这整个的自然界判断为只不过是一个数学的点了。要是这个点与一个人的肉体相结合起来了,当这个人的心灵自从很久以来就养成了形成这种判断的习惯时,人们无疑相信,这个心灵除了使用它所刚获得的感官来得出大小、距离、位置和形状的观念外,什么也没有。殊不知事情全不是这个样子的,心灵在整个时间内所形成的种种瞬即而一致的习常判断,将把这些新的感觉的观念加以改变,致使当心灵在接触到这些物体时,仍将确信这些物体都是一无广延、二无位置、三无大小、四无形状的。

§13 当上帝以视觉的各种不同的感觉来丰富我们的时候,奇妙的事情莫过于发现上帝所立下的法规了:这些不同的感觉,不仅能比其他一切感觉更好地向我们告知能满足我们需要的事物以及我们借以保存生命的事物之间的联系,而且还能以一种更加明显的方式给我们报告宇宙万汇的秩序、壮丽和宏伟。不管这项研究有多么的重要,但我为了其他的研究,只得把它丢开了。对我来说,只要愿意睁开眼睛的人,承认他们察见着光亮、色彩、广延、大小等等,也就够了。我不打算再往上追溯,因为我正是在那里开始获得了一种明白的知识的。

§14 现在,该轮到我们自己来审察一下,一个生而盲目的人,要是我们给了他视觉以后,他会发生怎样的情况。

在这位盲人触摸各种物体的时候,他对所感受的种种不同的感觉加以反省,就会形成广延、大小等等的观念。他拿起一根棍子,感觉到棍子的各部分具有种种不同的确定的形状,假如这些不同的确定的形状继续延长下去的话,它们将达到各个不同的点;他就从这里得出了一条曲线的观念。他从这里逐步获得了角的观念、立方体的观念、圆球的观念,以及各种各样的形状的观念。这
107 就是他所具有的关于广延的观念的起源。可是不应当相信,在他睁开眼睛的那一瞬间,他已经享受到这种令人惊叹的光亮和色彩交相辉映在整个大自然中所产生的景象了。这个景象乃是一座蕴藏在他感受的新感觉中的宝库;唯有反省能使他发现这座宝库,并且给他以这个宝库的真正的乐趣。当我们让自己目不转睛地注视着一幅画面极其复杂的图画时,如果我们笼统地观看整个画面,我们仍然不能对此形成任何确切的观念。为了看这幅画,必须这样,即我们不得不把画面的各部分由此及彼地细细琢磨一番。而对于第一次睁开眼睛见到光明的人,宇宙该是一幅多么繁华的图画啊!

我讲到的这个人,如今已经到了能对刺激着他的视觉的事物作出反省的时候了。可以肯定,在他面前的一切并不是像一个点

那样的。而他所看见的，则是一个有长度、宽度和厚度的广延。要是他把这个广延分析一下，便将作出面的、线的、点的，以及各种各样形状的观念，这些观念将同他通过触摸而获得的观念相类似；因为，不管广延通过哪一种感官进入我们的知识，它总不可能被表现成两种不同方式的。不管我把一个圆环和一把尺子观看一下还是触摸一下，前者永远只能提供一条曲线的观念，而后者则永远只能提供一条直线的观念。故而这个天生盲目的人，在重见光明时将能区分出哪一个是圆球体，哪一个又是立方体，因为他在这里将对他曾由触摸而得出的一些同样的观念重新加以认识。

然而，可以请他先别忙着下他的判断，而向他提出如下的问题。人们可以对他说：这一物体，在您看来显得像个圆球体；而另一个物体，对您显得像个立方体；可是，您有什么根据可以保证，前者和在触摸时给您提供的圆球体的观念是同一个观念，而后者和在触摸时给你提供立方体的观念又是同一个观念呢？谁告诉您，这些物体在被触摸时所具有的形状，应该同在被看见时所具有的形状相同呢，您怎么知道，何以这个在您的眼睛里看来好像是个圆球体的东西，当您用手去触摸它的时候，便会不是个立方体呢？甚至，又有谁能回答您，在那儿确实有和您在触摸之下将会重新认识是个立方体和是个圆球体的物体相类似的某种事物呢？上述论据可能是令人困惑的，但我认为可以在此处提供一个答案的，唯有经验而已，但这并不是洛克的论点，也不是贝克莱博士的论点了。

§15 我坦白承认，留待我解决的，是一个困难不小的问题。
这就是一种在所有方面都显得和我刚才所提出的观点相反的经 108
验。下面是伏尔泰先生所摘引的原文，如用别的话来转述，或许将丧失其原来的意思。

“薛塞尔顿先生是一位著名的外科医生，他不但在医道上有回春之妙手，更兼在精神上有如炬的光辉。在 1729 年，他曾设想可以使天生盲目的人获得视觉，那就是把盲人的所谓白内障的那个东西剥离下来。他猜测，这白内障在盲人的双目中几乎是在他生下来的时候就形成的，他建议用手术来进行治疗。他费了很大的力气才勉强使盲人同意开刀。因为盲人很不理解，视觉可以大大增加他的乐趣。在没有启发他对于学习阅读和书写的要求时，他丝毫没有见到光明的愿望……尽管如此，手术还是完成了，而且是成功的。这个年纪约摸十四岁的年轻人，有生以来第一次见到了光明。他的经历证实了洛克和贝克莱曾如此英明地预见过的一切事情。他在很长的时间内，一不能分辨大小，二不能分辨距离，三不能分辨位置，甚至连形状都不能分辨。有人把一个大拇指那么大小的物体放在他的眼前，而这个物体恰好给他遮住了一栋房屋，于是这个物体在他看来就好像是同屋子一样大小的了。他所看到的一切东西，起先好像都是在他的眼前一样，但一经触摸到这些东西时，便好像是带刺的物体碰着了他的皮肤一样。他不能把他借助于双手已经判断为圆形的东西，与他所已经判断为多角形的东西区别开来；也不能用他的眼睛识别出，他的双手所已经感觉了的在上面或者在下面的东西，实际上是否确是在上面或者在下面。他对于大小的认识，简直还相去十万八千里，直至最后才能通过视觉来理解到，他的屋子要比他的房间大；可是他还不能体会，视觉是怎么会给提供这种观念的。只是在有了两个月的经验之后，他方能察觉图画中所表现出来的立方体的物体；而且，只是在对他身上的这一新的感官经过了长久的摸索之后，他方才感觉到，描绘在图画上的，不单单是一些平面的物体，而且还有立体的物体。他用手到画面上去摸了一阵之后，不由得大为惊愕起来，因为他竟然丝毫不能用他的手来发现他起先看到的表现在画面上的一些立体的物体。他不禁要问，究竟是哪个感官在骗人，是触觉呢，还是视觉[①]？"

§16　对眼睛在面临光线时所发生的情况作一些思考就可以说明这一经验了。

虽然我们离认识眼睛的全部机理还相距甚远，然而我们都知 109
道，眼球的角膜多少是外凸的；瞳孔会按照客体所反射的光量的多少的比例，自动收缩或放大，以让较少的光线通过，或者接受较多的光线；人们猜到，这一容纳着水质液体的结构是在连续不断地采取着不同的形状的。的确，晶状体的向前或退后，是为了能使光线恰好集中于视网膜上[②]；使视网膜上的细微的神经纤维在一极为微妙的变化中受刺激而发生冲动，这种冲动随后便传达到大脑中另外一些更为精细灵敏的部分，而这一部分的机能当然应该是更为神妙莫测的了。最后，使眼球转向要注视的客体的肌肉，还要对整个眼球进行强制，而且，通过这种压力，使眼球或多或少地改变着形状。

不仅是眼睛及其一切部分必须服从这一切活动，服从这种种形状以及我们所不知道的万千变化。这一切运动变化都是以一种

① 见已引证过的那一章。

② 或者在脉络膜上；因为人们并不确切地知道，使光线的印象转移于心灵的，到底是通过视网膜上的神经纤维，还是通过脉络膜上的神经纤维。

令人无想象的敏捷来完成的；而且，所有这些变革还必定是在一种尽善尽美的协调中来实现的，从而使一切配合产生出同一个效能。比如，假使角膜由于对眼睛的其他部分的位置和形状而言相对地生得过分突出或者不够突出，一切客体在我们看来就会显得混乱、颠倒，而我们便不能识别出我们的双手已经感觉到的在上面的或者在下面的东西，实际上是否的确在上面或者在下面。上述情况，还可以用佩戴一副形状与眼睛不相称的眼镜的例子来使人信服。

如果说，为了服从光线的作用，眼睛的各部分是以一种如此巨大的变化和一种如此强烈的活动而不停地使自己变动着的话，那么只有在经历了长时间的锻炼以后，才能使这些机能更加联系密切，更加运用自如。这位通过手术摘除了白内障的年轻人的情况却并不是这样的。十四年来，他的眼睛虽然也经过成长和营养，但他却没有使用过它们，所以老是和客体对它们的作用格格不入。由于对他眼睛的其他部分的位置来说，他的角膜或是过于突出，或是不够突出。而他眼睛的晶状体也变得仿佛不能调节的那样，它
110 总是把光线不是集中在视网膜的前面，就是集中在视网膜后面；或者，假如晶状体在改变其位置的话，那并不总是为了要把自己准确地放到它所应当处于的那个点上去。为了要使由于长期不用而僵化到如此程度的一些机能协调一致地运用自如，必须经过许多天的锻炼才行。这就是为什么这个青年人曾经摸索了两个月之久。如果说他在触觉的帮助下而有了一得之见，这乃是他为了看清在客体中那些经过他触摸而形成的观念而作了努力的结果，这种努力也为他提供了进一步锻炼视觉器官的机会。假定他每次睁开眼睛看到光线的时候，就不使用他的双手来帮忙，那么，毋庸置疑，光

由视觉他是能够获得同样的一些观念的，尽管事实上他得花上更长的时间。

在人家给这位天生盲目的人摘除了白内障的时候，那些对他进行观察的人，都希望能亲眼目睹他们所曾预言过的一种看法得到证实。当他们得知，他是以一种如此无能为力的方式来察看客体的时候，他们就再也不怀疑，除了洛克和贝克莱所设想过的理由之外，还可能提出什么其他的理由来。因而，这就使他们对眼睛造成了一种无法改变的论断，即若没有其他感官的帮助，眼睛肯定是不很适宜于为我们提供广延、形状、位置等等的观念的。

为这一观点（毫无疑问，这一观点对很多读者来说将是显得非常奇特的）提供了依据的，一方面乃是我们具有对一切都要使之言之成理的愿望，而另一方面，则是对眼科学的规律尚认识不足。测量光线在眼底所形成的角度是徒劳无益的，人们根本不能找到那些和我们观看客体的方式相适应的角度。但是，我并不相信，这件事就可以使我们有权去求助于谁都不会具有意识的判断了。我曾想到要在某一部著作里给自己提出阐明我们知识的材料的任务。我应当给自己立下一条规定，即凡是无可否认的东西，以及凡不能以最少的思考而使大家都发现的东西，那就宁可不要创立任何学说。

第二卷

论语言兼论方法

第一篇　论语言的起源及其进步

亚当和夏娃的心灵活动的运用，不应当说是得之于经验的，而且，打从上帝的手里出来的时候*，受了一种异乎寻常的帮助，他们就能够作出反省，并已经能够相互交流他们的思想了。但是我所要假设的是，在洪水泛滥**之后的某些时候里，有两个性别不同的孩子，在学会使用任何信号之前，曾迷茫于莽莽荒原之中的情况。我是以我已引证过的事实为据而作此假设的。谁知道有没有哪个民族也只是由于类似的变故而起源的呢？请允许我提出这样的假设，因为我们所要讨论的问题①是要了解这个新生的民族怎样为自己创造了一种语言。

---

* 《圣经》上说，人是上帝创造的，上帝用泥巴捏出了一男，取名亚当，又用亚当的肋骨造了一女，为亚当妻，即夏娃，这二人即为人类的始祖，于是便有了人类。

** 天降洪水是基督教《旧约全书》的《创世记》第六、七、八章中所述的故事：上帝为了惩罚世人，使洪水泛滥四十天，把地下的生物全都淹死了，只剩下挪亚一家和他们所携的一些生物因乘方舟而幸免于难。

① 沃伯顿先生在《论象形文字》一书的第48页中说道："若仅仅通过事物的本性，而不依赖于天启（这乃是一个比较可靠的指导）来下论断的话，我们就会承认西西里的狄奥道尔和维特鲁威的论点，即原始的人类在一段时间内曾经同兽类一样过着一种穴居巢处的生活。他们只能发出一些含糊不清的、意义不确的声音，直到他们为了互相帮助而共同联合起来的时候，他们才通过信号的方法，或者通过他们之间约定的人为记号的方法来逐步形成分明的声音，使得那个想讲话的人能够把他所需要向别人传达

112

第一章　动作言语和发音言语，并就其起源来加以考察

§1　我刚才所讲到的那两个孩子，只要他们还在彼此独立地生活，他们的心灵活动的运用就只能局限于知觉和意识的运用，因为意识乃是人们在觉醒的时候一刻也不会中止的活动；就只能局限于注意的运用，因为注意乃是每当若干知觉以一种比较特别的方式触动他们的时候就会产生的；就只能局限于回忆的运用，因为回忆乃是每当某些曾触动过他们的环境重新对他们呈现出来的时候就会产生的，直到这些环境所形成的联结被破坏为止；还局限于

的一些观念表达出来。这就促使了各种不同语言的产生，因为大家都同意，语言并非天生就有的。”

“言语的这种起源是再自然不过的了，以致教会的一位神父（尼斯*的格雷戈里）和奥拉都怀尔教堂的司铎理查·西蒙都曾先后致力于确定言语起源的研究工作。可是，他们本来是能够更好地掌握论据的，因为，从圣书上看，言语早就有了一种与此不同的起源，这是再明显不过的事了。圣书告诉我们，上帝以宗教启示了初民，这就不容怀疑上帝会不同时教会他们说话。”（事实上，宗教知识本身就需要有很多的观念以及心灵活动的大量运用，而这又是在信号的帮助下才能做到的，我在本书的第一卷已对此作了论证）……沃伯顿先生往下又说道：“虽然上帝曾以言语启导了人类，然而，若既假定这种言语会自行扩展到人类当时的实际需要之外，又假定人类本身却并不具备使这种言语渐趋完美和日臻丰富的能力，这就不是合情合理的了。因此，这原始的言语必定是贫乏而狭隘的”。以上这番话在我看来是极其正确的。如果我假设这两个孩子由于需要而不得不设想出言语的最初一些信号来，这是因为我认为，对一位哲学家来说，把一件事情说成是通过一些异乎寻常的途径而造成的，那是不行的。哲学家的责任，乃是在于说明事物是怎样通过合于自然规律的途径而造成的。

*　尼斯，小亚细亚的古城。

一种范围极为狭窄的想象的运用。比如，某种需要的知觉自会和某个可用来满足他们需要的客体的知觉联结起来的。但是，这各种各样的联结，由于形成于偶然之中，加上并未通过反省来加以维持，故不可能保存很久。某一天，饥饿的感觉会使这两个孩子回想起他们在前一天曾经见到过的一棵果实累累的树，而到了第二天，这棵树就会给忘掉了，而同样的那个感觉又会使他们回想起另一件客体来。因此，想象的运用还丝毫不处于他们的能力范围之内，它只不过是他们所处的环境所产生的结果而已[①]。113

§2　到了他们在一起生活的时候，他们就有机会更多地运用这些最初的心灵活动，因为他们彼此的交往，使他们将一些知觉附加到每次激情迸发时所发出的叫喊上，而这些叫喊乃是那些知觉的自然信号。他们通常是以一些动作、一些姿势或者一些行动来伴以这些信号的，而上述种种表达方式是更为显明易觉的。比如，一个孩子因为失去了一件由于他的需要而使他觉得必不可少的东西而感到痛苦。他并不光是发出一些叫喊声，他还使劲想得到这件东西，他摇晃脑袋、挥舞胳膊、扭动身体的各个部分。另一个孩子，为这幅情景所触动，目不转睛地注视着这件东西，并且，他一面感受到在他的心灵里产生着种种感觉，而这些感觉究竟是怎么会产生的，他却还不能说出其所以然来，一面又为看到这个孩子所遭受的不幸而感到痛苦。从这个时候起，他便对他感到关切，要去减轻他的痛苦，于是，他便顺从着这种印象，尽他力所能及地去做。

① 我在这里所提出的这两个孩子的心灵活动，根据这部《人类知识起源论》第一卷中所已证明了的内容，是不可能再有所怀疑的了。请参阅第二篇和第四篇。

因此，仅仅是出于本能，才使这两个人互相求援，并互相帮助的。我说仅仅是出于本能，因为反省还不可能在这儿发挥作用。这一个并没有说：为了让他知道这件我所需要的东西，而且使他来帮助我，我必须以这样的方式来行动；而另一个也没有说：我从他的动作中看出，他所要的是这件东西，我就把它拿给他享用。可是，这两个孩子还是由于需要而进一步促使他们去行动的。

§3　然而，同样情况的一再重复，不可能不使他们最后习惯于将这些知觉联系到激情迸发时发出的呼喊声和身体的种种不同的动作上去，因为这些知觉在那些情况里是以一种极为显明易觉的方式来表达的。他们对这些信号愈是熟悉，他们就愈是能随心所欲地回想起它们。他们的记忆已经开始具有某些运用了，他们能够自己来支配他们的想象了，于是他们就不知不觉地达到了可以用反省来作出他们原来只能凭本能来做出的事情[①]。首先，这两个孩子各自都养成了一种习惯，即根据这些信号，就知道另一个孩子在那时所感受到的感觉；随后，他们都使用那些信号来交流他
114 们已经感受到的感觉。比如，一个孩子看到一个曾使他受到过惊吓的地方，他就模仿那些原是受惊吓的信号的呼喊声和动作，以此警告另一个孩子不要去冒他已遭受过的危险。

§4　这些信号的使用逐渐扩展了心灵活动的运用，而且反过来，心灵活动的运用更频繁了，又使信号日趋完善，并且使信号的使用更臻熟练。我们的经验证明了这两件东西是相辅相成的。在代数符号发现之前，心灵活动已经有了充分的运用，从而导致了符

① 这就回答了我在本书第一卷第二篇第五章中所提出的那个难题。

号的发明。可是,只是在有了这些符号的使用之后,心灵活动才能够具有足够的运用,而使数学达到我们今天所看到的那种完善的程度。

§5 通过上面的论述,可以看出,激情迸发时所发出的呼喊声在自然而然地引起动作言语(la langage d'action)的过程中是怎样促进了心灵活动的发展的。动作言语,在其刚开始产生的阶段,为了与这一对孩子的不很发达的智力相适应,似乎只能以猛烈地扭脖子歪脑袋以及摇晃身躯来构成。

§6 然而,这两个孩子既已养成了把某些观念联结到人为信号上去的习惯,自然的叫喊便为他们提供了样板,可以此创造出一种新的言语。他们发出了新的声音,同时,不断重复着那些声音,伴以某种指明他们想要使人注意的东西的姿势,他们就这样养成了习惯,即把名称加给事物。不过,这种言语最初的进步却是非常缓慢的。说话的器官运用起来是那样不灵活自如,只能比较容易地发出少许极其简单的声音,而发出其他的声音又是那样地费劲,使人简直不敢揣想,除了已经撰想出来的为数很少的几个单词之外,嗓音是否能适宜于发音的变化。

§7 后来这对配偶有了一个孩子。这个孩子,迫于难以使人了解的需要,只能将他的身体的各部分乱摆乱动。他的伸缩如簧的舌头,以一种异乎寻常的方式卷曲起来,并且发出了一个崭新的单词。不断地需要继续产生着同样的结果,这孩子就像第一次那样鼓动他的舌头,并且又发出了同样的声音。父母在惊奇之下,终于猜到了孩子所想要的东西,于是在把他所需要的东西给他的时候,竭力试图重复那同一个单词。可想而知,父母在发音上颇感困难，使他们自己无法创造那个单词。

这种新的言语，按照这样的方法，是不会很快丰富起来的。由
115 于缺乏运用的机会，这孩子的发音器官不久便会丧失它全部的灵活性。他的父母教他用一些动作来把他的思想告诉人家，这种自我表达的方式，其形象鲜明易懂，比发出一些声音来更容易掌握得多。某个新单词的产生，只能有待于偶然的机缘；而且，循着如此迂缓的一条途径，要使单词的数量增加到相当可观的地步，无疑需要几代人的时间；而动作言语，既是如此自然，倒反成了一个必须逾越的巨大障碍了。难道人们会为了另一种优点尚无法预见，而困难却如此显然易感的言语，而把动作言语抛弃吗？

§8 随着发音的言语(la langage des sons articulés)渐趋丰富，它就更有利于使发音器官在幼年时代就得到锻炼，这就有利于使它保持其原先的灵活性。那时，它已显得和动作言语同样的方便，因为人们已经对这两种言语等同地加以使用了；最后，发音言语的使用变得如此方便，从而逐渐地占了优势。

§9 因此，有一个时期，会话是通过单词和动作混合使用的语句来进行的。“习惯做法和习俗[①]，正如在生活中的大部分其他事物所遇到的情况一样，使这个本来是应需而生的东西，随后变成了装饰品；但是，在必要性不复存在之后，其用法却依然如故地长期存留下来了，特别在东方各民族中间更是如此，他们的性格自然而然地与某种会话形式相适应，这种会话形式通过动作来充分表现出他们生气勃勃的性格，同时通过显明易懂的形象的不断反复

---

① 见《论象形文字》，§8 和 §9。

的重现，使得这种性格得到极其满意的发扬。

“圣书向我们提供了无数这类会话的例证。不妨略举数例如下：当伪先知挥舞他的铁角，以昭示叙利亚人全军覆没的时候[①]；当耶利米按上帝的吩咐把他那麻布腰带藏到幼发拉底河附近的一个石窟中去的时候[②]；当他在众目睽睽之下打碎一只陶罐的时候[③]；当他把链索和枷锁套在脖子上的时候[④]；以及当他把一本书扔进幼发拉底河的时候[⑤]；当以西结按上帝的命令将耶路撒冷的圣座刻画在砖墙上的时候[⑥]；当他把自己的头发和胡须放到天平 116
上去秤的时候[⑦]；当他把屋里的家具搬出来的时候[⑧]；以及当他为犹大和以色列将两条棍棒联结起来的时候[⑨]；先知们通过这些动作来向人民昭示天神的意志，并且是以信号来作谈话的。”

有一些人，因为不明白这种动作言语在犹太人中间曾是一种共同而习见的交谈方式，竟敢把先知们的这些行为看成是怪诞和热狂的表现。沃伯顿先生彻底地驳斥了这种指责[⑩]。他说：“所谓一种行为之怪诞，乃是该行为本身是荒唐不经又毫无意义。而习常用法和风俗习惯却使先知们的行为成为贤明而合乎情理。至于

① 见《列王纪上》第22章，11节。

② 见《耶利米书》第13章。

③ 同上，第19章。

④ 同上，第27章。

⑤ 同上，第51章。

⑥ 见《以西结书》，第4章。

⑦ 同上，第5章。

⑧ 同上，第12章。

⑨ 同上，第37章。

⑩ 见《论象形文字》，§9。

一种行为之热狂，所指的乃是那种专爱干出一些不合常情的事情，并且使用一种稀奇古怪的言语来取乐为其精神特征的人。但是，这样的一种热狂，根本不是属于先知们的，因为他们的动作明明是些寻常普通的动作，他们的语句又明明合乎当地的习惯说法。

“我们不仅在圣史中可以见到用动作来表达语句的例子，异教的上古史中也充满着这类记载……最早的神谕就是以这种方式记载下来的，正如我们从赫拉克利特的一句古话里所读到的：‘王者，按其在德尔斐*的神谕而论，既不说话，也不缄默，惟以信号来表达其旨意。’这就确凿证实了这乃是远古时代以动作代替话语来使人了解的一种常用方式①。”

§10 看来这种言语被特别地保存下来了，以教给人民一些他们较感兴趣的事物，例如治安和宗教。由于这种言语对想象的作用更为鲜明生动，其所造成的印象就更为经久不灭。它的表现能力甚至具有强大的生命力，这是那些当时仍然相当贫乏的语言所不能企及的。古人把这种言语称作舞蹈(la danse)这就是为什么圣书上说大卫在约柜前舞蹈**。

117 §11 人类在他们的趣尚日趋完美的同时，就给这种**舞蹈**以更多的动作变化，使之更为典雅，更富于表现力。不仅要使手臂的动作和身体的姿态服从一些规则，而且还要踏出双足应当形成的步法。从而使舞蹈自然而然地分成了两类艺术，这两类艺术分别

* 德尔斐城，希腊旧都名，以阿波罗(希腊的太阳、诗歌、音乐、健康的守护神)的神庙而出名。

① 见《论象形文字》，§10。

** 约柜事见《旧约·撒母耳记下》。

隶属于舞蹈这一总称。一类是姿势舞(la danse des gestes)(请允许我引用一句符合古代言语的说法),这类艺术得以保存下来,以有助于沟通人类的思想;另一类主要是脚步舞(la danse des pas),人们用它来表现他们心灵的某些境界,特别是欢乐的心情,因为人们是在纵情欢乐的场合下来跳脚步舞的,而它的主要目的就是寻欢作乐。

所以说脚步舞乃是出自姿势舞的,它因此而依然保留着姿势舞的特点。在意大利人那儿,因为他们具有一种更为活泼强烈和更加变化多端的姿势动作,脚步舞就变成了哑剧。而在我们法国人这儿,恰恰相反,脚步舞却更为庄重,更加简朴。如果这算得上是个优点的话,那么在我看来,其原因正是在于这种舞蹈的言语不够丰富和内容不够宽广。比方说,一位男舞蹈家,除了给他的动作以优雅的风韵,给他的舞姿以高尚的情致而外,就没有其他的目的了。那么,在和别人合作演出时,他能否得到像他独舞时那样的成功呢?难道没有理由担心,他的舞蹈,由于一味追求简单,在其表现力方面就会变得如此局限,以致不能为他提供作为一种造型舞蹈言语的足够的信号吗?要是事情果真如此,那么人们越是简化这种艺术,则它在表现力方面就越将受到限制。

§12　舞蹈具有各种不同的类型,从最简单的直到最复杂的。只要各个舞种都表现某种内容,那么它们就都是美妙的,而且,随着它所表现的内容更为变化多端,更为宽广,它们就变得更加完美。凡是刻画娴雅和高尚的舞蹈,大抵是美好的;凡形成一种会话
或对话的舞蹈,则在我看来更属上乘,那种只求动作刚劲有力、技 118
巧娴熟和体态轻盈灵活的舞蹈则是最欠完美的,因为它的内容尚

不够引人入胜。然而,也不应对它加以鄙视,因为它能引起阵阵令人舒畅的惊叹。法国人的缺点就是对舞蹈的艺术加以限制,一味使之简朴。这种做法有时就会使他们丢掉更美好的艺术,而仅仅保留下尚可称佳的东西;在后面,音乐还会给我们提供另一个这方面的例证。

第二章　论原始语言的音律

§13　口讲的言语在继承动作言语的时候依然保留着动作言语的特点,这种传达我们思想的新方式只能按照最初的那种言语的样板来构想。因为,为了取代身体的剧烈的动作,嗓音(la voix)须以极为明显的音程(l'intervalle)而或升或降。

这两种言语的相互衔接并非突如其来的,它们曾经过了长时间的混杂使用,而口讲的言语只是到了很晚才取得优势的。然而,各人都能以其亲身来体验到,嗓音的音调变化(l'inflexion)会按手势动作的幅度的增大而增大,这是很自然的。以下几条其他的理由也能证实我的推测。

其一,在人类刚开始发出声音的时候,由于发音器官的僵硬,使他们不能够把声音发出同我们一样具有细微变化的音调来。

其二,我们可以指出,音调的变化是如此必要,以致要是有人以单一不变的声调(le ton)对我们作朗诵的话,我们就会难以理解他们所朗读的内容。嗓音的轻微变化对我们来说之所以够用,那是因为我们已经获得了大量的观念,加上我们已经养成把这些观念与声音(le son)联结起来的习惯,这就大大地锻炼了我们的精神；而这恰恰就是人类在最初使用口讲的言语时所缺乏的条件。他们的精神还处于完全未开化的阶段；今天那些最普通的概念，对他们说来是很新鲜的东西。因此，他们只有尽可能按极其分明的音级(le degré)来发出他们的声音，才能彼此了解。我们自己也可以体验到这样的情况，要是有人用一种我们不太熟悉的语言对我们说话，则语言对我们来说越是陌生的话，说话的人就越是不得不着重发出每一个音节(la syllabe)并尽量把这些音节一一区分得清清楚楚才行。

其三，在语言起源的过程中，人类由于在创造新词时觉得遇到的障碍太多，因此，在漫长的岁月里，只有那些他们赋予制定信号特点的自然信号来表达心灵中的感觉。但是，自然的叫喊，必然会引进使用强烈的音调变化的习惯，因为各种不同的感觉是以按不
同的声调去变化同一个声音来作为其信号的。比如，啊这个声音， 119
按其发音方式的不同，可以表达赞叹、痛苦、快乐、悲哀、欣喜、恐惧、厌恶以及差不多心灵的全部感情。

最后，我还可以再补充一点，那些最早的动物的名称大多是模拟其叫声而来的，这一点同样适用于给予风的、江河以及发出某种声响(le bruit)的一切事物的名称。显然，这种模仿有一个前提，即声音的彼此接续是按极为显著的音程来形成的。

§14　人们可以不恰当地给这种发音方式以歌唱这一名称(le chant)，正如我们习惯上把具有很多重音(l'accent)的发音称为歌唱一样。然而，我将避免这样的做法，因为我在后面将有机会按歌唱这个词的本来的意义来使用它。对于一支歌曲来说，先是声音按极为分明的音级来前后接续还是不够的，还必须使声音维

持足够的长度，使人听出其和声，而且其音程又必须是能够品赏的才行。这种声音的特点，一般地说，不可能就是语言刚产生时嗓音变化的特点，但又不可能是与它们远远地不相适应的。不管前后接续的两个声音之间的音程有多么狭窄，要在它们之间找到和声(l'harmonie)所要求的音程，只需稍微提高或者降低那两个声音中的一个就行了。因此，在语言刚起源时，发音的方式所允许的嗓音的音调变化是如此的显著，只要稍微作些改变，就可以使一位音乐家将其标成音符，所以我要说这种发音是兼备歌唱的特点的。

§15　这种音律(la prosodie)对于原始的人类来说已是那样的自然，以致他们就有人觉得，用不同的声调来说出同一个单词，来表达不同的观念，似乎要比按照观念的数目去相应地增加单词的数目来得更加容易。这种言语在中国人那里还依然保存着。他们只有 328 个单音节字，这些单音节字有五种声调变化，这样就相当于计达 1640 个符号*。有人曾经指出，我们的语言并不见得更加丰富，而另一些民族，无疑生来就有更为丰富的想象力的，他们倒宁愿创造新词。音律在他们那里就自然逐渐地与歌唱相远离了，因而随之，原先使音律更接近于歌唱的那些因素也就逐渐消失了。但是，在音律变得像今天这样单调之前是经历了漫长的岁月的。这就是说，是既已形成的习惯做法决定了它的继续存在，而直
120 到使习惯做法得以产生的需要不复存在之后，它还依然长存不废。假如我说希腊人和罗马人的音律至今仍然带有歌唱的特点，人们

---

* 作者此处所述内容未经注明出处，恐系传闻失实。汉语中共有单音字约 400 至 500 个，每个单音字的发音又分平、上、去、入四声。

或许难以猜度我是根据什么来提出这样的推测的。然而，在我看来，其理由却既简单而又具有说服力的。我将在下一章将这些理由一一加以阐明。

第三章　论希腊语言和拉丁语言的音律，顺便兼论古人的演说

§16　希腊人和罗马人经常把他们的演说(la déclamation)标以音符，而且他们在演讲时也常用一件乐器来进行伴奏[①]，所以，这样的演说就成了一曲名副其实的歌唱。这种结论，在所有对和声原理有一定知识的人看来，定是显而易见的。他们不会不懂得：第一，一个声音，只有能为人们所品赏，方能用音符来加以标记；第二，在和声中，再也没有什么东西能比发声体的共鸣(la résonnance)更能令人品赏的了；最后，这种共鸣，除了能提供那些可以进入歌唱的声音而外，便既不提供其他的声音，也不提供其他的音程了。

更为常见的是，这种像歌唱一样的演说，在古人听来是毫无刺耳之感的。我们不知道，古人听到演说中有不自然的地方，要是这种不自然并非出现在特殊的情况下，就会大声喝起倒彩来，正如我们自己在看到喜剧演员的表演似乎过火了的时候也是这么做的那

① 我不准备在这一点上引经据典了，大家可以在《关于诗歌和绘画的批判性意见》一书的第三卷中找到这样的证据。我就是参阅了那部著作来证明我所要引证的大部分事实的。该书的作者杜波斯教士原是一位可以信赖的学者，其学识之渊博乃是举世所公认的。

样。他们相反认为,歌唱从本质上来说是属于诗歌的。西塞罗说过[①]:"最好的抒情诗人的诗体,若经不起吟唱,就只能算得上是散文而已。"这难道不足以证明,古人的那种在亲切的交谈中显得自然的发音,就带有如此强烈的歌唱的味道,以至于我们的演说只要抵得上它的一半,也是无法想象的了吗?

其实,在作演说的时候,我们唯一的目的就在于以一种比较明
121 显的,但又不过分偏离那种我们认为是很自然的方式来表达我们的思想。假定古人的发音同我们的发音是相似的话,那么他们也许会同我们一样,满足于一种简单的演说。可是,他们的那种演说一定与此很不相同,因为他们只能借助于和声来增强表达能力。

§17 况且,大家都知道,在希腊语和拉丁语中都有一些重音,这些重音不以一词之义或整句的意义为转移,这些重音决定着嗓音在某些音节上降低,而在另一些音节则升高。要了解那样的一些重音为什么同语句的表达方式从来也不发生抵触,是别无第二种方法的,那就必定要同意我的这种假设,即在古人的发音中,表达思想的那些音调的抑扬,原是变化无穷而又显明易辨,以致不可能与那些重音所要求的音调的抑扬相违背。

§18 此外,但凡设身处地为希腊人和罗马人着想的人,是丝毫不会因为他们的演说确是像歌唱而感到诧异的。我们之所以认为这种歌唱不够自然,原因并非在于演说中声音的前后接续符合和声所严格要求的比例,而是因为在我们通常看来,最细微的音调变化通常就足以表达我们的思想了。有些民族,由于习惯于通过

① 请参阅《演说家专论》。

分明的音程来发出他们的嗓音，可能会觉得我们的发音近乎单调而毫无生气。至于一支歌曲，只要其尽可能地变换那些音程，使其声音可以品赏，则在他们看来便会增强语句的表现力，而不会令他们觉得奇特的了。

§19　如果对希腊语和拉丁语的发音特点缺乏认识，则对古人所写的评论他们的戏剧的文章就往往觉得很难理解。下面就是一个例子。

“如果悲剧可以没有韵文而存在的话，它更可以没有音乐照样存在。”一位评论家在《论亚里士多德的诗学》一书中说[①]，“甚至应当承认，我们实在很不了解，音乐怎么一直会被看作几乎是悲剧的一个组成部分；因为，世界上如果有什么东西与一部悲剧格格不入，甚至背道而驰的话，那恰恰就是歌唱了。不要因为歌唱而对那 122
些发明谱以音乐的悲剧的作者们感到痛恶，如果你对戏剧没有什么兴趣的话，或者没有哪一位前无古人的最伟大的音乐家能使你陶醉和迷恋的话，那么新奇的诗篇也是古怪可笑的，令你不堪忍受的。因为歌剧，恕我放斗胆这么说的话，乃是诗歌的可笑的变种，有人竟妄想把它们当作正规的作品来充数，这种东西就更令人不能容忍。所以，亚里士多德倒应当向我们指出，音乐怎么会被认为是悲剧所必不可少的。可是他偏偏没有指出这一点，仅仅只简单地说音乐的全部力量是众所周知的。这只不过是指出，大家对这种必要性都已深信不疑，并且对于歌唱在诗篇中所产生的奇妙效果都早有感觉罢了，尽管歌唱在诗篇中只不过是一些插曲而已。

① 请参阅达西埃所著《论亚里士多德的诗学》一书的第 82 页。

我时常试图了解，到底是出于什么理由，才使那些如此精明、如此细心的雅典人非得要把音乐和舞蹈同悲剧的剧情联系在一起的；并且，为了揭示他们怎么会觉得歌唱就像歌舞合唱队那样的自然、那样的真实(因为这个合唱队代表某幕剧情的观众，所以按照一些如此异乎寻常的情节而跳舞、唱歌)，我经过多次深入的研究，最后终于发现，他们在那方面原是追随着他们的天性来行事的，并且竭力满足他们的迷信心理。希腊人原是世界上最迷信的人，也是最喜爱舞蹈和音乐的人，而教育又加强了他们这种天然的爱好。”

“我很怀疑，这番推理是否能原宥雅典人的趣尚，”杜波斯教士说，“其原因在于它假定了，他所提到的古代作家们的著作中的那种被认为是悲剧演出中必不可少的种种赏心悦目之事的音乐和舞蹈，都是同我们的舞蹈和音乐相类似的东西。可是，正如我们已经看到的，这种音乐只是一篇简单的说白，而这种舞蹈，正如我们将要看到的那样，也只是一种经过精心研究的并严格遵守的姿势。”

以上两段解说在我看来全都是错误的。达西埃以法国人的发音方式来想象希腊人的发音方式，又凭我们歌剧的音乐来想象他们悲剧的音乐。因此，他对雅典人的趣尚就自然不免惊奇了。但是，他却错怪了亚里士多德。这位哲学家不可能预见在语言和音乐方面会发生什么样的变化，所以他指望后代的人都能像他的同
123 时代的人那样地理解他的话。如果说他在我们看来是晦涩难解的话，那责任就在我们已经习惯于通过我们的著作去判断古人的著作了。

杜波斯教士的谬误出自同样的根源。因为他不了解，古人承袭了最自然的惯例，在他们的舞台上采用了一种类似我们歌剧里

那样的音乐，就武断地说它丝毫不能算是音乐，而只能算是谱以音符的简单的说白而已。

§20　首先，在我看来，他是从这个角度来曲解古人著作里的很多章节的。这一点从他在阐述有关歌舞合唱队的章节里所面临的困惑尤其可以看得很清楚。其次，如果这位渊博的教士能知道一些和声发生的原理，他本应当看出，一篇谱以音符的简单的说白是一种无法示范表演的东西。要击破他在这一点上替自己建立的学说，人们只消引证一下他试图建立学说所用的方法就行了。

"我曾经问过几位音乐家，"他说，"发明一些记号，用来把我们在舞台上所使用的说白记写成音符，这件事是否很难办到……那些音乐家回答说，这件事是办得到的，而且甚至使用我们音乐的音阶(la gamme)就可以把说白记写成音符，只要给这些音符以通常音调(l'intonation)的一半就成。比如说，在音乐中具有半音音调的那些音符，在说白中只要具有四分之一度音的音调就够了。这样，就能用音符记下嗓音最轻微的升高，只要这种最细微的升高至少能让耳朵感觉得到就行了。

我们的韵文台词并不像希腊人和罗马人的具有节拍的格律诗那样带有自己的节拍(le mesure)可是有人却对我说，节拍在说白中也可以作为音符的时值(la valeur)来使用，正如作为它们的音调一样来使用。我们只需在说白中赋予白色音符*以黑色音符的时值，赋予黑色音符以单尾音符的时值，按照这种比例，就可以来

---

* 白色音符，即二分音符，等于半个圆音符(即全音符)，或两个黑色音符(即四分音符)；黑色音符等于两个单尾音符(即八分音符)；单尾音符等于四分之一个白色音符。时值，即发音的长度，多用以上各种音符来记写的。

评定其他音符的时值了。

我很清楚地知道,起先,我们不会找到能流利地读出这种乐谱,正确地哼出这些音符的人。可是,可以教一些十五岁的孩子来读这些音调,只消半年光景他们就能完全掌握这种技巧。他们的发音器官能适应这种音调,能适应这种并非为歌唱而制作的音符
124 的发音,就像能适应我们普通的乐谱的音调一样。练习及通过练习所养成的习惯,对于嗓音来说,就像提琴演奏者的弓和手对于提琴一样。难道能够认为这种音调就那么困难了吗?问题就在于使嗓音养成如同在日常会话中的发音那样的按规律发音的习惯。人们在谈话中有时说得快些,有时又说得慢些;在他们的谈话中可以使用各种声调,而且也可以在谈话中通过各种可能的音程来逐渐变化声调,作出种种的音阶递进,使嗓音时或提高,时或降低。那种用音符记写的说白并非什么别的东西,只不过是些写成音符的发音的声调和节奏而已(le mouvement)。在读出这样一篇音符时所遇到的困难,肯定比不上一下子读出一些从未读过的唱词,同时唱出并用大钢丝琴*来伴奏出把这些唱词谱成的一篇未经学习过的乐谱所遇到的困难那么大。然而,通过练习,即使是一些妇女也能学会同时进行这种读词、唱曲和伴奏的三重表演。

“至于把说白记写成音符的方法,或者是用我们已经指出过的那种方法,或者是用一种什么别的方法,若将其归纳为某些一定的规则,并用某种方法将归纳出的规则付诸实践,则所遇到的困难,

---

* 大钢丝琴(clavecin),也有译成“古钢琴”的,指的是三百年前巴赫·拉莫时代的钢琴。但本文译“古钢琴”就不妥当,因为作者同拉莫差不多是同时代的人,那种琴在他们的口中当然是不会称为“古”的。

并不见得会同找到这么一种把八人合舞的一场芭蕾舞剧的步法和身体姿势记写成舞谱的困难一样大，这种舞谱至少要保证步法既尽可能变化多端，身体的姿势又能同今天的舞蹈的姿势同样地错综复杂。然而，富叶却已成功地创造了这种艺术，而他的舞谱能把每个舞蹈演员的手臂怎样伸屈都标明得一清二楚。”

§21　这个例子很显然地说明，在人们尚未认识一门艺术的原理时，就想谈论这门艺术，不免会陷入错误，不免会作出一番空洞的论证。人们可以理所当然地对这段文章从头至尾进行一番评论。我之所以把这整段文章作了一下摘引，目的是想通过一位作家，哪怕是像杜波斯教士这样一位令人尊敬的作家的错误来使我们懂得，每逢我们想根据不够精确的观念来谈论问题的时候，就免不了要冒犯主观臆测的错误的危险。

无论是谁，只要他对声音的发生和使音调变得自然的人为技巧有所认识，就绝不会这么假设，说可以用四分之一度音来分割一个声调，而使其音阶立即会变得同音乐中所使用的音阶那样地为人们所熟悉。那些被杜波斯教士奉为权威的音乐家们，可能是一些优秀的演奏家，可是看来他们对这门艺术的理论一无所知，而拉 125
莫先生倒是率先提出这门艺术的真正原理的人。

§22　在和声的发生过程中，已证明了如下的情况：第一，一个声音只有在延长到能够让人听清其和声的情况下，才能对它进行品赏；第二，如果嗓音不是从根音（la basse fondamentale）来起音的话，那它就不可能顺次发出若干彼此间形成确定音程的声音来的；第三，绝对没有一个根音，能经由四分之一度音来得出一系列声音的。然而我们在演说时，大部分的声音，其长度都是极为短暂的，而且，这些声音在演说中都是通过四分之一度音，或者甚至是通过更小的音程来彼此接续的。因此把演说标上音符的想法是行不通的。

§23 的确，从根音开始以三度音程顺次发出的声音所产生的小半音比起大半音来是降低了四分之一度音。但是，这种情况只有在调式转换的过程中才会发生*。因此，由若干四分之一度音是永远也不能产生出一个音阶来的。此外，这个小半音是不自然的，耳朵对于品赏这种小半音是那样感到无能为力，以致在大钢丝琴上，我们根本分不出这种小半音与大半音有什么区别，因为它们彼此都是按同一触键弹出来的①。古人无疑是认识这两种半音之间的区别的，正是因为这一点，杜波斯教士和其他一些人才信以为，古人是把它们的音阶分割为若干四分之一度音的。

§24 我们无论从舞蹈记谱术中，或者是将一场芭蕾舞的步法和身体姿势记写成舞谱的艺术中，都不能作出任何的类推。富叶只不过是提出了一些可以使人进行想象的符号而已，因为在舞蹈中，一切步法和动作，至少是能够记写成谱的那些，都是可以品赏的。而在我们的演说中，大部分的声音都是不可能加以品赏的，它们就像是在跳芭蕾时的某些脸部表情，这些脸部表情是舞蹈记谱术所无法记写的。

---

* 在巴赫发明十二平均律之前，根据弦长与音高的物理关系，各半音间的音程确是不相等的，有大半音和小半音的区别，小半音的音程约比大半音窄四分之一度音。由于这个原因，在调式转换时就会产生一种不稳定的感觉。在巴赫发明十二平均律，把一个八度音之间的音程平均等分为十二个半音之后，这种现象就不存在了。

① 请参阅《和声的发生》，第十四章，第一节：嗓音是由何种技巧转调为小半音的。

我请读者参阅下面附注中杜波斯教士对为支持他的论点而从古人那里摘引的若干章节所作的说明①。

① 他引证了一些古人把他们平常的发音说成是简单的，而且具有一种连贯的声音的内容。可是应当注意的是，当时他们所读的发音，只是限于与他们的音乐相比较而言的。所以，那种发音就并非真正是简单的了。实际上，当古人就发音的本身来进行考察的时候，他们就在其中指出过音律上的重音，而我们的发音却根本没有这种重音。一个全然不知道还有比他的发音更为简单的发音的加斯高涅人*，当他把发音与音乐中的歌唱相比的时候，他在自己的发音中只会看出一种连贯的声音来。古人也是处于同样情况的。

西塞罗曾对克拉苏斯说过，当他听见刘丽亚的声音时，就以为听到的是朗读蒲劳德和诺维于斯的剧本，因为她的发音纯正，不带外国口音。但是，杜波斯教士却说，刘丽亚却一直不在她本国歌唱的。这倒是确有其事的。但是在普鲁图斯和诺维于斯的时代，拉丁语的发音已经带有歌唱的特点了，因为这些诗人的剧本中的说白早已被标上音符了。看来，刘丽亚的发音之所以纯正，只是因为她并未使用当时风行的那些新的重音而已。

昆体良曾说过，凡演喜剧的艺人，发起音来绝不会脱离其自然状态，至少不会到达忽视自然的程度的；可是，通过艺术上所容许的装饰音(l'agrément)他们便恢复到他们寻常的发音方式上去了。那样一来，是否能认为那就是歌唱了呢？杜波斯教士说。不错，只需假定昆体良称之为自然的发音确是带有这样多的重音，以致相当接近于歌唱，而不用作什么明显的改动就可以标注音符，这就行了。这情况在这位雄辩家写作的时代尤其是真实的，因为拉丁文的重音本来是极其繁多的。

这里有一件事实，乍看起来，这件事实似乎更有利于杜波斯教士的观点。那就是，在雅典，法律条文是写成演说来宣讲的，并用一件乐器来给宣读法律的人作伴奏。然而，难道雅典人仿佛真的是把他们的法律条文拿来歌唱的吗？我的回答是，倘若他们的发音同我们的发音原是一样的话，他们就从来也不会想到要养成这样的一种习惯，因为连最简单的歌唱和发音之间也有很大的差距。可是，我们应当设身处地来考虑问题。他们的语言的重音比罗马人语言的重音还要多得多，因此，一篇稍微带有些歌唱性的演说就可以使人听出嗓音音调的抑扬变化，而看起来也不会显得与正常的发音相距过远。

因此，很显然，杜波斯教士归结说，古人在舞台上所咏唱的戏剧中的歌曲，一是不分段落，二是不带节奏性的嗓音，三是没有拖腔的颤音，四是全无我们音乐性的歌唱中的其他特点的。

若不是我自己弄错了，那就是这位作家对构成歌唱的东西并无十分清楚的观念。他似乎只是根据我们歌剧里的歌唱来作论断的。他引证说，昆体良曾埋怨过，有些演说家出席答辩时就像是在剧场里朗诵台词一样。他接着又说，真有人以为，那些演说家们是在歌唱，简直就像是在我们的歌剧里歌唱一样！我回答说，这种构成歌唱的声调的前后接续也许比我们歌剧里的声调更加简单得多，而且，它也毫无必要使声调的接续具有同样的过门，吐出同样具有节奏性的嗓音，发出同样的拖腔的颤音。

再说，在古人的记载中，也可以找到很多章节来证明他们的发音并非一个连续的声音。西塞罗在他的《演说家专论》一书中说："这就是嗓音的美妙的功用：它以高音(l'aigu)、低音(le grave)和中音(le moyen)三种声调构成了歌唱的一切变化，一切柔和以及和谐；因为，人们应当知道，语音包含着一种歌唱，它并非音乐性的歌唱，或是像弗里吉亚人和加利人**的演说家们的演说词的结束语中所用的那种歌唱，而是一种不很明显的歌唱，如同狄莫斯泰纳和埃显纳相互指责对方的嗓音的音调变化时尽力想讲到的那种歌唱，也就是狄莫斯泰纳为了尽情讽刺挖苦而直言他的对手在谈吐中声调柔和、清楚而又有节制的时候尽力想讲到的那种歌唱。"(录自教士高兰先生的译文)

昆体良指出，既然争论说明，狄莫斯泰纳和埃显纳两人谁都是使用了嗓音的音调变化的，那么他们的这种非难便不应当去归咎那些音调的变化。

杜波斯教士说(第三卷，第 260 页)："可以这么说，那些大演员们，每天早上在他们按规矩逐步放开嗓子，再逐渐使之引吭而出，并按照音级由低而高发出嗓音之前，是连一个单词也不愿说出口的，其目的是避免骤然地、猛力地放开喉咙，以免损伤发音器官。他们在这种训练中甚至留意自己的睡卧姿势。每次卸场下来，他们就坐定，并保持着这种姿势，可以这么说，按他们在说白中所上升到的最高的那个声调开始运用气息，随后挨次地按所有其他的音高逐一地运用气息，最后逐渐地递降到可能降到的最低的那个音高上来舒展歌喉"。如果说白不是一曲各种音高都出现的歌唱，难道喜剧演员用得到小心谨慎地天天按嗓音所能发出的一切音高的顺序去练嗓子吗？

最后，诚如杜波斯教士所继续往下说的(同一卷第 262 页)那样，"古代的记载都是满篇事实的，这些事实证明，他们对一切有益于强化或美化嗓音的东西极为注意，直到了迷信的地步。在《昆体良全集》第十一卷、第三章中可以看出，古人联系到各类雄辩，就人类嗓音的天然性质和训练中一切有益于嗓音补养的实践，都曾作过深刻的思考。教授如何增强和保养嗓音的技巧甚至成了一门特殊的行业了。"这样一种演说，既是这般处之以谨慎，这般加以悉心思考的结果，难道会同我们今天的演说一样简单的吗？

* 加斯高涅，法国西南部一古省名，在靠近西班牙的地方。

** 弗里吉亚，小亚细亚中部古国名。加利，小亚细亚古国名。

§25　使嗓音按极为分明的音程来发生变化的同样一些原因， 126
也必然使嗓子在发出各个声音的时间长短方面发生差别。因此，对音律带有歌唱特点的那些人来说，要使每个音节都保持同等的长度，就会感到很不自然，因为这种发音方式毕竟未曾充分地模仿动作言语的特点。所以在语言产生的过程中，声音彼此的前后接续，有的极为迅速，有的就非常缓慢。这就是被语法学家们称之为音量(la quantité)或者长音和短音的显著差别的起源。音量是和按分明
的音程而发出的语音一直共存于一起，并且差不多按同样的比例来 127
进行变化的。罗马人的音律更接近于歌唱；他们的单词也因此由长度极不相等的音节来构成的。而在我们的语言中，音量充其量只能按我们嗓音音调的微弱变化所要求的那样地保存着。

§26　因为通过明显的音程所发生的音调变化，曾经导致了歌唱式的演说的做法，而音节长短的明显不等，就在演说中加入了音长和节拍的差别。所以，在古人的演说中有两样东西可以说明其带有歌唱的特点，我所指的就是转调(la modulation)和节奏。

节奏乃是音乐的灵魂，因此，我们可以看出，古人也认为节奏 128
对于他们的说白是必不可少的。在他们的舞台上就有一个人以足击地来打出节奏的，而喜剧演员也同样受节拍的约束，就像今天的音乐家和舞蹈家所受的约束一样。显然，这样的说白和我们的发音方式相去甚远，以致在我们看来也就很不自然。我们并不要求一位演员遵循一定的节奏，而且劝阻他不要把我们韵文的节拍弄得很明显，或者，甚至希望他充分打破节奏，就好像是在用散文来表达一样。因此，这一切都证实，古人甚至在随便的谈话中的发音都是那么接近于歌唱，以致他们的说白简直就是一种道地的歌唱。

§27 在我们的戏剧演出中，大家每天都能发现，演唱者是很难让人听清他的唱词的。无疑有人会问我，古人的说白是否也难免同样的弊病呢？我回答说：否，相反，我在他们音律的特点中还找到了原因。

由于我们的语言音量不足，对于音乐家来说，只要他在该短的音节上发出短音，在该长的音节上发出长音，我们就感到满意了。一经遵照了这种关系，他就可以随心所欲地缩短一些音节，或者延长一些音节。比如说，可以把同一音节当作一拍、二拍或者三拍。音律上的重音的不足，还给他以更多的自由，因为他可以随意在同一个音上降低或者升高嗓音，全凭其喜好为准。这样一来，自然会在谱成曲谱的唱词上引起混乱。

在罗马，给戏剧中的说白谱曲的音乐家必须完全服从音律。他不能任意延长一个短音节使其音长超过一拍，也不许延长一个长音节使之超过二拍，否则，他就要遭到观众们的倒彩。音律上的重音经常规定他是否应该用一个比较高亢的声音，还是比较低沉的声音来读出。他不让音乐家来作选择。反正他的职责就是使歌唱的节奏与韵文的节拍相一致，也要与韵文所表达的思想相符合。就这样，要求说白与那种具有比我们的音律更为固定的规则的音律相一致。尽管说白是唱出来的，也就能有助于使人清晰地听懂唱词了。

129 §28 我们本不应当依据我们的宣叙调(le récitatif)* 来想象古人的说白，说白的歌唱并不那么富有音乐性。至于我们的宣叙

* 宣叙调，歌剧中附有伴奏的朗诵说白式的歌唱。

调，我们之所以赋予它们的强烈的音乐性，原因就在于，不管它们如何简单，但在我们看来，它们从来就不是自然的。既要把歌唱引进我们的戏剧，又看到它不能充分接近我们通常的发音，我们就采用了这样的办法，即通过它的装饰音，作为对我们的补偿，给它加上其本身并不自然的，但却合乎我们视为自然的、习惯的东西。意大利人有一种宣叙调，比我们的还缺乏音乐性。他们习惯于在发音中饰以许多重音，而这些重音恰恰就是我们的发音所竭力避免的，因此，一支音乐性谱得并不太强的曲子，在他们看来就是相当自然的了。这就是为什么他们偏偏喜欢把那支曲子用在想要朗诵的那些作品中。我们的宣叙调要是变得进一步单调的话，对我们来说就会失败，因为它的装饰音越少，在我们看来就越不自然。而意大利人的宣叙调呢，要是不使之变得单调的话，对他们来说就不算成功，因为它从自然方面有所损失的东西，或者不如说在他们看来有所损失的东西，并不能从装饰音方面得到补偿。可以得出结论说，意大利人和法国人恐怕各自都局限于自己的方式，他们就在这个问题上互相批评指责，因此双方都是片面的。

§29　从古人的音律中，我们还找到了另一件事实的理由，我想，任何人都未曾对这件事实作出过解释。问题就是弄明白，为什么罗马的演说家们在公共场所到处演说都能让全体听众听得一清二楚。

我们嗓子的声音能够轻易地传向一个面积相当宽广的广场的四方；困难在于防止声音变得含糊不清。但是，根据一种语言的音律方面的特点，相应地将每个单词的各个音节以一种较为明显的方式相互区分开来，这个困难就会变得小一些。在拉丁语中，通过声音的音质，通过不以意义为转移而又要求嗓音或升或降的重音，并通过音量，音节就能区分清楚。但我们的语言缺少重音，几乎没有音量，加上我们语言中许多音节都是哑音*，所以，一个罗马人能在一个广场上作演讲，让人听来清楚明白，而一个法国人在那里讲起话来却很难使人听清，也许干脆什么也不能叫人听见。

第四章 论古人在姿势艺术方面所取得的进步

§30 古人，主要是罗马人在姿势的艺术(l'art de geste)方
130 面所取得的进步，在今天已是众所周知的了。杜波斯教士曾搜集了古代作家们为我们保存下来的有关这些题材的最珍奇的资料。可是，至今还没有人能阐明这些进步的原因。古人的戏剧为什么显得妙不可言，使人不能理解，就是这个缘故；而且，由于这一点，要我们保证对一切与我们的习惯做法相违的东西不随意加以荒谬可笑的名目，有时就会有很大的困难。杜波斯教士曾欲为此而作辩解，他指出，希腊人和罗马人为了他们的戏剧的演出而耗费了大量的钱财；他还指出了他们在诗歌、演说术、绘画、雕刻以及建筑中所取得的种种进步。他由此得出结论说，对于那些未曾遗留下任何痕迹的艺术来说，偏见对他们应当是很有利的；而且，要是我们愿意相信这些，那么我们对他们戏剧的演出也可以给予如同我们对他们的建筑物和他们的著作一样的赞扬。我想，为了品赏这种

* 在法语中，一些音节里的元音常不发音，称为“哑音”(muette)。

种戏剧的演出，必须让我们受到与我们的习惯做法相去甚远的习俗的训练，正是由于这些习俗，古人的戏剧才值得喝彩，而且甚至能够超过我们的戏剧，这就是我试图在本章和下章阐述的内容。

§31　正如我已说过的那样，要是嗓音在音调上的变化随着姿势变化的增加而增加是很自然的话，那么，对那些说一种其发音与歌唱十分相近的语言的人来说，具有更加变化多端的姿势也是同样自然的了。嗓音的音调变化同姿势的变化这两件事应当是一起发生的。其实，如果我们对希腊人和罗马人的音律中的动作言语特点的某些残存的痕迹留意观察的话，我们应当更有充分的理由，在他们的谈话时所伴有的动作中看出这些特点。从这儿，我们便可以看出，他们的姿势可能是相当明显的，足以让人进行品赏。131
这样，我们对于理解他们把姿势整理出一些规则来，并已发现将这些姿势记写成谱的秘诀，就不会再有什么困难了。目今，说白的这一部分已经变得像其他部分一样的简单了。我们对一名戏剧演员，只有在他能轻微地变化他的姿势便具有表达心灵的一切情况的技巧时才会对他刮目相看；即使他和我们寻常讲话时指手画脚的姿势动作相去不远，我们也会觉得他牵强做作。因此，我们就不可能再有一定的标准对说白中的一切姿态和一切动作制定规则，人们在这一方面所能遵循的，也只限于一些特殊的情况了。

§32　姿势既已变成了艺术，并已被记写成谱，这就使姿势易于服从说白的节奏和节拍，这就是希腊人和罗马人曾经做过的事。罗马人甚至还走得更远，他们把歌唱和姿势让两名演员分开来表演。尽管那种做法可能显得异乎寻常，但我们可以看到，通过一种合于节拍的动作的方法，一名喜剧演员怎样能恰到好处地变化他的种种姿态,并使这些姿态和那个念说白的人的咏唱相协调的;并且,我们还可以看到,人们为什么会对一个做得不合节拍的姿势觉得看不顺眼,就像我们对舞蹈演员的步法,当他的步点不落在节拍眼上的时候同样会觉得看不顺眼一样。

§33 这种方式导致了由两名演员来分担歌唱和姿势表演的做法,它证明罗马人是多么喜爱一种手舞足蹈的姿势动作,这种姿势动作在我们看来简直是过分的。人们引证说,诗人李维于斯·安达洛尼鸠斯在表演他的一出戏剧的时候,每当演到观众喝彩欣赏的地方,总要反复演唱几遍,直到声嘶力竭为止,他让人觉得,若让一名奴隶去咏唱韵文,而他本人则专门表演姿势,那是再好也没有的了。这样他就有可能使他的动作尽可能鲜明生动,使他的精力丝毫不致分散;他的演出曾博得热烈的掌声,而这种双簧的做法在独角戏中曾取得了异乎寻常的效果。只在有对白的场次里,同一名喜剧演员才必须兼承姿势和咏唱的双重表演。这些要求一个人全力以赴地表演的动作,在我们的戏院里是否也能博得掌声呢?

§34 将说白分离开来的做法,不期而然地会导致哑剧(la pantomime)艺术的出现,因为这只需要再迈出一步就可以了:只要这名担任姿势表演的演员在演出中能做出尽可能多的表情,使得那名担任歌唱角色的演员显得毫无用武之地就行了。这是古人已经做到了的。曾经谈及哑剧的最远古的作家们让我们了解到,那些最早出现的哑剧演员早就对独角戏的表演作过尝试,这些独
132 角戏,如我刚才所说过的,是将说白分开来表演的那些场次。人们见到,这种喜剧演员产生于奥古斯都朝代*,不久以后,他们就达

---

* 指罗马帝国的第一任皇帝奥古斯都执政的时代:公元前27年至公元14年。

到了能够表演整出戏剧的阶段了。他们的艺术，对我们说话中的姿势动作来说，就像是他们戏剧里所咏唱的歌曲对于我们戏剧里的说白一样。正是因为这样，由于长期的流行传播，就像一种新的发明创造一样，人们便终于构想出一种最早用于人类说话的言语，或者至少是一种与其差别不大的言语，因为这种言语更适宜于表达数量更多的思想。

§35　哑剧的艺术永远不会在像我们这样的民族中产生。我们用来陪衬我们谈话的动作太不明显，与喜剧演员的那些生动活泼、变化多端和特征鲜明的动作相比，实在相去太远。在罗马人那里，这种动作曾经是言语的一个组成部分，尤其是曾经作为他们戏剧中所通用的那种言语的一个组成部分。人们曾将姿势汇编为三类：一类是用于悲剧（la tragédie）的，一类是用于喜剧（la comédie）的，第三类则是用于戏剧的，即人们称之为讽刺剧（la satire）的。罗马人见到的两位最早的哑剧演员比拉德和白帝叶就是从那里吸取适合于他们的艺术的姿势的。如果说他们发明了一些新的姿势的话，那很可能是从类似于那些人人都已熟知的姿势中得出的。

§36　自然而然是通过喜剧演员在他们的艺术中所取得的进步而导致的哑剧的诞生；他们取自己为悲剧、喜剧和讽刺剧所作的汇编之中的那些姿势；以及在一种性格特征极为鲜明的姿势动作和按极其明显的方式来作变化的嗓音音调之间的密切联系；以上就是我在论及古人的说白时所已叙述过的内容的新的明证。此外，倘若人们指出哑剧不能有助于面部动作的话，那是因为他们是像其他喜剧演员一样在表演时带上了面具的，由此可见，他们的姿势应当有多么生动活泼！而且，由于这个缘故，他们借以取得这些姿势的戏剧说白又应当是多么地带有歌唱的味道!

§37 在演说家西塞罗和喜剧演员罗西于斯之间的对抗有时使我们知道,甚至在哑剧产生之前,姿势的表现力就已经达到了怎样的程度。这位演说家刚说出他即席编写好的一个复合长句,那位喜剧演员就马上用一种无声的表演把这段和谐复合长句的意义表达出来了。西塞罗随后用一种意义丝毫不会刺激神经的方式修改了这段演说词所用的词语或句型,而罗西于斯也马上同样用新的姿势将它的意义表达出来了。然而我要问,这样的姿势是否有
133 可能同像我们一样简单的一种说白结合起来呢?

§38 哑剧的艺术,从它一诞生起,就使罗马人民着了迷,它到处风行,一直流传到离首都最遥远的省份,它的风行时间和罗马帝国一样的长久。在哑剧演出时,人们感动得痛哭流涕,就像在其他喜剧演员演出时一样,而哑剧甚至具有更多的令人喜闻乐见的优点,因为哑剧的想象力是用一种全部由动作所构成的言语来表达的,所以更为鲜明感人。总之,对这一剧种的狂热达到了登峰造极的地步,以致在提庇尔在位的最初几年里,元老院曾经不得不通过禁令,禁止议员们频频出入于哑剧学校,禁止罗马的骑士们在大街上对哑剧演员们前呼后拥。

杜波斯教士说得有理,他说[①]:"要使哑剧的艺术在北欧各民族中取得成功的话,可能会有更多的困难,因为北欧各民族的自然动作,既不是很有感染力的,也不是相当明显,足以使人们在这种动作理应自然地陪衬着谈话的时候,能不听见谈话,只看到动作,

① 请见《批判性的思考》,第三卷第十六篇第284页。

就很容易了解的……可是……各种形式的会话却是更加充满表情的，这些会话，如果允许我用这样的说法的话，在意大利比在我们国家更重于眉目传情、顾盼达意。一个罗马人，他要是大大地摆脱了他所矜持做作的庄严姿态，并让他的自然的生气活力充分焕发出来，那么他的姿势就会丰富多彩，也会富于表情，而这些表情几乎意味着整句整句话的含义。他的动作使很多的事情变得明白易懂，是我们的动作所望尘莫及的；而且，他们的姿势是如此的明显，只要人们一见到这些姿势，便能轻而易举地知道其中的含义。一个罗马人，当他要和他的朋友密谈一件重要的事情的时候，并不仅仅满足于远离众人，以防被人听见，而且还要小心翼翼，以防别人看见，唯恐他的姿势和面部动作会让别人猜出他所要说的内容，这不是没有道理的。

“人们将觉察到，当问题涉及能了解别人的姿势的意义时，这同一鲜明强烈的精神，这同一如火如荼的想象力，通过一种自然的动作而产生的生动活泼、变化多端、表情丰富而且特征鲜明的姿势，还会使别人更加容易地明了其内在含义。人们对他们所讲的一种言语能容易了解……若我们把上述看法同大家平常所作的思 134
考联系在一起的话，我们就会知道，有一些民族，他们的自然姿势比起其他一些民族的姿势来要更为明显易见，这就令人不难了解，为什么那些喜剧演员，能够只字不吐就使希腊人和罗马人无限地感动，因为这些演员正是模仿希腊人和罗马人的自然动作的。”

§39　本章和前章所详细论述的内容证明，古人的说白和我们的说白的区别表现在两个方面：其一，通过歌曲，可以使喜剧演员被坐在最远的听众听得清楚；其二，通过那些极为变化多端、极为生动活泼的姿势,可以让坐得最远的观众看得真切。这就使人们有可能建筑规模巨大的剧场,来容纳观看戏剧演出的观众。绝大部分的观众都是坐在远离舞台的地方的,故喜剧演员的面部表情是无法让大家都看得清楚的;这个原因也使人对舞台的照明的追求,不像我们今天这样重视,他们甚至使用了面具。起初这也许是为了遮盖某种面部的缺陷或某种难看的脸形;可是,久而久之,人们就利用面具来增加嗓音的力量了,并以此来给出各种人物的性格特征所要求的面相。这么一来,使用面具就有很多的好处了;它的唯一的不便就是遮掩了面部的表情,但这个不便只是对一小部分观众而言,大家是不会在这一点上多作计较的。

目今,说白已经变得越来越简单了,而演员们也已经无法使坐得和以前一样远的观众听见了。此外,姿势的变化也已变得比较简单了,其特征也大大不如以前那样鲜明生动了。优秀的喜剧演员只能从面容上、从眼神里,才得以表达他心灵深处的感情。因此必须从近处去观看,而且演员也不能佩戴面具。这样一来,我们戏院的大厅也都大大缩小了,而其照明则比古人的剧场大大改善。音律在采取一种新的特点的同时何以会引起这些变化,直至深入事物的内部,其理由盖在于此,而一眼看来,这些事物似乎是与此毫无关系的。

§40 从我们的演说方式和古人的演说方式之间所存在的差别可以得出如下的结论:我们今日在这门艺术里要获得卓越的成就,要比在他们的时代更加困难得多。我们在嗓音和姿势中所允许的偏差越少,则在表演艺术中所要求的细腻透剔就越多。因此,有人对我断言说,技术精湛的喜剧演员在意大利确实要比在法国来得多。这是理应如此的，可是必须相对地了解这两个民族的趣尚之差异。在罗马人看来，巴隆是冷若冰霜的；而在我们看来，罗 135
西于斯则是过分热情奔放的了。

§41　对演说的爱好乃是罗马人嗜之若狂的热情；杜波斯教士说，大部分罗马人都成了演说家①。造成这种情况的原因是很明显的，尤其是在共和国时代*。在那个时代，雄辩的才能对于一个公民来说是最宝贵的东西，因为那种才能给人开辟了飞黄腾达的康庄大道。既然演说是生活中那么重要的一部分，人们就不会忽视演说术的训练培养。这门艺术曾经成了教育的一门主要课目，这对儿童学习这门艺术便提供了很大的方便，因为它具有一套固定不变的规则，正如今日舞蹈和音乐中的规则一样。古人对于戏剧怀有热情，其主要原因之一就在于此。

对于演说的美好趣尚一直风行到了出席观看戏剧演出的观众那里。他们很容易习惯于一种咏唱的方式，这种方式与那种对他说来是天生自然的方式的差别仅仅在于它遵循了用以增强表现力的某些规则。因此，他们在对他们的语言的认识上便相应地带来了一种高雅的风致，而这种风致，我们今天只有在上流社会的人士中间方能看到一些例子。

§42　由于在音律上所发生的一系列的变化，演说已经变得如此简单，以致人们对它不再能绳之以种种规则。这几乎只成了一种本能上或趣味方面的事情。演说在我们这里是不能作为教育的一个组成部分的了，而它已经被忽视到了这样的地步，以致我们

---

①　第三卷，第十五篇。

*　共和时代，指古代罗马从公元前6世纪到公元前1世纪奥古斯都建立帝制的一段历史时期。

有些演说家,似乎并不相信演说术应当是他们艺术的一个主要部分了,因为对古人来说,显得同样不可理解的事情,就是他们曾以极为惊奇的态度做过的事情,在我们看来也可能成为极为不可理解的事情。既然我们并未在儿童时代受到演说艺术的训练和培养,当然就不会有像古人那样的热中于赶场子看戏的劲头,而滔滔的雄辩对我们所产生的力量也是微乎其微的。古人给我们遗留下来的演说般的语句,只有他们的部分演说词得以保留了下来。我们既不了解他们在演说中所使用的声调,也不了解他们衬托演说的姿势,而这些声调和姿势又会在听众的心灵中起着那么强烈的作用[1]。因此,我们对于狄莫斯泰纳的势如雷霆的力量,以及西塞罗的娓娓动听的复合长句的谐和只能微弱地感到些凤毛麟角罢了。

136 第五章　论音乐

叙述到这儿,我不得不立下个假设,即音乐是早已为古人所认

① 西塞罗在《演说家专论》一书中说:“人们难道没有常常看到,这些平平庸庸的演说家们,仅仅是凭借了动作的威力,就获得了雄辩的一切荣誉和嘉奖,倒是有些演说家,在其他方面也是极其渊博的,却反而被评判为平平庸庸的,这是因为他们在发音上都缺乏风采的缘故,以致狄莫斯泰纳很有道理地把动作分为第一流的、第二流的和第三流的。因为,要是雄辩术不具备这种能力的话,那就丝毫也不成其为雄辩术了,而如果动作富于表现力的话,纵然缺乏惊人的高见宏论,也会产生如许的力量和功效,难道不应当认为它在公开的演说中是极其重要的么?”古人的演说方式必定比我们的演说要具有更大的吸引力,才能使其他各方面也是出类拔萃的狄莫斯泰纳和西塞罗早就下断语说:没有动作,雄辩术就不成其为雄辩术了。我们今日的演说家是不会承认这个论断的。因此,教士高兰先生说,在狄莫斯泰纳的思想中是有些言过其实的东西的。倘若事情确是如此的话,那么为什么西塞罗也赞同这样的说法,而不对之提出保留的意见呢?

识了的。现在是有必要对音乐的历史,至少是把这门艺术当作是言语的组成部分而言,加以论述的时候了。

§43 在语言起源的过程中,音律就是富于变化的,嗓音的一切音调变化,对音律来说都是自然的,因而就不会没有偶然的巧合,在音律中时而出现一些使耳朵感到舒适的片段。于是人们就对这些片段留心注意,并养成了重复这些片段的习惯,关于和声的原始观念就是这样萌发的。

§44 全音阶的序列(l'ordre diatonique),即声音通过全音和半音相互接续的序列,在今天看来是如此自然,以致人们会相信,它是最早就为人们所了解的;然而,如果我们发现一些关系更为显著的声音的话,我们就会有根据对此下结论说,声音的接续是更早就为人们所觉察了的。

既然已证明经由三度音程、五度音程和八度音程的音阶递进(la progression)直接遵循产生和声的原理,那就是说,遵循发声体的共鸣原理,而全音阶的序列就是从这种音阶递进中产生出来的,因此,声音与声音之间的关系,在和声的声音接续中理应比在全音阶的序列中更加明显得多。全音阶的序列,在逐渐偏离和声的原理的同时,只有通过产生它的一系列前后接续的声音而使它本身对和声发生转化的时候,才能保存这些声音与声音之间的关系。例如 ré(来),在全音阶的序列中是与 do(多)* 相连接的,正是因为 do-ré 是通过音阶递进 do-sol(梭)而产生的;而这后面两个音的联结是符合发声体的和声原理的,它们是发声体和声的组成部分。137

* 原文为 ut(于),即全音阶序列的第一个音,按我国的习惯唱法改译为 do(多)。——译注

这个推理可由耳朵来证实，因为耳朵听到do，mi（米）、sol，do这些声音之间的关系，会觉得比do、ré、mi、fa（法）这些声音之间的关系要优美动听。和声音程最初就是这样被觉察的。

这里还有一些发展过程需加明察，因为，和谐的声音形成着或多或少易于起音的音程，并具有或多或少显明可觉的关系，因而，要立即就发现和掌握这一些和那一些和声，那并不是自然的。

所以，的确，人们只有通过许多次的经验之后，方才得到do、mi、sol、do这个完整的音阶递进的。在知道这个音阶递进之后，人们就根据同一样板再来得出其他音阶递进，比如像sol，si（西）、ré，sol之类的一些音阶递进。至于全音阶的序列，那只是在人们经过了许多次的摸索之后才逐渐发现的，因而它的发生直到我们的时代方才被揭示出来[①]。

§45 故而这门艺术的最初的进步曾是长期经验的结果。尽管人们对这门艺术的真实面貌尚未认识，但对它的原理却在不断地积累之中。拉莫先生乃是在发声体的共鸣中发现全部和声的来源的第一个人，他把这门艺术的理论归结成一条唯一的原理。而那些希腊人，尽管他们的音乐曾受到人们极大的赞扬，但他们对于将若干声部组合成曲却一无所知，他们也不比罗马人更加高明一些。然而，他们在很早的时候已经得出了几个和弦（l'accord）。但很可能的是，或许是在两个嗓音凑巧相逢的时候，他们便偶然发现了这些和弦，要不就是他们在同时拨弄一件乐器的两条弦线的时候，感到了其和声的悦耳动听。

---

① 请参阅拉莫先生所著《和声的发生》一书。

§46　音乐的进步曾经是如此缓慢，在人们想到要把乐曲和唱词分开之前，曾经过漫长的岁月，因为当时的音乐显得是完全缺乏表现力的。此外，音律本身也受到嗓音所能形成的一切声调的牵制，当它已能单独地提供机会来考察它们的和声的时候，人们很自然地把音乐仅仅看作是可以给说白以更多装饰音或更多力量的一门艺术。古人所以不愿意将音乐和唱词分开，他们偏见的来源就在于此。音乐，在使它产生的那些人看来，差不多就像是说白对我们一样；它教会人们怎样按调门控制嗓音，而不是像过去那样凭偶然的机会来引嗓发音。把歌曲和唱词分离开来的情形，正像我 138
们今日把我们说白的声音从韵文中分离开来一样显得滑稽可笑。

§47　然而音乐在不断地完善着，渐渐地达到了和唱词有同等表现力的地步，随后它便试图超越唱词的表现力。就是在那个时候，人们已经可以发现，音乐本身就是极富于感染力的。这样，把它和唱词分离开来就不再显得滑稽可笑了。在带有歌唱特征的音律中声音所具有的表现力以及在歌唱式的演说中声音所具有的表现力，都已经为这些声音在它们被单独听见时所应具有的表现力做好了准备。有两个因素甚至保证了这些具有某种才能并试图在音乐这个新的领域里作出努力的人们的成功。第一个因素乃是，他们无疑是挑选了这样一些片段，这些片段通过在演说中的习惯做法，人们已经习惯于把某种一定的表情联系在它们的上面了，或者至少他们已为这些片段想象出某些类似的表情了。第二个因素乃是，这种音乐不可避免地要因为它的形式新颖而引起人们的惊叹。人们愈是惊奇，就必然自我陶醉于这种音乐可能引起的印象之中。因此，人们可以看见，那些比较容易被感动的人，由于声音的力量，会逐渐地从欢乐而变为悲哀，或者甚至变为愤怒。一看见这种情景，另外一些不为所动的人，也渐渐几乎同样受其感动了。于是这种音乐的功效便成了谈话的题材，而想象力就为他们所听到的单独咏唱的宣叙调而沸腾炽热起来。人人都愿意让自己来对之加以判断，而人们通常都喜欢以耳闻目睹来证实一些异乎寻常的事物，因而他们都是以最最乐意的心情来聆听这种音乐的。这样它就往往多次地重复了同样的奇迹。

§48 今天，要求我们的音律和我们的说白来产生出我们的音乐理应产生的效果，那是实在相距太远了。对我们来说，我们的歌唱不像古人的歌唱那样是一种熟悉的言语；而音乐一旦和唱词相分离，也就不会再拥有这种新奇的气氛了，而这种气氛却是唯一能对想象力起重大作用的东西。况且，在音乐演奏的时候，尽管我们尽可能保持着头脑的清醒冷静，我们却丝毫不能帮助音乐家们把我们从这种气氛中摆脱出来，而我们所感受的一些情绪是唯一地产生于声音在耳朵中所起的作用的。但是，在想象力本身不能对感官起反作用的时候，心灵中的情绪便通常会变得非常淡薄，以致我们的音乐不能像古人的音乐那样产生令人惊叹的效果，人们
139 也不会觉得奇怪了。为了判断它的感染力，必须在想象力极为丰富的人面前演凑音乐作品，对于这些人，音乐才具有它新奇的价值，而这些人按照带有歌唱特征的音律所作的演说的本身也就变成了歌唱式的了。但是，倘若我们对我们所接近的事物给予和我们所疏远的事物同样的赞赏，那么这种经验便是一无用处的了。

§49 专为唱词所作的歌曲在今天是这样地不同于我们平常的发音和我们的演说，以致要使想象力适从我们那些谱以乐曲的悲

剧所产生的幻觉，那是极为困难的。另一方面，希腊人要比我们易受感动得多，因为他们具有更为鲜明生动的想象力。总之，音乐家们都抓住了最为有利的时机来打动听众。例如，正如布雷脱先生所指出的[①]，亚历山大坐在桌子旁边，他的头脑似乎已经被烧酒的气味熏热了，一曲足以激起愤怒的音乐就使他不顾一切地拿起了武器。我毫不怀疑，我们也确有这样的士兵，他们只要听到鼓声和喇叭声就会干出同样的行动来。因此，我们不能从归属于音乐的功效来判断古人的音乐，而要从他们所惯常使用的那些乐器来判断它，这样，人们就可以有理由猜想，他们的音乐应当是不如我们的。

§50　可以指出，音乐一旦和唱词相分离，在希腊人那里，经过类似于罗马人在哑剧艺术方面所取得的那种进步，音乐也变得成熟了；而这两种艺术，在它们诞生的时候，曾经在这两个民族那里，引起过同样的惊叹，并且产生过同样令人惊异的效果。这种不谋而合在我看来似乎也是很稀奇的，并且也有利于证实我的推测。

§51　根据人们对这项题材所曾阐述过的一切论述，我刚才说了，希腊人具有比我们更鲜明生动的想象力。可是我不知道，这个差别的真正原因是否已经是众所周知的了；我仿佛觉得，至少把这一点仅仅归因于水土气候，那是不对的。假如希腊的气候永远保持原来的状态，其居民的想象力也会逐渐衰退下去的。可以看出，这是言语的变化所产生的一种自然的结果。

我在别处曾指出过[②]，在那些尚无制定信号的使用习惯的人 140

① 见《法国文艺学院史》，第5卷。

② 见第一卷，§21。

们中间，想象起着更为鲜明活跃得多的作用，由此可见，动作言语就是这种想象的直接产物，因而它应当是更富于强烈的想象力的。事实上，对这些熟悉动作言语的人来说，单独一个姿势往往就等于一个完整的长句。出于同样的理由，以这种言语为样板而制造出来的语言，应当是最鲜明生动的；而其他语言，则因随着距离这种样板愈远，而愈益相应地失去它们的鲜明性，而他们所保存的这种样板的特点也相应地递减了。然而我关于音律方面所说的内容，正是通过这一点来使人看出，希腊语言蒙受动作言语的影响，远较任何其他一种语言为多；而我将要说的关于倒装句的内容，就将证明那并不是这一影响的仅有的结果。故而，这种语言是很有利于想象的运用的。我们的语言，恰恰相反，在它的句子结构上和它的音律上是这样的简单，以致它所要求的差不多只是记忆的运用而已。在我们谈论某些事物的时候，如果我们只满足于回想起事物的符号，则我们也就极少去唤起事物的观念。因此，若想象很少受到激发的话，也就很自然地更难于使人受到感动，所以我们的想象力就不如希腊人来得生动活泼。

§52　习俗方面的先入之见，自古以来，对于艺术的进步一直是个阻碍。音乐特别是深受到这种障碍的影响的。公元前六百多年，蒂慕德曾由埃福尔*的宣谕而被逐出斯巴达国境**。他的罪名是蔑视古代音乐，在竖琴上添加了三条琴弦，那就是说，他曾经试

---

* 埃福尔(Ephore/ ὁ ἔφορος/οἱ ἔφοροι)，为了平衡国王的权力而设立的斯巴达五名选任的大法官。

** 蒂慕德生活于公元前约450—前357年，曾发明过一种竖琴。此处作者说他生活于公元前六百多年，疑误。

图使这种乐器适合于演奏更富于变化、音域更宽广的歌曲。这就是那个时代的偏见。我们也有类似的偏见，我们的后代还将有类似的偏见，不容怀疑，这些偏见有朝一日总有可能变成贻笑于人的资料。吕利在我们今天评论起来是那么的纯朴、又那么的自然，但是在他的时代里，他曾经是过分越规的。人们曾经说过：他用他的芭蕾舞曲糟蹋了舞蹈，并说他**丑化**了舞蹈的表演。

杜波斯教士说："一百二十年前，法国所谱写的歌曲一般地说只不过是一系列冗长的音符……而……到了八十年之前，芭蕾舞的所有舞曲，其节奏曾经是十分缓慢的，而他们的歌唱，如果允许我使用这种说法的话，是按照从容不迫的节拍来演唱的，即使是在极为兴高采烈地狂欢的时候，亦复如是。"这就是那些斥责吕利的人曾感到遗憾的音乐。

§53　音乐是一门艺术，所有的人都相信自己有资格对音乐 141
加以评论，结果有害的评论便屡见不鲜。很可能，在这门艺术中，就像在其他种种艺术中一样，也存在着一个什么是完美的标准问题，这个标准是绝不能撇开的，这便是原则了。但是，这句话是多么空洞啊！直到如今，有谁已确立了这个标准呢？而如果连标准都没有确立，又以谁的要求来认识这个标准呢？能否因为听力没有经过多大训练的人是占大多数的，就以这些人的要求来确立标准呢？正是因为这样，曾经有一个时期，吕利的音乐恰恰是受到谴责的。尽管善于赏识音乐的人为数不多，是不是仍应按照他们的要求来确立这一标准呢？正是因为这样，如今也有一种音乐，丝毫不逊其美，却是被作为有别于吕利的音乐来看待的。

随着音乐逐渐达到更为完善的境界，尤其是在这些进步相当重大,来得又比较突然的时候,对音乐的批判就必然随之而来,因为,在这种时候,它同人们所听惯了的音乐相去太远了。但是,到了它开始成为大众耳熟能详的时候,便会受到人们的喜爱,而且也不会再有反对它的偏见出现了。

§54　我们无法知道古人的管弦音乐的特点是什么,故我将只限于对他们演说中的歌唱方面作某些推测。

想来占人演说中的歌唱和他通常发音的差距,约略像我们的演说和我们通常发音的距离相仿,而且也同样是按戏剧和场景的特点相应地起着变化的。在喜剧里,歌唱应当如同音律所能容许的那样单纯,这便是人们为了品赏歌唱的声音,并为了按一定的音程来引嗓发音所必须作出相应变化的通常的发音。

在悲剧中,歌唱就更富于变化,音域也更为宽广,而这主要地是在独角戏中,对这种独角戏,人们曾冠以赞美歌(la cantique)这个名称。它一般是些最热情洋溢的场面,那是很自然的,因为那同一个人物,在其他的几场戏中都是控制得有分有寸的,当他独个儿地出场的时候,就慷慨高歌,声容激越,尽情抒发他所感受的情绪。这就是为什么罗马诗人把对独角戏谱以音乐的工作让专业音乐家去担任的缘故。有时他们甚至让专业音乐家们专心担负起对戏剧中的其余部分的说白的编曲写谱的工作;而在希腊人那里,当时还没有这么做,在希腊,诗人们即是音乐家,他们从不把这项工作另行委任别人去做。

最后,在歌舞合唱队里,歌唱的分量比在其他的场面里更为繁重,正是在这些地方,诗人能奋展其天才之翼,扶摇直上云霄;毋庸置疑,音乐家是会仿效诗人的榜样的。这些推测可由给演员们的

歌唱伴奏所使用的不同种类的乐器来得到证实，因为他们音域的 142
或大或小，是根据唱词的特点而定的。

我们不能通过我们歌剧中的合唱队来想象古人的歌舞合唱队。他们的音乐就和我们的大相径庭，因为他们尚不知道如何把若干声部组合成曲，而他们的舞蹈与我们的芭蕾舞相去或许更遥远。杜波斯教士说，"这种舞蹈不是别的东西，只不过歌舞合唱队所扮演的人物，为了表达他们的感情而作出的一些姿势和表演而已；通过一种不说话的演出，他们或是明白如话般地诉说，或是表情达意地显示，他们是多么为引起他们兴趣的故事情节所感动，这是易于理解的。古人的说白往往要求歌舞合唱队在舞台上来回走动；而且，作为众多演员同时合作的变化丰富的演出，若不是早已事先在排练中预先配合就绪，是无法上演的，要是人们不愿意看见歌舞合唱队蜕化变质为一群乌合之众的话，古人早已给歌舞合唱队的台步的步法制定了一定的规则。"在像古人那样宽阔的舞台上，这种变化多端的表演能够形成一些极为适合于表达感情的画面，而这些感情乃是滴滴地渗透到歌舞合唱队中去的。

§55　给说白谱以音符，并用乐器对说白进行伴奏的艺术，自罗马共和国初期以来就早已为罗马人所熟知了。在共和国初创的时代里，说白起初是相当简单的，可是随后，与希腊的通商，给它带来了变化。希腊民族的语言，其发音和谐动听，其表达丰富多彩，罗马人在其熏陶之下，简直无力加以抵抗。这个礼仪文明之邦已蔚然而成为学院，而罗马人受其陶冶，便相习成风，养成了对文学、艺术和科学的兴趣爱好，并且随着他们的天性所能容许的那样，拉丁语言也适从了希腊语言的特点。

我们从西塞罗的著作中了解到，从外国人那里借用来的语调，曾明显地改变了罗马人的发音。很可能，这些语调在戏剧的音乐中也引起了这样的变化，因为这种变化乃是前一种变化的自然延续。事实上，荷拉斯和这位演说家早已指出，在他们的时代，人们在戏院里所使用的乐器，其音域远比以前所使用的乐器更为宽广。这样，演员们为了跟上这些乐器的发展，不得不以为数更多的声调来作咏唱，于是歌唱便变得如此繁音促节，使人们只得以放开嗓门大声叫喊的方式才能跟上乐器演奏的节拍。我想请读者们参阅这
143 样一些片段，诸如杜波斯教士的论文中所引证的有关片段，来判断我们是否能把这些片段理解为单纯的说白[①]。

§ 56　以上就是人们对歌唱化的说白所能得出的观念，以及采用说白或使说白变化的原因。至于究竟是由于什么环境才造成了如我们的演说一样简单的说白，并造成了与古人的戏剧差别如此显著的戏剧，则尚待我们作进一步的探讨。

要使北方那些性格冷淡无情的民族，在他们的语言诞生的时候，保存由于需要而在音律中采用的重音和音量，这是气候条件所不允许的。当这些野蛮民族侵入罗马帝国的时候*，他们的语言也征服了整个西欧大陆，于是拉丁语言就逐渐同他们带来的方言土语混合起来，从而失去了它的特点。我们的语音之所以缺少重音，其来由即在于此，因为这种起源并没有给语调以有利的影响。而我们却把这种缺陷看作是我们语音主要的美质。在这些野蛮民

① 见第三卷第十篇。

* 蛮族入侵，指从公元3世纪起，北方日耳曼部落联盟对罗马帝国边境的武装侵略和渗透。这种入侵到6世纪才基本结束，它对罗马帝国的覆灭起了重要的作用。

族的统治下，文艺遭劫，剧场被毁；哑剧的艺术，将说白谱以音符的艺术，以及将说白和歌唱由两名喜剧演员来担任演出的艺术，作为辅助配合戏剧演出的舞台布景的艺术，诸如建筑、绘画、雕刻以及一切附属于音乐的艺术，全都相继绝灭而荡然无存了。在文艺复兴时代，语言的特点已经大大变了样，而风尚又变得那么的不同，使人们一点也不能了解古人从他们的戏剧里带来的是些什么东西。

为了透彻理解这个变革的原因，只须回忆一下我所说的关于音律所受的影响就可以明白了。希腊人和罗马人的音律的特征是那样的鲜明，它具有固定的原则可资依据，而且又是这样普遍地为人们所认识，以至于一般听众，即使没有研究过音律的规则，一听到发音上的最细微的缺点，也会引起不顺耳的感觉。凭着这一点，就有条件来提供种种方法，而使说白以及对说白谱以音符成为一门艺术，从那时起，这项艺术便成了教育的一个组成部分。

这样，达到了完美无缺地步的说白便产生了把歌唱和姿势分别由两名喜剧演员同时扮演的艺术，即所谓哑剧的艺术，其影响甚至波及剧场的形状和规模，像我们刚才所已看到的那样，这影响对于兴建规模相当巨大的剧场以容纳为数可观的观众创造了条件。

这就是古人对于戏剧，对于舞台布景以及对于附属于戏剧的
一切艺术、音乐、建筑、绘画和雕刻等方面的趣尚的来源。在他们 144
那里，几乎不可能有被遗忘的才能，因为每个公民每时每刻都可以遇到适宜于运用他的想象力的客体。

由于我们的语言几乎连一点音律也没有，说白就无法具有固定的规则，因而我们也就不能将它们谱以音符。我们对于由两名

演员来分别担任歌唱和姿势表演的艺术，也不可能加以认识。哑剧的艺术对我们的吸引是微乎其微的，戏剧都是关闭在戏院的大厅里演出的，而广大群众就不能进场观看。从而，令人最为痛惜的是我们对于音乐、建筑、绘画和雕刻并不具有浓厚的趣尚。我们自以为是唯一地与古人相像的；可是从这个角度来看，意大利人与古人的想象程度都要远远地胜于我们！因此我们可以看出，如果我们的戏剧是这样地不同于希腊人和罗马人的戏剧，这乃是在音律上发生了变化的自然结果。

第六章 歌唱化的说白和单纯的说白的比较

§57 我们的说白每时每刻都采用了如歌唱一样的分明的音程。如果人们只是出于欣赏这些音程的必要性而恰如其分地把它们进行改变，则这些音程也不至于显得太不自然，而且人们也可以把它们谱以音符。我甚至认为，趣尚与听觉都使我们宁可听和谐的声音，而不愿听优秀喜剧演员的表演，因为在任何时候，这种声音都丝毫不和我们平常的发音有过多的抵触。很可能正是为了求得这样的声音，才使莫里哀想出某些音符[①]。可是，对于说白的其余部分谱注音符的设想并不是切实可行的，因为在这里，嗓音的音调变化是这样的轻微，以致为了品赏它们的声调，必须将音程加以如许的改变，直到与说白与我们称之为自然的东西相抵触的地步。

① 见《批判性的思考》，第三卷，第十八篇。

§58　我们说白，纵然其声音的前后接续并不像歌唱那样采取一种可以品赏的声音的接续，它仍然足以鲜明生动地传达出心 145
灵中的感情，用以打动熟谙说白的人们，或者打动那些用音律变化既少且不很生动活泼的语言来说话的人们。它确是有可能产生这种效果的，因为在这种说白里，声音同声音之间保持着**差不多**和歌唱一样的比例。我说**差不多**，是因为说白里的声音并非可品赏的，它们不能具有极其精确的关系。

因此，我们说白的表现力便自然不如音乐了。事实上，最适宜传达心灵中的感情的声音是什么呢？首先是模仿叫喊的声音，这种叫喊的声音是声音的自然信号，它对说白和音乐来说是共同的。其次是与前者和谐的声音，因为这些和谐的声音与前者是比较密切地联系着的。最后就是能够从这种和声中产生出来的一切声音，它们在节奏上变化多端而又组合万千，使节奏具有各种激情的特征，因为心灵的全部感情，决定了最适合于表达它的歌唱的声调和节奏。然而后面这两类声音在我们的说白中却是罕见的，何况这种说白又不是像歌唱那样模仿心灵的节奏的。

§59　然而，说白早就以对我们显得更为自然这一优点弥补了上述缺点。它给它的表现力以一种真实的气氛，这使人们看到，即使说白对感官所起的作用较之音乐来得轻微薄弱，但它在想象上所起的作用却更为鲜明强烈。这就是为什么我们对一篇讲得很好的演说，觉得其感人之深往往胜过一首优美动听的宣叙调。可是，人人都能注意到，在音乐还不能打破梦境幻觉的时候，其本身所造成的印象是更为深刻的。

§60　虽然我们的说白不能谱以音符，但我似乎觉得，我们可以用某种方法来将其加以固定。只要让一位具有相当情趣修养的音乐家在歌唱中遵循着同嗓音在说白中所遵循的差不多同样的比例，那就行了。那些使这支歌曲传唱流行的人们，只要用耳朵细听，就可以在这支歌曲中重新发现这个曾经是它的样板的说白。一个脑子里充满了吕利的宣叙调的人，难道就不能像吕利本人那样地来吟咏基诺的悲剧吗？然而，为了让事情变得更容易一些，但愿那旋律（la mélodie）也变得极其简单，使人们在旋律中就能辨别嗓音为品赏的需要而进行的音调变化。在吕利的宣叙调中，如果说音乐性的乐句谱写得比较少了一些的话，其说白却是更为易于
146 为人们所识别的。因此我们就有理由认为，单单在这一点上，对于具有某些天分而长于吟咏的人来说，倒是一个巨大的帮助。

§61　在各种语言中，音律与歌唱之间的距离是并非等同的，它或多或少要寻求一些重音，有时甚至把重音用得异乎寻常地多，有时却对重音完全避而不用，因为气质上的多种多样，不容许风土气候不同的各民族以同样的方式来感觉。这就是为什么各种语言按照它们各自的特点，要求不同种类的说白和音乐。比如，据说英国人表示愤怒的声调，在意大利只相当于用作表示惊异的声调。

剧场的规模，希腊人和罗马人花在装饰剧场方面的费用，给剧中的每个人物根据其性格特征所需要的面相来制作的种种假面具，具有固定规则的、比我们的说白更富于表现力的说白，凡此种种，都明显地证明了古人戏剧的卓越成就。作为弥补我们的不足，我们有优雅风流的姿态，惟妙惟肖的面部表情，以及表演上的某些细腻熨帖，这些就是我们的吟咏方式所唯一能令人感觉得到的东西。

第七章 什么是最完美的音律

§62 也许,人人都会力图肯定他的本国语言在音律上的优越之处,故为了防止使我们产生这样的偏见,我们必须尽力给自己得出最精确的观念。

最完美的音律,乃是由于它的和谐而成为最适宜于表达各种各样的性格特征的音律。可是,声音的和谐乃是由三种东西构成的,即:声音的音量,声音赖以前后接续的音程,以及节奏。所以,一种语言必须具备柔和的声音,不够柔和的声音,乃至生硬的声音,总之,必须具备各种各样的声音。语言必须具有重音语调,以决定嗓音之升高或降低;最后,由于其音节的长短参差不齐,语言才能表现出各种各样的节奏来。

为了产生声音的和谐,顿挫(la chute)不应当不加区分地到处
乱用。在有些时候,音律应当游浮悬荡而不落,而在另一些地方, 147
它又应当以一个明显的停顿来终止。由此可见,在一种音律完美的语言里,声音的前后连贯应当是服从每一个和谐复合长句(la période)的顿挫的,因此,节律(la cadence)应当是时或急促、时或迂缓的,而耳朵则只有在精神完全得到了满足的时候方能得到无所牵挂的休息。

§63 倘若人们对西塞罗在讲到演说术中音律和谐的效果时所感到的惊奇细加思考的话,他们就会认识到,罗马人的音律是如何地比我们的音律更接近于尽善尽美的境地。他追叙了听众对声音谐和的复合长句的顿挫赞不绝口的情景,而且为了证明音律和

谐是造成复合长句声音谐和的唯一原因，他把曾经获得满堂彩声的一个和谐复合长句中单词的排列顺序加以改变，这样一来，大家就马上感觉到，这个句子已经令人信服地失去了声音谐和的感觉。后面那种句子结构，无论在长短音节的混合句子中，还是在轻重音节的混合句子中，都不再保存使听觉得以满足的必要的顺序了①。我们的语言有着它的柔和圆润；可是为了达到声音的谐和，还必须加以某种东西。我不相信，在和谐的声音所许可的种种不同的句型中，我们的演说家从来没有发现过任何与这些曾使罗马人那么深受感动的节律相类似的东西。

§64　另一个足以证实拉丁语的音律优越于我们语言的音律的理由，即是罗马人对于和谐的声音的趣尚，以及人民本身在这一方面的高度的鉴赏能力。喜剧演员在咏唱一首韵文的时候，对文中各个音节发音的长短是不能越出其规定范围的，若稍有差错，则聚集在一堂的听众，即人民的一部分，就会立即哄闹起来，对这种蹩脚的发音大喝倒彩。

读到诸如此类的事实，不能不使我们感到有些诧异，因为在我们中间，我们丝毫没有觉察到任何能证实这类事实的东西。这是因为在今天，上流社会的人士的发音是这样的简单，以致对于这些稍微有些不顺耳的发音，仅有为数极少的人能够加以指正，因为能使自己熟谙发音的人实在是寥若晨星的。而在罗马人那里，咬字吐音是如此特征鲜明，音律的和谐又是那么地显然易察，即使是听觉不太灵敏的人，也能从中得到锻炼；因此，那些胆敢对和声谐音

① 参阅《演说家专论》。

加以变更的人,是免不了要得罪听众的。

§65　按我的推测来看,如果罗马人比我们对于和声谐音来得更加敏感的话,则希腊人在这方面的敏感性应当更甚于罗马人, 148 而亚洲人则又甚于希腊人。因为语言愈是古老,则其音律就应当愈是接近于歌唱。因此,人们就有理由推测,希腊语的声音应当比拉丁语更加和谐悦耳,因为拉丁语的语调正是从希腊语那里借取过来的。至于亚洲人,他们是以矫揉造作来求取谐和的声音的,其矫揉造作连罗马人看来都觉得未免太过分了。西塞罗在谴责了那些为了使语句更富有节律而硬把词语交换位置,以致弄巧成拙的人之后,让我们了解到这一点,并刻画了亚洲演说家的形象,说他们比其他民族的演说家更受音律和谐的束缚。或许人们会发现,我们今天的语言的特点,已经使我们坠入相反的缺点中去了,可是,如果我们在这方面所得到的裨益太少的话,我们应该看到,我们是可以从其他方面得到补偿的。

我在本篇第六章末已叙述过的那些内容,乃是古人音律的优越性的一个十分显然的证据。

第八章　论诗歌的起源

§66　如果在语言起源的过程中,音律曾接近于歌唱的话,那么,为了模仿动作言语里显明易见的形象,文体(le style)就曾采用过各种各样的图形和暗喻,从而成了一幅真正的图画。比如,在动作言语中,要给别人一个受惊的人的观念,除了模仿受惊的叫喊声和动作而外,没有别的办法可行。所以到了人们想通过发出声音的方法来传达这个观念的时候，就得使用各种各样的词句，来把这个观念同样详细地表现出来。要让一个什么也描绘不出的孤立的单词马上能继承动作言语，毕竟是太不中用的了。动作言语与粗犷的精神极为相称，以致发音的语言只有把一些词语逐个堆积
149 起来，弥补它自己的不足。何况那时发音的语言也还太丰富，故不允许有不同的说法。正因为这种语言难于提供确切的词语，人们就不得不竭力重复与某个思想比较接近的那些观念，来使人猜出这个思想。这就是同义叠用（le pléonamse）的起源，它可算是古代语言里特别明显的缺陷了。事实上，这类例子在希伯来语里是屡见不鲜的。人们只能经过漫长的时间，才能习惯于把单独一个词与原先唯有通过极其复杂的动作才能表达的某些观念联结起来；只有在语言逐渐变得丰富起来，并能为人们所需要的一切观念提供确切而熟识的词语之后，才得以避免那些混杂的表达方式。北方各民族对于文体的准确性要了解得更早更多。他们的气质冷漠而淡泊，其结果是使他们比较轻易地抛弃一切受动作言语影响的东西。而在另一些地方，这种交流思想的方式的影响则保存了很久。甚至到了今天，在亚洲南部地区，人们仍然把同义叠用看作是语句的一种美质。

§67　既然文体是以最显明易见的形象来描绘观念而开始的，况且它又极富有节奏性，因此在其起源的过程中，它原是诗歌式的。但是，随着语言日趋丰富，动作言语便逐渐被废弃了；嗓音的变化减少了；对于图形和暗喻的趣尚，由于我们下面提出的原因，也不知不觉地减退了；从而，文体也近于我们的散文了。然而，作家们却认为这古色古香的言语是更为生动、更能铭刻记忆中去

的，因而也是能令其著作得以传之于后世的独一无二的途径。他们赋予这种言语以种种不同的形式；为了使这种言语更加和谐动听，他们便设想出一些规则，而且还用它创立了一门专门的艺术。当时人们运用这种语言的必要性，在漫长的年代中，曾使人们在漫长的岁月中一直信以为只应该用韵文进行创作[*]。在人们还没有文字可供记写思想之用的时候，这个观点的根据是，韵文比较容易学习，也比较容易记忆。然而，在这种理由不复成为理由之后，先入之见仍然把这种看法流传下来了。最后，还是一位哲学家，不肯屈从诗歌的那些格律，便率先冒天下之大不韪，用散文来进行写作①。

§68　韵脚(la rime)并非同节拍、图形和暗喻一样，起源于各种语言产生的时候。北方性格冷漠而淡泊的诸民族，在那种采用音律的必要性不再成其为必要的时候，就不可能保存那种同其他 150
民族一样的有节奏的音律。为了弥补音律的不足，他们就不得不发明韵脚。

§69　要设想诗歌是通过哪些发展而成为一门艺术的，这并不困难。人们在觉察到由于偶然因素而凑巧在语句中引起的一些一致而有规律的抑扬顿挫，觉察到由于音节长度的参差不齐而产生的不同的节奏，以及某些嗓音音调变化所造成的轻松愉快的印象之后，就为自己创造出一些音律和谐和声音和谐的样板来，并从

---

* 此处原文为 composer，意即“作文，写作”。但此处既指文字发明之前，则这种“作文”只能是口头传诵，故不译“写作”而改译“创作”。

① 斯西罗思岛(是爱琴海中一岛屿。——译注)的费顿西特是迄今所知的第一个以散文来写作的人。

其中逐渐汲取了诗体的一切格律。所以音乐和诗歌很自然地是同时应运而生的。

§70 这两门艺术同比它们更早出世的那门姿势的艺术相互结合,成了一门人们以舞蹈来命名的艺术。由此我们可以推测,在任何一个时代里,在任何一个民族中,人们均能发现一定类型的舞蹈、音乐和诗歌。我们从罗马人那里知道,高卢人和日耳曼人也各有他们自己的音乐家和诗人;即使在我们今天的时代,人们在尼格罗人、加勒比人和依洛瓜人*那里也能观察到同样的情况。在未开化的民族中,也同样可以发现在文明礼仪之邦所已形成的那些艺术的萌芽,而这些艺术目今在我们城市里已成为专供欢娱享乐之用的东西了,它们和其起源似乎相距得如此遥远,以致很难再认得出它们的本源了。

§71 这些艺术在它们诞生过程中的密切地相互联结,乃是古人将它们混统在一个通称之下的真正原因。在古人那里,音乐(la musique)这个术语不仅含有我们的语言中所指的那门艺术这一意义,而且还把姿势的艺术,舞蹈、诗歌以及演说的艺术全都包括了进去。因此,应当把他们音乐的大部分效果归之于这些结合在一起了的艺术,这么一来,它们就不再那么令人惊奇了。①

---

* 尼格罗人(Négroes),即非洲黑人,当时主要分布在西、中、南非一带;加勒比人(Caraïbes)和依洛瓜人(Iroquois)为当时美洲的土著居民,分别分布在加勒比海沿岸的小安的列斯群岛一带和美国的伊利湖、安大略湖一带,由于殖民分子的残酷屠杀,现在差不多都已绝了种。在作者写作的时代,这些民族仍处于比较原始的状态,故被称为未开化的野蛮民族。

① 例如,有人这样说,戴尔邦达尔曾用音乐平息过一次叛乱。可是那种音乐并不单纯是一支歌曲,而是由这位诗人自己宣讲的韵文。

§72　人们可以清楚地看出原始诗歌的目的是什么。在各种社会组成的过程中，人类还完全不能从事于纯粹是娱乐性的那些活动，而迫使他们聚集起来的需要却使他们的目光局限于对他们可能有用的或者必不可少的东西上。故诗歌和音乐之所以得到培育，仅仅是为了教人认识宗教，知晓法律，以及用来纪念伟人们及 151
其对社会所建树的功绩而已。而为了达到这样的目的，舍诗歌外便别无更相宜的东西了，或者不妨说，既然书写尚未发明，诗歌就是人们用以为自己服务的唯一方法了。所以，一切的古代的遗迹也证明，这些艺术在其刚诞生时全是用于教育人民的。高卢人和日耳曼人就是用了这些艺术来保存他们的历史和法律的；而且，在埃及人和希伯来人那里，这些艺术又可以说是成了宗教的组成部分。这就是为什么古人要求教育应以学习音乐作为其首要目的，我是在古人所给予音乐的最广泛的含义上来取用音乐这个术语的。罗马人认为，音乐对于任何年龄的人来说都是必需的，因为在他们看来，音乐既可以教给儿童以该学的东西，也可以教给成人以应懂的东西。至于希腊人，不懂音乐对他们来说乃是一种极大的耻辱，以至于一位音乐家和一位博学之士在他们看是同一回事；而在他们的语言里，一个愚昧无知的人就是被称为一个不懂音乐的人的。这个民族不愿相信，音乐这门艺术原是人类的一大发明，他们倒反认为，那些令他们惊异万分的乐器乃是从众神那里承袭来的。既然这个民族比我们更富有想象力，他们对于和声也就更为敏感；况且，他们对于法律、宗教以及他们在歌曲中所颂扬的那些伟大的人物们所缅怀的那种崇敬之心，也都转移到音乐上来了，而音乐又保存了这些事物的传统。

§73 由于音律和文体都变得更为简单，散文便愈来愈远离诗歌。从另一方面来看，精神已经取得了进步，诗歌因而就带着新颖的形象出现了；循着这条途径，诗歌也就同日常的言语逐渐远离，逐渐变得使人民不那么容易接受，从而也就变成不太能起教育作用的了。

此外，人类必须了解的种种事情，法律和一切其他的东西，也都相继纷繁起来了，使记忆的负担日益加重，以致显得难于承受；社会也大大地发展扩大起来了，以致法律的颁布难于使全体公民家喻户晓。因此，为了教育人民，势必要求助于某些新的途径。于是，人们便撰想出书写来了。我在后面将阐述书写是怎样逐步发展起来的[①]。

152 这门新的艺术一经诞生，诗歌和音乐便开始改变了目标，因为它们各自分担着实用和娱乐的任务，而最后却几乎都局限到纯属娱乐方面的事物上去了。它们愈是变得不成其为必需品，就愈是需要寻求机会来进一步取悦人们，而且双方都取得了显著的进步。

音乐和诗歌，直到那时还是不能分离的，一当它们达到完美的境地时，便开始自行分成不同的两门艺术。可是人们曾大吵大嚷，拼命反对那些竟敢带头拆散它们的人。它们所能产生的效果，若不相互扶持，彼此借鉴，就依然是不太显著的，人们并未遇见到它们会发生什么样的结局；何况，这种新奇的做法也过于与习俗相抵触。于是人们便乞灵于引经据典，正如我们所曾做过的那样，说古人在使用这两者时总是同时并举，从未顾此失彼过；他们并得出结

① 见本篇第十三章。

论说，那些没有唱词的曲调，或一些根本不是为了吟唱而作的韵文，都是些过于离奇而从来不会有所成就的东西。可是，到了经验已证明事情却是恰恰相反的时候，哲学家们又开始担心起来，唯恐这些艺术伤风败俗，于是他们就群起而攻之，反对它们的发展，又引经据典，声称古人没有把音乐和诗歌用作纯然是娱乐的东西的做法。故诗歌和音乐得以改变各自的目标，而截然分立为两门艺术，当然是克服了重重阻力而致的。

§74　人们或许会信以为，这种崇古的偏见开始见之于人类的第一代。我们越是愚昧无知，就越是需要有人开导，同时我们也就越是易于相信，我们先辈所做的一切都是做得完美无缺的，而且以为如今留待我们去做的只是效法他们就可以了。数百年来的经验理应早就纠正我们的这种成见了。

凡理性所不能作出的东西，时间和环境都会造成他们，但却常常又会使它们堕入一些截然相反的偏见中去。在谈论诗歌和音乐的时候，就可以发现这样的情况。我们的音律既已变得像它今日这样地简单，那么企图把这两门已经分离得很远的艺术在舞台上重新结合起来的设想，对大家来说就会显得十分滑稽可笑，而且显得更加奇怪的是，其中还有些人竟然会对这种做法拍手称好，那就更令人觉得莫名其妙了。

§75　原始诗歌的目的给我们指明了它自己的特点。确实，诗歌之歌颂宗教、法律和英雄，目的只是在公民中唤起爱慕、景仰 153
以及进取的感情。这都是一些颂歌（le psaume）、赞美诗（le cantique）、抒情诗（l'ode）和歌曲（la chanson），至于叙事诗（poème épique）和戏剧诗（poème dramatique），它们出现得要更晚些。它们的发明理应归功于希腊人，史书对此屡有所载，当不致为人们所忽视。

§76 人们可以依据原始语言的特点来判断原始诗歌的文体。

首先，含蓄省文(sous-entendre des mots)的做法在原始诗歌中是屡见不鲜的。希伯来语就是这方面的一个例证，然而其理由尚需作如下说明。

由于需要而引起了把动作言语和发音言语混合使用的习俗，直到这种需要不复存在之后，这种习俗仍然长期残存不废。在想象力较为生动活跃的民族中间，比如在东方诸民族中尤其如此。其原因是这样的：在一个单词刚造出来的时候，人们不管使用或不使用这个单词，都能彼此理解得一样清楚。所以大家都情愿把它省略不用，以便更为鲜明生动地表达自己的思想；或者是为了把自己的思想纳入一句韵文的节拍中去而把它省略不用。这种取舍自由尤其受到允许，因为那时诗歌是为了吟唱而创作的，还不能书写成文，这时，声调和姿势就弥补了所省略的单词。但是，当一个名词由于长期的习惯而已经成为一个观念的最自然的符号的时候，它就不容易被取代了。这就是为什么当人们从古代的语言向最现代化的语言作一番巡视时就可以发觉，含蓄省文的用法已经越来越少地为人们所采纳了。而我们的语言甚至把它抛弃得那么一干二净，以致人们有时竟说我们的语言是很不信任我们的洞察力的。

§77 其次，早期的诗人们对精确性和准确性尚不甚了解。因此，为了填满韵文的节拍，人们往往在诗句中插入一些无用的单词，或用好几种方式来重复同一个意思。这就是古代语言中频频出现的同义叠用的另一个原因。

§78　最后，诗歌是极其图像化和暗喻化的，因为大家确信，在各种东方语言里，即使散文也容许拉丁诗歌中极少使用的那些图形。这就是东方诗人的那种热情所造成的极大的杂乱无章的缘故。在他们那里，激情是随着在我们看来未免过分的色彩一齐表现出来的。然而，我不知道，我们是否有权非难他们。他们对事物的感觉与我们不同，因此，他们也不会用同样的方式去表现事物。154
为了鉴赏他们的作品，必须考虑到作为他们写作对象的民族的气质。人们在不厌其烦地谈论美丽的大自然，甚至没有一个文明的民族不声称自己是模仿大自然的；但是，每个民族都认为在自己的感觉方式中找到了模仿自然的样板。如果说认识大自然有那么多的困难，那是毫不足怪的，因为大自然的面目瞬息万变，或者至少各国的自然风貌迥然不同。我甚至不知道，我此刻谈起大自然的方式，是否不令人感到多少流露出一点从某个时代以来在法国一谈起大自然就采取的那种腔调。

§79　于是，诗歌的文体便和日常的言语彼此远离了，在它们之间，便留出了一个中间地带，雄辩术就在那个地带产生出来，并且它时而偏离中心，以便让自己向诗歌的声调靠拢一些，或者向日常会话的声调接近一些。它之所以不同于谈话的声调，只是因为它抛弃了一切不够高雅的词句；而它之所以有别于诗歌的声调，又是因为它不受同样节拍的约束，而且，因为按照语言的特点，人们也不允许它带有诗歌所能容许的某种图形或某些句型。此外，这两门艺术有时竟会相互混淆得那么厉害，使人们简直无法把它们彼此区分开来。

第九章 论单词

我所谈的关于姿势的艺术、舞蹈、音律、演说、音乐和诗歌等这一切内容，彼此间的联系实在是太紧密了，而且，它们的原理都同是出于动作言语，以致我无法中断我关于上述内容的论述。此刻我当潜心探求发音的言语是通过怎样的进步而逐渐臻于完美，并最终成为大家最方便的言语的。

§80 为了弄清人们怎样在他们之间就他们所愿意采用的最初一些单词的意义取得一致的，只要观察一下他们是在某些环境中来发出这些单词的，而在这些环境中，每个人都不得不把那些单
155 词联系到一些同样的知觉上去，那就够了。从而，随着这些环境更其频繁地重复出现，而使精神进一步习惯于根据不同环境把同样的一些观念连接到同样的一些信号上去，他们就把这些单词的意义更加精确地固定下来了。动作言语已经排除了在起初可能经常会出现的模棱两可和暧昧不清的词义。

§81 那些原是用以满足我们的需要的客体，有时却很可能为我们的注意所疏漏；可是，对那些本来只能产生恐怖和痛苦的感觉的客体，想要不加注意，倒反很难做到。因此，人类对事物命名的或迟或早，总是按照事物引起人类注意的程度为准的。可以这么说，比如，侵扰人类的那些野兽的名词就出现在人类赖以充饥的那些果实的名词之前。至于其他客体，则要按他们觉得这些客体是否宜于满足其较为迫切的需要，还要按他们从那些客体所接受到的较为强烈的印象而设想出一些单词来给它们一一定名。

§82　在漫长的岁月中，在语言里除了人们对显而易见的客体所已给予的那些名称，诸如树、果、水、火以及其他被提到的机会较多的那些名称之外，就再没有其他的单词了。实体的复合概念是最早被认识的，既然它们是直接来自感官的，理应最早具有名称。随着对那些概念所包含的不同知觉进行反省，人们逐渐有了分析那些概念的能力，于是才为比较简单的观念设想出一些符号来。比如，在人们有了像树这么一个符号之后，才造出树干、树枝、树叶、绿色等等这么一些符号来。人们接着，然而是逐渐地分清了客体的一些显然可觉的不同的质；他们注意到那些客体所可能处于的一些环境，便又造出了一些单词，来表达这一切东西，这就是那些形容词和副词。但是，他们觉得，要给心灵活动取一些名称，实在是困难重重的，因为很自然，他们还不擅长对自身进行反省。所以在很长的时间内，他们曾经是没有别的方法来表达我看，我听，我要，我爱以及诸如此类的观念的，他们只能以一种特殊的声调来发出这些事物的名称，同时用某种动作来大略地指出他们所处的情况。小孩子就是这样的，他们只有在已经知道怎样称呼与他们关系最密切的那些客体之后才能学会这些单词，用来让别人了解他们心灵中所发生的情况。

§83　人类在养成借助一些动作来彼此传达这类观念的习惯的同时，也就习惯于把这类观念确定下来；并且打那时起他们才开 156
始发觉，把那些观念联系到其他的符号上去，要来得更加方便得多。他们为达到这种效果而选择的名称，便是人们所称的动词(le verbe)。因此，最早的那些动词仅仅是为了表达心灵在活动或痛苦时的状态方被想象出来的。按照这种样板，他们随后又造出了好些动词，来表达每个事物的状态。它们在这方面和形容词有着共同之处，即它们是指一个生物的状况；而且它们还有其特殊之处，即它们所指的生物，是包含着人们称之为行为和激情的那类东西的。感觉、运动是动词；而大、小则是形容词；至于副词，则是用于说明形容词所不能表达的那些环境的。

§84 在人们尚未使用动词时，他们想说出的客体的名称，就在他们通过某种动作来指明他们的心灵状态的同时被说出来了，因为这是最有利于使人理解的方法。可是，到人们开始用发音的言语的方法来弥补动作的不足的时候，事物的名称就自然会首先出现，因为它已经成了最熟悉的信号。这种出言吐语的方式，对于言者和听者双方来说都是最方便的。它之所以对于前者方便，那是因为它使他从最容易传达的观念着手；而之所以对后者亦同样方便，却是因为这种方式使他在把他的注意力固定到人家对他谈及的那个客体上去的当儿，也同时使他为了更容易听懂一个用得不太多的，其意义也不那么明显的词语做好了准备。因此，观念的最自然的顺序，乃是要求人们把动词的补语放到动词的前面，比如，人们说：果子要。

这一点还可以通过一番很简单的思考来得到证实。这就是，动作言语既是唯一可以充当发音言语的样板的东西，那么发音的言语，在其最初的时候，就理应按由于动作言语的使用而变得最为自然的那种顺序来保存那些观念。然而，人们只有在指出与他自己相关的客体的当儿才能够用动作言语来让人家知道他们自己的心灵状态。表达某种需要的那些动作只有在人们通过某种姿势来指明可以满足这个需要的东西之后方能为别人所理解。假定动作在先,那就完全是白费气力的了,而人们就不得不把这些动作再重复一遍;因为你想要人家知道你的思想,但那些人却仍然过于缺乏锻炼,不会想到要按把那些动作转译为意义的意图来记住它们。但是,人们毫不费劲地给予已指明的客体的那份注意,倒为理解动 157
作提供了方便。在我看来,即使在今天,这仍然可能是使用这种言语的最自然不过的方式了。

动词既然位于它的补语(le regime)之后,那么那个支配它的名词,即主语(le nominatif)就不可能置于补语和动词的中间,因为这样就会使动词和它的补语的关系含糊不清。句子也不能以动词来开头,因为这样的话,动词与其补语的关系就会更加不明显了。因此,主语的位置就只能在动词的后面。这样一来,单词就按它们相互支配的那种顺序组织起来了,这乃是便于理解它们的唯一方法。他们把比埃尔要果子说成果子要比埃尔,而且在当时,后一种句子结构一点也不比今天的前一种结构来得不自然。这一点可以从拉丁语得到证实,在拉丁语中,这两种说法是同样都被采用着的。仿佛这种语言是介乎最古代的语言和最现代的语言之间的,并且兼有古代语言和现代语言两者的特点。

§85　动词在起源的时候,只是以一种不确定的方式来表达事物的状态的。例如去、行动这些不定式动词(l'infinitif)。伴随着这些动词的动作弥补了动词的其余部分,即动词的时态(le temps)、语气(le mode)、数(le numbre)和人称(le personne)*。

* 在欧洲各语言中,动词要按主语的人称、单复数及动作发生的时间和说话的语气(或式)来变化,未经变化的动词原形称为"动词不定式",即此处所说的"不定式动词"。

人们一边说：**树看**，一边用某种姿势来使人知道他们所说的是自己还是别人（人称）；是说一个人，还是几个人（数）；是说过去、现在还是将来（时态）；最后，是在真实的意义上来讲的，还是在条件式的意义上来讲的（语气）。

§86　由于这种将这些观念联结到这样一些信号上去的习惯，简便了将观念联系到声音上去的方法，人们正是为了获得这种效果而创造出一些单词来的。根据前面所说的动词只能置于名词之后的同样的理由，这些单词在语句中只能放在动词后面。所以，人们便按照这样的顺序来排列他们的一些观念，即把**我将吃果子**说成**果子吃在将来我**。

§87　这些使动词的意义确定下来的声音，总是附加于动词的，不久就和动词合并成一个独立的单词，这个词按其不同的涵义变化着不同的词尾。于是，这个动词就被当作一个名词来看待了，尽管在其起源的过程中是非限定的，但是，通过它的时态和语气的变化，它就逐渐能以一种确定的方式来表达每件事物的行为和激情的状态。人类就是这样不知不觉地逐渐设想出动词的变化（la conjugaison）来的。

§88　一旦那些单词已成为我们种种观念的最自然的信号，就再也没有必要把单词按与我们今天的词序如此不同的词序来排列了。然而，人们却继续这么来排列，因为根据那种需要而形成的
158 语言的特点，不允许对这种习惯用法作丝毫改变；而且，人们也只是在经过了若干种方言土语的相互交递承接之后，才开始接近我们的理解方式的。这些变化极为缓慢，因为后来的那些语言总是保留着它们之前的一些语言的部分特征的。人们可以在拉丁语中

看出比较古老语言的特点的一个很显著的残迹,这个残迹一直传到我们的动词变位里。当我们说:je fais(我干)、je faisois(我干过)、je fis(我干了)、je ferai(我将干)等等时,我们只通过动词的词尾变化(la terminason)来区分时态、语气和数的;这一点源出于以下的事实,即我们的动词变位在这方面原是以拉丁语的动词变位为样板来作出的。可是,当我们说到J'ai fais(我已干了),j'eus fait(我早已干过)、j'avois fait(我曾经干过了)等等的时候,我们所遵循的已是对我们成为最自然的词序了。因为fait(干)在这里恰好是个动词,既然指出动作的状态的乃是名词,而avoir(过了)则是回答声音,与之相合而已,而这个声音,在语言的起源过程中乃是在动词之后发出的,因此指明动词的时态、语气和数。

§89 对être(是)这个动词,我们亦可作一番同样的观察:它同动词的过去分词连用,时而使这个分词相当于一个被动态动词,时而又相当于一个主动态动词或不及物动词的复合过去时*。在下列句子中:je suis aimé(我现在被爱),je m'étois fait fort(我曾使自己强壮),je serois parti être(我或许动身),aimé(被爱)表示激情的状况,fait(使)和parti(出发),表示行为的状况;而suis,étois,serois仅仅指明时态、语气和数而已**。这几类单词在拉丁语的动词变位中是使用得极少的,而它们在拉丁语的句子结构中却是和在原始的语言里一样,即位于动词之后的。

---

* 在法语中,助动词être加上及物动词的过去分词可以构成被动语态(如下面第一个例句),加上代词或动词或某些不及物动词的过去分词,又可构成复合过去时态(如下面第二、三个例句),此时它都不再含有"是"的意义了。

** 这些都是être的不同变化形式,表示动词的不同时态、语气和数。

§90　既然,为了表明时态、语气和数,我们有一些安放在动词前面的词语,那么,我们也可以把它们放在动词之后,给我们作为原始语言的动词变位的一个样板。那就可以使我们得到这样的一些结构,比如,不说 je suis aimé(我现在被爱),j'étois aimé(我曾被爱)等等,而说 aimésuis(被爱现在),aimétois(被爱曾)等等。

§91　如果没有需要,人类是不会增加这些单词的数目的,尤其在他们开始使用那些单词的时候,因为要构想出一些单词,并且记住它们,对他们来说要花费很多精力。同一个名词,既是一种时态或一种语气的信号,所以就放在每个动词之后,从而造成了每种母语在起初只有一种变位法。如果变位的数目增多了,那是由于几种语言的混合的结果,或者是用来指明时态、语气等等的单词,
159 在其发音的难易随着位于它们之前的那个动词而定的同时,往往发生了变异的缘故。

§92　心灵的种种不同的质,只是心灵所经历的活动和激情的不同状态所带来的结果,或者是心灵屡次受激或受抑而养成了习惯所致。故为了认识这些质,必须事先对心灵这一实体的受激或受抑的种种不同方式具备某个观念才行。因此,表达那些不同方式的形容词,只能在动词既经认识之后方得到通用。说话 parler 和说服 persuader 这两个动词必定是在雄辩的 éloquent 这个形容词之前就已使用了的;仅此一例,就足以明显地说明我的看法了。

§93　在说到那些为命名事物的质而造的名词时我依然仅仅只援引一些形容词。这是因为抽象名词只有在经过很长的时间之后才能为人们所了解。在人类开始观察客体的不同的质的时候,他们并不是单单只看到那些不同的质的本身,而是把它们作为某

一主体所具有的某种事物来加以察觉的。由此可见，他们给它们所取的名字，理应包含对该主体的某种观念，像大的 grand、警惕的 vigilant 这样一些形容词就是这样的。随后，人们对那些既得的概念加以复查，为了更便于表达新的思想起见，人们还不得不把这些概念分解开来；直到此时，人们才把那些质和它们的主体区分开来，并且造出诸如伟大 grandeur 和警惕性 vigilance 等等这样一些抽象名词来。假如我们能追溯到一切原始名词的起源，我们就会承认，没有一个抽象名词不是从某个形容词或者某个动词派生出来的。

§94　在动词的使用之前，正如我们已看到的那样，人们已经有了一些形容词，用来表达一些显而易见的质，因为最容易确定的一些观念，按理是最先获得名称的。可是，由于缺少把形容词联系到与它相关的名词上去的单词，人们就只好满足于让这两个词紧挨着排列。montre terrible（可怕的怪物）的意思就是 ce montre est terrible（这怪物是可怕的）；因为动作弥补了那个未曾通过声音表达出来的东西。在这一点上，必须注意的是，名词时而置于形容词之前，时而又置于形容词之后，要看人们是侧重此一观念，抑或侧重彼一观念而定。有个人，在见到一棵大树的时候，出于对它的高大不胜惊愕，就会脱口而道：grand arbre（好高大的树），虽然在其他一切场合下他可能只会说：arbre grand（树高大得很），因为对他触动最深的观念，就是他自然而然地首先表达出来的观念。

在人们已经造出了一些动词之后，就能容易察觉到，加在那些动词上的，用以区分其人称、数、时态和语气的那个单词，还具有将动词和支配这些动词的名词联结起来的属性。因此，人们便用这

160 同样一个单词，来把形容词同它的名词联结起来，或者至少构想出一个类似的单词来。于是就让 être（是）这个词来起作用，除此之外，是没有办法能足以指明人称的。正如我在先前[①]已经说过的那样，这种联结两个观念的方式即是人们所谓的肯定。因此，这个单词的特点就在于指明肯定性。

§95 当人们用 être 这个单词来联结名词和形容词的时候，他们就把名词连接到形容词上去，就仿佛连接在这么一个单词上，使肯定性尤其特别地落在该词的身上。这样，就立即会发生人们在动词的情况中已经见到过的那种情况了；这就是，两个单词合二为一了。由于这样的情况，那些形容词也就变成能变位的了。而且，它们之所以能够区别于动词，仅仅是因为它们所表达的那些质既非动作又非激情而已。于是，为了把那些名词全都置于同一类别中去，人们把动词仅仅看作这样的一个单词，它是能够变位的，并以主格来肯定一种不管什么样的质。这样就出现了三类动词，一类是些主动态的动词，或者说，是些表明动作的动词；另一类则是一些被动态的动词，或者说，是些指明激情状态的动词；而最后一类则是一些中性动词*，或者说，它们指明所有其他的质。语法学家后来改变了这种分类方法，或者说，他们设想出了一些新的分类方法，因为在他们看来，由补语来区分动词要比由意义来区分动词更为方便一些。

§96 形容词既已转变成为动词，语言的结构就少许有了些

① 见第一卷，第二篇。

* 中性动词（le verbe neutre），即通常所说的不及物动词。

变化。那些新转变来的动词的位置也就变了，就和那些使它们得以派生出来的名词的位置一样；因此，它们有时被放在名词之前，有时又被放在充当它们的补语的名词之后。这种习惯用法后来也扩展到其他动词那儿去了。这就是为那个在我们看来极其自然的句子结构做了准备的时期。

§97　因此人们就不再屈从于总是按同样的顺序来排列他们的观念了。人们把那个已经加在若干形容词上的单词从形容词中分离出来；把它们另行变位，而且，在对它经过长期的相当固定的定位之后，正如拉丁语早已证明过的那样，人们就在我们的语言中把它固定于支配它的名词之后，而置于充当其补语的那个名词之前。

§98　这个单词并不是任何质的信号，本来就不能列入动词之中，人们更没有为了它而像对形容词所已做过的那样特地把动词的概念加以扩展。因而，这个名词就仅仅被看作为一个以人称、 161
数、时态、语气的区别来说明肯定性的单词了。从此之后，动词 être 就成了真正孑然独立的了。语法学家们由于未能发现这些变化的发展过程，所以就很难对这类名词所应具有的观念取得一致的意见①。

§99　用同拉丁语的动词变位法一样的方法来解释拉丁语的变格(la déelinaison)，那么变格的来历应当是不言自明的了，因为两者的起源不会有什么差别。为了表明数、格(le cas)和性(le genre)，人们曾经设想出一些置于名词之后的单词，而这些单词

---

①　雷尼埃教士说："在各种词类中，没有哪一种词类能有我们对动词所具有的那么多的定义。"见《法语语法》，第325页。

则使名词的词尾(la terminaison)发生变化。在这一点上,我们就可以指明,我们的变格的一部分是依照拉丁语的变格而形成的,因为这些变化采用不同的词尾变化,而另一部分则是根据我们今天给予我们观念的顺序而来的,因为那些冠词(l'article),既然是数、格和性的符号,便应放在名词之前。

依我看来,只须将我们的语言与拉丁语作一番比较,就能使我的推测变得相当可靠了,而且也有理由推想,要是能探溯到一种原始的语言上去的话,上述推测也不会同实际情况相去太远。

§100 拉丁语的变位和变格,若论其变化及其准确性,则胜于我们的语言。我们对助动词(le verbe auxiliaire)和冠词不得不频加使用,这就使文体冗长而累赘;这一点,从我们需要万分小心谨慎,乃至不断重复那些毫无必要的冠词便可更加明显地感觉得到。比如,我们不说:c'est le plus pieux et plus savant homme queje connoisse(这是我所认识的最虔诚而又博学的人),而说:c'est le plus pieux et le plus savant...(这是我所认识的最虔诚而最博学的人)*,人们还可以注意到,由于我们的变格的性质,我们就缺乏语法学家们称之谓比较级(le comparatif)的名词,对于这一点,我们就只能用 plus(比较、更)这个单词来作为弥补,而这个 plus 也跟冠词一样,是需要不断地加以重复的。动词变位和名词变格既是语句中出现最频繁的词类,这就说明我们的语言在准确性方面不及拉丁语言。

---

* 在这两句中,冠词是 le。在法语中,第二种是正确的说法,其中冠词 le 在每个形容词的最高级前均需重复出现,而意义却没有增加,故作者认为这种重复是没有必要的,它造成了文体的冗长拖沓。

§101　我们的动词变位和我们的名词变格都反过来又有胜过拉丁语的变位和变格之处，这是因为我们的变位和变格使我们能把某些在拉丁语里含混不清的意义区分得分毫不爽。我们有三种过去时(le prétérit)：je fis(我做过)，j'ai fait(我已经做好了)，j'eus fait(我早已做过了)，而他们却只有一种：feci(我做过)。冠词的省略有时会改变句子的含义，比如：je suis père(我是父亲)和 je suis le père(我是那人的父亲)，这两句话的意义就并不相同，在拉 162
丁语里，它们都用同一种说法 sum pater(我是父亲)来表示，意义当然就含糊了。

第十章　同一论题的继续

§102　为每一个客体专门设想出一些名称来是不可能的；因此就必须在很早就具有一些一般性的词语。可是，为了确保每个人都能形成同样的一些抽象观念，并且把那些同样的名称加诸同样的一些观念，难道不需要以如此巧妙的技巧才能抓住那些环境吗？只要人们阅读一些有关抽象题材的著作，就会看到，即使在今天，要在这一方面有所成功，也不是轻而易举的。

只要观察一下一般观念的顺序，就足以了解那些抽象的词语是按怎样的顺序下来构想出来的。这两者的起源及各自的发展都是同样的。我的意见是说，如果那些最一般的概念总是来自我们直接得自感官的观念的话，那么可以同样肯定的是，那些最抽象的词语也是从给明显易感的客体所取的那些最初的名称派生出来的。

人类总是在其力所能及的范围内，将他们的最新的知识同他们所已获得的某些知识联系起来的。那些不太为人们所熟知的观念就是这样和人们比较熟悉的观念联结起来的，这对于记忆和想象都是一大助益。因此，当种种环境使我们注意到新的客体时，我们便立即会探求它们与我们所已熟悉的客体之间的共同之处；于是我们便将它们列入同一个类别中去，并以同样的名称来分别指明它们。就这样，一些信号的观念就变得更加一般化了。不过，这只能是逐渐形成的；人们只能逐步地上升到那些最抽象的概念，并且也只能在很晚的时候才获得诸如本质、实体和存在等术语。或
163 许有这样一些民族，他们的语言至今还未臻丰富①，果真他们比我们更为无知的话，我不相信其原因确是在这个方面。

§103　抽象词语的使用愈是趋于巩固，就愈能令人认识到，发音的言语是多么适宜于一直能表达到那些同显而易见的事物仿佛关系极少的思想。想象便开始起作用了，以便在触动感官的一些客体中，找到在心灵深处所产生的那个东西的印象。人们既已在物质中不断察觉运动和静止；既已发现物体的变化趋势或运动倾向；既已看见空气在流动，在搅混又澄清着；看到植物在萌芽发育，茁壮成长，又枯萎凋零了；他们就说起心灵的运动(le mouvement)、静止(le repos)、倾向(l'inclination)和趋势(le penchant)，说起精神在流动(s'agiter)，在搅混乱(se troubler)、在澄清(s'éclaircir)、在萌芽发育(se développer)、在茁壮成长(se fortifier)、在枯萎凋零(s'affoiblir)。最后，人们就欣然满足起来，以为在心灵的一种行为和物体的一种行为之间找到了一种什么关系，

① 这可以从德·拉·贡达米纳先生的记述中得到证实。

可以分别给这两者起一个同样的名称[①]。精神这个术语是从哪里来的呢？它是不是肉眼无法看见的一种极其微妙的，如一缕青烟，一丝气息那样的物质的观念呢？那个许多哲学家所如此熟知惯识的观念，均被他们自己设想成了一个由无数细微的部分组成的，能够思想的实体。这种谬论已为我所批驳过了[②]。

人们可以显然地看到，所有这些名称，在它们起源的时候，都是如何图形化的。在一些比较抽象的术语当中，我们也许可以举出几个例子来，在这些例子中，上述事实看来并非那么显著。比如，思想这个词就是这样的[③]。可是大家马上就会信服，这个单词

---

① 洛克说(第三卷第一章，§5)：我毫不怀疑，如果我们对一切单词都能追溯到它们的起源的话，那么我们只会发现，在各种语言里，人们用来表示一些并非感官所能感知的事物的那些单词都是源出于可以感知的观念的。从而，我们可以揣测，最早操那些语言的人所具有的是些什么样的概念，这些概念是从何而来到他们的精神之中的，而自然又是如何通过人们给事物所起的名称本身，不期而至地向人们提示其一切知识的本源和原理的。

② 见第一卷第一篇第一章。

③ 我认为，这是人们所能选取的最难的例子了，从笛卡尔学派所提出的一个难题就可以肯定这一点，他们相信，凭这个难题就可以把那些主张我们的一切知识无不来自感官的人逼入难以自圆其说的境地。他们问道："那些纯然是精神方面的观念，比如说，思想的观念和存在的观念，它们能通过什么感官来进入理解的呢？它们难道是明亮的或者彩色的，可以进入视觉的吗？难道是一种低沉的或者是高亢的声音，可以进入听觉的吗？难道是一种芳香的或者是腐臭的气味，可以进入嗅觉的吗？难道是一种鲜美的或者苦涩的滋味，可以进入味觉的吗？难道是寒冷的或者是温暖的，是坚硬的或者是柔软的，可以进入触觉的吗？要是大家根本不能回答这个并非没有道理的问题，那么就得承认，那些属于精神方面的观念，比如存在和思想这样一些观念，其来源无论如何也不是来自感官的，而是我们的心灵本身，即具有自行形成那些观念的机能。"(见《思想的艺术》，第一卷，第一章。以上这番议论引自圣奥古斯丁的《忏悔录》)这种议论，在洛克的著作问世之前，曾颇能迷惑人们；可是在今天，如果其中有什么站不住脚的东西的话，那恰恰就是这种议论的本身了。

也不应视为例外。

164 正是一些需要,给人类提供了最初的机会,来觉察在他们自己身上所产生的那个东西,并且先通过动作,继而又通过名称来把它表达出来。所以这些观察唯有相对于那些需要方得以进行,而且,正是由于需要在促使人们去进行观察的时候,人们才能把若干事物区分开来。然而,那些需要均是与肉体唯一相关的。因此,我们给我们能够感受得到的东西所起的那些最早的名称,所指的只是一些可以感知的动作。到了后来,人们逐渐地熟悉了抽象的术语,这时就有能力把心灵和肉体区分开来了,并且能对这两个实体的活动加以考察。于是,比如,当人们说起我看的时候,他们不仅察知肉体的动作是什么,而且还特别地觉察到心灵中的知觉,并开始把看这个词语看作是既适用于指明肉体的,又适用于指心灵的活动的了。甚至这种用法仿佛如此自然地确定下来了,以致人们未曾察觉到,这个单词所指的意义已被大家延伸开来了。一个起先仅被规定来指肉体的某个动作的符号,就是这样逐渐地成为一种心灵活动的名称的。

人们越是对心灵活动进行思考,因为正是心灵活动这一途径提供了那些观念,就愈是觉得有必要将这些活动归属到不同的类别中去。为此,人们不必另行构想新的术语,因为这毕竟不是使大家相互理解的最方便的方法,而是逐渐地根据需要来延伸某几个业已成为心灵活动的符号的名称的意义;以致其中有某个名称最终被认为是极富概括性的,可以表达心灵的一切活动,这就是思想这个名词了。在我们想指出一个尚未经习惯用法确立的抽象观念时,连我们自己也别无他法来引导自己。所以,这一切全都证实了我在前面一节中所说过的话，即**最抽象的术语也是从给可以感知的客体所起的一些名称中派生出来的**。

§104　一经熟悉了这些符号的用法之后，人们就马上忘掉了它们的本源，而且陷入了这样的错误，即认为它们本来就是精神方面的事物的最自然的名称了。人们甚至还妄自把它们设想为能完 165
美地说明精神方面的事物的本质和本性的，尽管事实上它们所能说明的只不过是极不完备的一些与精神方面的事物类同的事物而已。这种弊病在古代哲学家们的著作中是俯拾皆是的，就是在现代最优秀的哲学家们的著作中，也仍然是屡见不鲜的，我们在推理方法上的进步之所以缓慢，其主要原因盖在于此。

§105　人类，主要是在语言起源的时候，由于并不善于对其自身进行反省，或者由于只有一些直到当时还只能应用在截然不同的事物上的符号，来表达他们可以在自己身上觉察到的东西，于是我们就可以断定，他们在给某些心灵活动赋予名称之前，须得克服重重的障碍。比如，那些连接语句的各个不同部分的小品词(laparticule)，只是到了很晚才被创造出来的。那些小品词精密细致地表达了客体触动我们的方式，以及我们对这些客体所作出的判断，而这种精密细致，长期以来一直是粗犷的精神所不具备的，这就使人类难以进行推理。所谓推理者，乃是把种种不同的命题之间的关系表达出来。然而，很明显，只有连接词(la conjunction)才能为推理提供方法。而动作言语对这些小品词的缺乏只能略有所补，而且，人们要凭借名词来表达这些以小品词为符号的关系，这只有在关系经由已指明的环境，并经多次重复而被固定下来之后才行。我们往下便会看到，上述情况导致了寓意(l'apologue)

的产生。

§106　人与人之间能相互更好地了解莫过于当他们给可以感知的客体起了名字的时候。可是一当他们想要达到典范概念的时候,由于他们通常缺乏样板的缘故,就会立即发现自己处于不断变化着的环境里了,并且在大家都不知道如何妥加引导各自心灵活动的当儿,便在互相了解方面产生许多困难。于是人们便在同一个名词下把一些简单观念或多或少地聚集起来,而他们所聚集起来的又往往是些极其对立的观念,于是就发生了字面上的争执。关于这一题材,在两种不同的语言之间很难找到彼此完全对应的词语。相反,在同一种语言里,要指出其意义不甚确定,又可以作出许多不同用法的词语,倒是不胜枚举的。这些缺陷也被带进了哲学家的著作之中,成了很多谬误的根源。

166　在讲到那些实体的名称时,我们已经看到,复合观念的名称早在简单观念的名称之前就被撰想出来了①。人们在给典范概念命名的时候,所遵循的顺序是完全不同的。这些概念只是我们有选择地聚集起来的若干简单观念的集合体,很明显,我们只能在通过一些特殊的名称而将我们想要使之进入这些集合体的每一个简单观念全都确定下来之后,方能形成这些概念。比如,我们要给**勇敢**这个名词赋予以该名词为符号的概念,那只有在通过其他一些词语,把**危险**,**对危险的认识**,**奋不顾身面临危险的义务**,以及**完成这项义务的坚定性**等这样一些观念全都固定下来之后方有可能做到。

① 请参阅前章,§82。

§107　代词(le pronom)是人们最后创造出来的一些单词，因为人们对这些词的必要性最后才有所感觉。大概经历了漫长的时间，才们才逐渐习惯于使用代词的。精神已经习惯于每次以同一个单词来唤起同一个观念，要它习惯于以一个名称来取代另一个名称，有时甚至是整整一个句子，总是不太容易的事。

§108　为了减少这些困难，人们就在语句中把代词放在动词前面，因为这样的话，代词就更接近于所替代的名词了，而它们与动词之间的关系也就变得更加明显了。我们的语言甚至为此而定出了一条规则，只有在动词处于命令式(l'impératif)，即发出命令的情况下方能例外。我们说：faites-le(请做这件事)。之所以引入这种用法，或许仅仅是为了进一步突出现在时的命令式。但是，若命令式意味着不准做某事，代词就恢复了它原有的位置，所以我们说：ne le faites pas(请别做这件事)。在我看来，其理由是很显然的。动词表明的是一件事物的状态，而否定词则指出这一状态的取消；因此，为了更加明白起见，自然就用不到把否定词与动词分开来。然而，正是这后面的一个 pas(不)是用来补充否定语气的，因此，它就比 ne 更有必要紧挨动词*。我甚至觉得，pas 这一小品词也从来不想跟它的动词分开的。我不清楚，语法学家们对此是否作过评论。

§109　在人们想要把单词划分入不同的类别时，往往对它们的性质不加过问。这就是人们把那些并非代词的单词也列入代词

---

* 根据法语语法，代词一般放在动词后面，但在命令式中，否定句遵照上述规则，而肯定句则把代词放在动词后面。此处句中动词为 faites(做)，代词是 le(这件事)，ne＋动词＋pas 是否定结构。

之中的缘故。比如，当我们说：Voulez-vous me donner cela（请您
167 把这给我）时，vous（您），me（我），cela（这）分别指说话的人、听话的人以及说话的人所要的那件东西，因此，这些词早在代词产生之前本来就都已是众所周知的名词了，并且按照其他名词的顺序，它们分别在语句中占有各自的位置；这就是说，在它们用作动词的补语时，放在动词之前；而在它们用来支配动词时，则置于动词之后。比如，人们可以说：cela vouloir moi（这个想要我）来代替：je veux cela（我想要这个）。

§110　我相信，留待我们去讨论的，只剩下性的区别了。然而，显而易见的是，这种区别的起源不过是性别的不同罢了，而且人们把名词归为两种或三种性，其目的也只在于使言语显得更加井井有条，更加清楚明白而已。

§111　各类单词就按上述顺序，或者差不多是接近于上述顺序而相继创造出来了。只有在有了各种各样的名词，而且又为语句的结构定下了种种固定原则之后，各种语言才能算是真正开始有了其文体了。在此之前，文体只不过是一定数量的词语而已，它们还得借助于动作言语才能表达一系列的思想。不过，我们应当指出，要使文体更臻于准确，代词乃是必不可少的。

第十一章　论单词的意义

§112　只消留意考察一下名词是如何撰想出来的，就可以发现，那些简单观念的名称乃是最不易于染上模棱两可的，因为那些环境明显无误地规定了与它们相联系的那些知觉。只要我注意

到，人家就是使用诸如白、黑这样一些单词来指明正是我此刻所感受到的某些知觉的，则就不可能对白、黑这些单词的意义产生怀疑。

§113　至于复合概念，情况就不同了。它们有时是那样的复杂，以致人们只有经过很长时间才能把理应属于它们的那些简单观念聚集到一起。人们所易于观察到的某些显而易见的质首先构成了人们对一个实体所产生的概念，在此之后，随着人们更加善于 168
抓住新的质，这个概念便被弄得愈益复杂起来。事实确实是这样的，比如，金子这一概念，在起初只不过是一种黄澄澄的、沉甸甸的物体的概念，经过一段时间，人们所得出的一条经验便在这个概念中补充了可锻性这一性质；接着，另一条经验又在这一概念中加入了可延展性或稳定不变性，而且如此继续不断地补充下去，直到把最高明的化学家用以构成金子这一实体的观念的全部性质全都补充进去为止。人人都可以觉察到，凡是人们在金子中所曾发现过的那些新的性质，无不与人们在这种物质中所发现的最初一些性质一样，都应当列入人们已经对它得出的概念里去。这就是为什么已不再有可能确定能构成一个实体的概念的简单观念的数目到底有多少。在某些人看来，这个数目是比较大的；而在另一些人看来，这个数目又要小一些，这完全取决于经验，以及人们用以取得那些经验所需要的敏锐机智。这样看来，实体的名称的涵义势必是很不明确的，并且曾引起过大量字面上的争论。我们自然会有这样的倾向，即认为别人都具有和我们一样的观念，因为他们也在使用着同样的言语：从而，常常会发生这样的情况，即尽管我们主张的是相同的意见，而我们却以为各自所持的看法是对立的。在这些场合里,只要说明术语的意义,就可以消除争执的根源,并使很多在我们看来是重大的问题成为显然是无关紧要的小事了。洛克对此提供了一个例证,很值得援引一下:

“有一天”,他说,“我参加了一次医术高明而才智敏遂的医生们所举行的集会,会上偶然探讨起某种体液(liqueur)是否能透过神经纤维。大家的意见发生了分歧,由于各人固执己见,彼此援引互不相同的论据以支持各自的观点,故争论持续了很久。由于长期以来,我在自己的思想中存在着这样的见解,即很可能绝大多数的争论,与其说是由于对一些事物的理解方式存在着实际差别,毋宁说是对于单词的涵义存在着异见。我于是便冒昧地向那些先生
169 们提出,请他们在进一步开展这项争论之前不妨先审查一下,并在他们之间确定体液这个词眼的含义究竟是什么。他们起先对这个建议感到有点莫名其妙,而且,若不是出于礼貌,他们也许会把这个建议视为儿戏和荒唐之举而不屑理会,因为在这个会上,没有一个人不相信自己对体液这个单词的涵义的理解是完全透彻的,加之这个单词,我认为,实际上也并非是最令人头痛的实体的名称之一。尽管如此,承蒙他们的盛情美意,他们还是答应了我的要求。于是,他们对这件事作了一番审查。通过审查,他们终于发现,这个单词的意义,既不是那么确定,也不像他们在此前所一致深信不疑的那样明确;恰恰相反,他们各自都把这个单词当成一个不同的复合观念的符号。至此他们才恍然大悟,他们激烈争论的焦点正是关于这个术语的涵义,而他们差不多一致同意的乃是同一回事,即某种流动而易渗透的物质,是经由神经的微隙而透过的,虽说这种物质是否应当以液体这个名词相称,还不是那么容易确定的,但经过

他们各人的慎重考虑，才断定进行这番争论是毫无价值的[①]。”

§114　那些典范观念的名称的涵义，比起实体的名称的涵义来，还要更不明确，这或者是因为人们很少能找到它们所隶属的集合体的样板，或者是因为即使有了样板也往往不容易指出该样板的各个部分，因为那些最主要的部分，恰恰就是最容易为我们所疏漏的部分。比如，为了对一种犯罪行为得出一个概念，光靠观察犯罪行为的外表和看得见的部分是不够的，还必须抓住一些眼睛所看不到的东西。必须深入弄清犯罪者的动机，揭示犯罪行为和法律的关系，甚至有时还必须认清犯罪之前的若干环境。凡此种种，都要求我们处处以细心，而疏忽大意和机敏不足通常使我们无法做到这些。

§115　奇怪的事情莫过于发觉，就在人们信心十足地运用言语的当儿，却正好是他们对言语滥用最甚的时候。尽管人们对于达到彼此了解从未处之以任何谨慎小心，可是他们却信以为是互相理解的。单词的习惯用法已经变得那么为人所熟知，以致我们并不怀疑，只要我们说出那些单词，人家就会马上抓住我们的思想，仿佛那些观念在言者那里和在听者那里只能完全是一般无异似的。而哲学家们却非但不去纠正那些滥用，反而让他们自己也沾染上晦涩暧昧了。每个派别都卷入了撰想一些意义模糊或空洞的术语的活动中去了。正是由于这一点，他们竭力掩盖如许浮夸或者荒唐的学说的浅薄之处。而巧于掩饰，正如洛克所指出的那

① 见第三卷第九章§16。

170 样[1]，反而被看作灼见和真知了。最后，出现了这么一些人，他们用各个派别专门的行话切口构成了他们的言语，来对各种题材提出赞成或反对的意见，因为他们都是一些有才能的人，曾备受过赏识，或许还将受到赏识。不过人们要是更好地对事物作一番鉴别，所谓的才能就只能招致极端的蔑视了。为了防止这类滥用，下面我就来论述一下单词的确切意义究竟应该是什么。

§116　只有在表达人们自己的精神中已具备了的观念时，才必须使用一些符号。如果所涉及的是实体的观念，则人们给它们起的那些名称，只应当被归之于人们在其中所指出的，并组成了一些集合体的实体的那些质。那些典范观念的名称，也只应当用来指定人们已经能够确定下来的一定数目的简单观念。尤其必须避免的是轻率地假设别人也同把和我们同样的一些观念附加到同样的一些单词上去。在我们谈论一个问题的时候，我们首先应当慎重考虑，和我们交谈的人们的那些复合概念，是否比我们的复合概念包含着为数更多的简单观念。假如我们怀疑其简单观念的为数更多，我们就应当晓得，这些观念究竟有多少，它们是属于何种类别的，假如在我们看来其简单观念为数较少，那么我们便应当说明，我们还得在里边再补充哪些简单观念。

至于一般名词，我们只能把它们看作是区分种种我们用以归属我们观念的各种不同类别的符号；而且，当人们说出某个实体属于某一类别时，我们应当简单地认为，它所包含的那些质已经包括在某个复合概念之中了，而那个复合概念的符号就是某一单词。

---

① 见第三卷第十章。

除了那些实体的例证之外，在其他一切情况下，事物的本质和我们自己对事物所得出的概念自会混为一谈；因此，同一个名称，可以同样地作为两者的符号。一个由三条直线划定的空间，既是三角形的本质，也是它的概念。数学家们在大小这个一般性的词语下所混为一谈的所有事物，其情形也是如此。哲学家们，在数学中见到了事物的概念包含着对它本身的认识，便匆忙下结论说，在物理学中情况亦复如是，并且也自以为认识了实体本质的本身。

数学中的那些观念，既已用一种显然易觉的方式规定下来了，那么，把事物的概念与其本质混为一谈，便不致造成任何滥用；可是，在对典范观念来进行推理的那些科学中，就会出现人们对字眼的争论警惕不够的情况。比如，有人问起，所谓喜剧（la comédie）的戏剧诗的本质是什么，以及，人们冠以这个名称的某些剧本是否名副其实地称得上是喜剧，这时就会出现这样的情况。 171

我发现，第一个创造了喜剧的人是毫无样板可循的，因此，那种诗篇的本质，唯一地存在于他所得出的概念之中。继他之后的人们，随后又陆续给最初的那个概念添加了东西，从而便改变了喜剧的本质。我们蛮有权利可以照样办；可是，我们不去利用那份权利，而去参考我们今天所具有的样板，并且根据我们更加偏爱的那些样板来形成我们的观念。因此，在喜剧这个剧种中，我们就只能接受某几部戏，并且排斥所有其他的戏。倘若随后有人问起，这样的诗篇算不算是一出喜剧，我们每人都是根据自己所得出的概念来作出回答，而且，由于那些概念并非完全相同，我们就显得仿佛都是各执己见似的。假如我们想让那些观念替代那些名称，我们就会立即认识到，我们看法之差异仅在于我们的表达方式不同而已。不必这样去限制一件事物的概念，随着人们发现可能从属于它的新的类别而逐渐去引申那个概念，那倒反要更合理些。随之而来的是审定优于其他类别的类别是哪一个，这也许是一项饶有兴趣而又颇费工夫的研究。

我刚才关于喜剧所说的内容也可以适用于叙事史诗，因为人民对于像《失乐园》[*]、《吕特亨》[**]等等是否属于叙事史诗，是作为重大问题来探讨的。

有时候，只要有些虽然并不完备，但却是确定的观念也就够用了；而在别的时候，那些观念就必须是不折不扣地完备的。这要取决于人们所考虑的是怎样的客体。人们尤其应当区别的是，他们所谈论的一些事物，目的是为了阐明其道理呢，还是仅仅为了增长见识。在第一种情况下，光有事物的某些观念还是不够的，必须对事物有深入的认识。可是相当普遍的缺点乃是人们主要靠为数甚少的观念来作出决断，而且往往连那些观念也是确定得不当的。

我将在论述方法的时候指出一些经常可以用于确定我们附加
172 到不同符号上去的观念的方法。

第十二章　论倒装句

§117　法语的单词在语句中排列的顺序恰同观念本身在精神中的排列顺序一样，故我们扬扬自得，以为这是远胜于古代语言

* 英国著名诗人约翰·弥尔顿的名作。

** 法国诗人兼批评家布瓦洛的喜剧诗。

的优点。因为我们认为,最自然的语序,应当在指出人们所要肯定的事物之前,要求人们对所谈论的主题有所了解;那就是说,动词应当位于它的主语之后,而位于它的补语之前。然而,我们已经看到,在语言起源的时候,最自然的句子结构,却需要一种完全不同的语序。

这儿,人们所谓自然的东西,必须是按语言的特点而变化的,而且,在某几种语言里,自然的范围也会觉得比在其他几种语言里更为宽广。拉丁语就是一个明证,它是把完全相反的句子结构结合在一起的,虽然这样,它却同样显得与观念的排列顺序相一致。从下面的例子就可以看出这一点了:Alexander vicit Darium(亚历山大打败大流士),Darium vicit Alexander(大流士败于亚历山大)。倘若我们的语言仅仅采用前面一种说法,即 Alexandre a vaincu Darius(亚历山大战胜了大流士)*,这并不是说,这个句子是唯一自然的,而是因为,想按另一种不同的语序来求得明晰性,那是我们语言的变格所不许可的**。

那些硬要把 Alexandre a vaincu Darius 这个句子的法语结构说成是唯一自然的人,其观点的立足点是什么呢?无论他们是站在心灵活动这一边来考虑事情,或是站在观念那一边来考虑事情,他们都将承认,他们是陷入了偏见之中的。如果是站在心灵活动这一边来考虑这件事的话,那么可以假设,构成这个句子的三个观

* 这句话是法语,而前两句是拉丁语。此处作者以法语的语序与拉丁语来作对比。

** 在法语中,若将该句中的 Darius 与 Alexandre 的位置互换,则动词要发生变化,否则将发生意义上的混淆,故云。

念，在说话者的精神中会自行唤起，或者会在他们的精神中相继地唤起。在第一种情况下，各观念之间是毫无顺序可言的；而在第二种情况下，观念的顺序是可以变化的。因为很自然，在想起 Darius（大流士）这个观念时，Alexandre（亚历山大）和 vaincu（战胜）这
173 两个观念就会自行浮现出来，正如在想及其他两个观念的情况下，Darius 这个观念也会自然而然地浮现出来一样。

当人们想在观念的一边来审视事物的时候，错误同样是很明显的，因为这些观念之间的从属关系，同样允许拉丁语的这两种句子结构，即 Alexander vicit Darium 和 Darium vicit Alexander，其证据即如下述：

按照此一观念解释彼一观念，使彼一观念延伸开来，或者对彼一观念加以某种限制，就会使观念在语句中发生变化。从而，这些观念自然是相互从属的了，然而，其从属的直接程度之或多或少，是根据它们之间的联结本身的直接程度之或多或少而决定的。主语是和动词相联结的，而动词又和它的补语相联结，形容词又和它的实体的名词相联结，等等。可是这种联结在动词的补语和动词的主语之间并不是同样紧密的，因为主语和补语这两个名词都只能通过动词的帮助方能发生变化。比如，Darius 这个观念是直接跟 vainquit 这个观念相联结的，而 vainquit 这个观念又是直接跟 Alexander 这个观念相联结的，这三个观念之间的从属关系便保持着同样的顺序。

经过上述观察，我们可以理解，为了丝毫不破坏这些观念的自然排列，只要服从它们之间的最主要的那个联结就行了。然而，这一点在拉丁语的两种句子结构，即 Alexander vicit Darium 和

Darium vicit Alexander 中同样可以碰到，因此它们彼此都是同样自然的。人们在这个问题上之所以有所误解。只是因为人们把一种习惯的语序当成是最自然的语序了，而这种习惯又只不过是我们语言的特点使我们受到的约束而已。但是，即使在法语里，也具有一些早已能使之避免这种错误的句子结构，因为在那种结构中，把主语放在动词后面是更漂亮的说法，比如，我们说：Darius que vainquit Alexandre（大流士，他败于亚历山大）。

§118　观念之间的从属关系，在与它们之间的主要联结不太相适应的时候，就会有所变化；而且在那种时候，句子的结构就不再是自然的了。比如像下面的句子：vicit Darium Alexander（战胜大流士亚历山大）就不是自然的了，因为 Alexander 这个观念已经和 vicit 这个观念分开了，而照理说，Alexander 这个观念是理应和 vicit 这个观念直接联结在一起的。

§119　用拉丁语进行写作的作家们提供了各种各样的句子结构的例子，例如：Conferte hanc pacem cum illo bello（请比较这次媾和跟那次战争）；这个句子的结构和我们的语言是相类似的；又如：Hujus præ toris adventum, cum illius Imperatoris victoria（这位总督的来到和那位皇帝的胜利）；hujus cohortem impuram, 174
cum illius expercitu invicto（这名不清洁的骑兵跟那支不可战胜的队伍）；hujus libidiues，cum illius continentia（这个人的荒淫无耻跟那个人的洁身自好）。这些句子和前面一个句子是同样自然的，因为在这些句子中，观念的联结是一点也没有变动过的；然而，我们的语言却并不允许这样一些说法。总之，和谐复合长句却是以一个不太自然的句子结构来结束的，比如：Ab illo, qui cepit con-

ditas;ab hoc,qui constas accepit ,captas dicetis Syracucas(那个人开始建设,而这个人接受了建成的,也可以说是被占领的叙拉古城*)。这是因为Syracusas(叙拉古城)跟conditas(建设)相隔开了,而conditas又跟ab illo(被那个人)隔开了,等等,这就违背了观念之间的从属关系的缘故。

§120 如果拉丁语没有通过词尾变化在一些自然不应被分开的单词之间所架设的联系来补救倒装句(l'inversion)的缺陷的话,那么,当倒装句不符合某些观念之间的主要联结时,就会产生许多不便之处。这种联系是这样的,即为了使观念按照它们的顺序来排列,精神可以轻而易举地向相隔最远的一些观念靠拢;假如这些句子结构对观念的联结有某些违背的话,那么除了这一缺点之外,它们却具有更多的优点,而重要的问题则在于对这些优点加以认识。

第一个优点乃是,这些联结能给语句增加更多的和声谐音。实际上,既然一种语言的谐音乃是由各种各样的声音以及它们的节奏和各声音之间相互接续的音程所混合而成的,所以人们便可以看出,以高尚的情趣所选择的倒装句理应产生出怎样的谐音来。西塞罗曾提供了一个和谐复合长句来作为例证,这一点我刚才已作了引证①。

§121 另一个优点乃是,这些结构可以增加文体的力量和鲜明生动性。这似乎是比较容易做到的,只要人们将每个单词安放

---

* 叙拉古城,西西里岛上的古城。

① 见《演说家专论》。

在它自然应当产生最佳效果的位置上就行了。或许有人会问，一个单词放在某个地方会比放在另一个地方更加有力量，那是什么道理呢？

为了了解，只要把一种其词语遵循着观念联结的句子结构，同另一种其词语背离观念联结的句子结构作一番比较就可以明白了。在前一种结构里，观念表现得那么自然，以致精神差不多不需要想象的运用，便可以把这些观念的系列整个儿地看个一清二楚。而在后一种结构里，理应直接地相继出现的一些观念，却由于过于分散而难以用同样的方式相互紧扣在一起；但是，如果这种句子结构是以纯熟的技巧来造出的话，则彼此相距最远的单词也能通过词尾变化在它们之间所架设的联系而毫不费劲地自行相互靠近。因此，由于观念相隔太远而产生的毫不足道的障碍，就显得只是为了刺激想象而设置的了；而一些观念的分散，也只是为了使精神不得不强迫着自己把这些观念聚集拢来，以便更鲜明地感到它们之 175
间的联结，或者感到它们之间的对立。由于这种别具的匠心，一个句子的全部力量有时竟会集结在句末的那个单词上。比如：

… Nec quicquam tibi prodest

Aeries tentasse domos, animoque rotundum

Percurrisse polum, morituro[①]

这最后一个单词 morituro（死去）结束得很有分量，因为若不自然地想起把 morituro 与 tibi（你）相分开的一切东西，精神就无

① 见《贺拉斯》，第一卷《抒情短诗》第 28 章*。

* 这段拉丁文的大意如下：你想遨游太空，这对你又会有什么好处呢？你神游了圆形的两极，就会死去的。

法使 tibi 与 morituro 相靠拢，而 morituro 却是和 tibi 相互联系着的。试将 morituro 这个单词移动一个位置，使之与这些观念的联结相称，而这么说：Nec quicquam tibi morituro（这对你会要死去的）等等，它的效果将不复相同了。因为想象不再能得到同样的运用了。这一类倒装句带有动作言语的特点，在这种言语中，单独一个符号往往相当于整整一句句子。

§122 从倒装句的第二个优点产生了它的第三个优点，这就是它乃是一幅图画。我的意思是说，它们将一个动作的种种环境都集中到单独的一个单独的单词上去了，可以说是像一名画师把种种景象收罗在一块画布上相仿；如果倒装句能将这些环境依次呈现出来，那就会构成一篇简单的咏唱了。只需再举一个例子就可以把我的看法表明得一目了然了。

Nymphæ flebant Daphinim extinctum fudere crudeli（宁芙仙女们在为咽了气的达弗尼*举行的悲伤的葬礼上哭泣），这就是一种简单的叙述。我从这叙述中得知的是，宁芙仙女们哭泣，她们在为达弗尼而哭泣，而达弗尼已经死去，等等。因此，这些情景是一幕接着一幕而来的，它们只对我造成一种淡薄的印象。但是，如果将这些单词的词序变换一下，换成这么一种说法：

Extinctum Nymphæ crudeli funere Daphinim Flebant①

（咽了气的宁芙仙女们悲伤的葬礼达弗尼哭泣）效果便会全然不同了，因为我们在读完 Extintum Nymphæ crudeli funere（咽了气的

---

* 达弗尼的故事出自希腊神话：太阳神阿波罗爱上了宁芙仙女之一达弗尼，后者为了拒绝阿波罗的求爱而化作了月桂树。

① 见维尔吉尔所著《牧歌》，第五卷，第三章，第 20 节。

宁芙仙女们悲伤的葬礼）之后，对所讲的内容还是一无所知，一直要读到 Daphine（达弗尼）时，我才看到这幅画的第一个笔触，而读到 flebant（哭泣）时，我才看到它的第二个笔触，至此，这幅图画就算画成了：宁芙仙女们在哭泣，达弗尼奄奄一息，这种伴随着一切能够造成悲惨命运的死亡景象立即使我受到触动。这就是倒装句对想象所产生的威力。

§123　我在倒装句这种句子结构中所发现的最后一个优点
就是使文体更为确切。在使精神习惯于把一个词语联系到同一个 176
句子里相隔较远的那些词语上去的时候，这些句子结构也就使精神习惯了避免词语的重复。我们的语言是如此不利于使我们养成这个习惯，以致有人会说，我们只有当两个单词彼此直接相接续的时候才能见到它们之间的关系。

§124　假如我们将法语同拉丁语作一番比较，我们就会发现，它们双方都有各自的长处和短处。两种观念的排列方式是同样自然的。我们的语言通常只准采用一种排列法，所以，从这一点看来，它变化较少，而且也不太有利于声音的和谐。要使这种语言容忍观念的联结可以自行变化的倒装句的存在，那是很不容易的；因此在生动活泼方面就免不了要大为逊色；可是它在句型的简洁明了方面，也具有独到之处，可以弥补其不足。我们的语言喜欢使句子结构经常服从观念之间的主要联结，从而，它很早就使精神习惯于抓住这个联结，这就使精神自然而然地变得更为正确，并且逐渐地给它传递了这个简洁和明了的特点，由于这一特点，法语本身在很多种语言之中便成为极其优越的了。此外，我们还将见到①，

① 请见本篇最后一章。

这些优点多多有助于哲学思想的进步，而且我们是怎样补偿了古代语言的若干特殊美质的损失。为了使大家不致认为我是在这里以奇谈怪论来哗众取宠，我将要指出，我们会很自然地习惯于把我们的观念恰如其分地联结到我们赖以受教育的语言的天然禀质上去，而且还会随着语言本身在这方面进一步发展而获得准确性。

§125 我们的句子结构愈是简单，就愈是难于掌握语言的特点。在我看来，用拉丁语来写作，似乎要更加容易得多。它的动词变位和名词变格是这种语言可以预防很多弊病的一大特性；而对这些弊病，我们若不作出很大的努力是防不胜防的。在同一个和谐复合句中，人们可以有条不紊地集结起为数甚多的观念，这甚至往往是一种美质。而在法语中则恰恰相反，人们仅仅为了把那些可以最自然地在句中构筑起来的观念放进一个句子中去，就必须采取极其谨慎小心的态度。为了避免代词的使用所引起的意义模糊，必须对此处以惊人的注意。最后，在人们为了防止自己去犯这
177 些错误而不采取这些造成语句软弱无力的、隔离开来的句型之后，难道就不会具有丰富的表达手段了吗？但是，在一经克服这些障碍之后，还有什么东西能比我们语言的结构来得更加优美的呢？

§126 此外，我不敢根据我在本章所论述的观点来自夸，说我能按众人之意来决定应当偏爱拉丁语还是偏爱法语的问题。有些人孜孜以求的只是井然有条的语序和尽可能的清晰明了；另一些人则偏爱语言的绚丽多彩和鲜明生动。很自然，在这些场合里，各人都是根据其本人的喜好来作判断的。就我而言，我似乎觉得这两种语言的优越性是如此迥然不同，以致根本无法对它们加以比较。

第十三章　论书写[①]

§127　人类在通过声音来相互交流他们的思想的情况下，感觉到有必要设想出一些新的符号，以便于把这些思想永久保存下去，并且使不在场的人们也能知道这些思想[②]。在那个时候，想象向他们再现的，只不过是一些他们已经通过动作和单词来表达的相同的形象，而这些动作和单词，从一开始就成了图形化和暗喻化了的言语。因此，最自然的方法，乃是描绘出事物的形象。为了表达一个人或者一匹马的观念，人们曾用一个人或者一匹马的形状来进行表现，而最早的书面的文章，只不过是一幅简单的图画而已。

§128　因此，出于刻画我们思想的需要，图画理应作为书写 178
的起源，这是极有可能的。而这种需要，无疑是曾有助于动作言语的保存的，因为这种言语是最能容易地描绘出来的。

§129　尽管这种方法产生了诸多不便，但连美洲最开化的民

---

① 在我行将完成本篇的论述时，我手头正巧弄到了一本沃伯顿先生所著的《古代象形文字论》，该书系从英文版译来。这部著作从头至尾充满着哲学思想，同时又充满了丰富的资料。我以喜悦的心情看到了我所早已想到过的事情：正如该书的著作者说的一样，言语在其起源之后，应当是极为图形化和暗喻化的。我自己的想法曾经同样使我注意到，书写起初只不过是一幅简单的图画而已，但我还丝毫未曾想到要去发现，人们是通过怎样的进步过程才达到了文字的发明的，而在这一方面，我似乎是难以有所成就的。但这件事情现在已经由华皮尔登先生完美地付诸实现了。我所叙述的，全都是，或者差不多都是从他的著作中摘录下来的。

② 其理由已在本篇第七章中叙述过了。

族都仍然不知道如何发明更好的办法[①]。埃及人的头脑比较机灵些,他们最早采取了一种比较简便的方法,人们给这种方法起了个名字,叫做“象形文字”(hiéroglyphes)[②]。他们似乎是追随着书写的一系列的进步之后,通过他们所撰想出来的或多或少的方法上的技巧,才发明了文字的。

书卷体积的无比庞大带来了很多困难,这促使人们只用单独的一个图形来作为若干事物的符号。通过这个方法,从前只是幅简单的图画的书写就逐渐演变成图画和记号,这就完全构成了象形文字。这曾经是保存人类观念的那种粗糙的方法所迈出的趋于完美的第一步。人们于是就采用了三种方式,这三种方式,参照了事物的本性,看来是通过不同的阶段,在三个不同的时期逐一发现了的。第一种方式主要是用某一主体所处的基本环境来代替事物的全部意义。比如,用两只手,其一执盾,另一执弓,来表示一场战斗。第二种方式构思得更加富于艺术性,主要是以事物的实际的工具或暗喻的工具来代替事物的本身。比如,把一只眼睛画在一切东西的上方,用来表示上帝的无穷智慧,而用一把剑来表示一个暴君。最后,为了表示一件事物,人们便进而使用另一种可以在其

① 加拿大的野蛮民族尚无其他的办法。

② 象形文字,分为本义文字和象征文字两种。本义文字(les propres)又分为“近东多角体”(les curiologiques)和“热带体”(les tropiques)两种。近东多角体以部分代替整体,热带体则以另一事物来说明原来的事物,而这另一事物与原来的事物之间存在着某种相似之处或众所周知的类同之处。这两种文字都是作为传递信息之用的。象征的象形文字(les symboliques)作为寓意之用。人们同样将这种文字分为两类:热带体和隐语体(L’énigmatiques)。为了形成热带体的象征文字,总是采用事物的一些不十分为人们所熟知的属性,而隐语体则总是由不同事物的神秘集合,以及各种不同牲畜的各部分躯体所组合而成的。请参阅《古代象形文字论》,第 20 节,以及其下一节。

中见到某种相似之处或某种类同之处的事物，这就是用于这种书写的第三种方式。比如，宇宙曾经是用一条蟒蛇来表示的，而它身上的一些斑驳的黑点则用来表示星辰。

§130　这些创制出象形文字的人的最初目的，乃是为了保存对种种重大事情的记忆，并使人们了解法律，规章制度和一切有关 179
民事的材料。所以这些文字在初创的时候，人们曾小心翼翼只使用一些其类同之处最易于为所有的人都识别的图形。可是，随着哲学家们不断将这一方法应用于思辨方面的题材，就使它变得精密细致了。一当他们信以为在事物中发现了最抽象难解的质，就有一些人，或者是出于标新立异，或者是为了对凡夫俗子们隐瞒他们的知识，便乐于选择这样的一些图形来作为记号之用，这些图形与他们所欲表达的事物的关系，尚未丝毫为众所周知。在一段时间之内，他们便限于使用一些大自然为之给出了样板的图形；可是随后，对于他们的想象给他们所提供的大量观念来说，这些图形对他们显得既不足以应付，又不十分便利。因此，他们便以不同事物的神秘的结合，或者以各种不同的动物的部分躯体，来构成他们的象形文字，这就使这些文字彻头彻尾地变成隐语式的了。

§131　最后，通过类同图形来表达思想的做法，以及有时使用类同图形来传递一项机密和某种奥秘的企图，便促使人们经由显明易感的形象来表示与实体相同的形式。比如，他们通过一只野兔来表示坦率直爽，通过一头野山羊来表示放荡不羁，通过一只苍蝇来表示厚颜无耻，通过一只蚂蚁来表示博学多才，等等。一言以蔽之，他们创制出一些象征性的记号，用于表示一切毫无形状的事物。在这种场合，人们以能找到随便哪一种关系而自我满足。

当人们给这些远离感官的观念赋予名称的时候，这就成了人们引导自己行为的方式了。

§132　"直到那时候，作为表象之用的动物和事物，是仿照其自然形状描绘下来的。可是，当哲学的研究已经引起了象征性的书写之后，便导致了埃及的学者们去记录许多关于不同题材的东西，由于这些精确的图形，使篇幅成倍地增加，令人望而生厌。因此，人们便逐步地使用了另一种记号，我们可以将这种记号称之为象形文字的通行书写体。这种字体的写法类似于汉字*，而且，在开始形成了图形的唯一轮廓之后，久而久之，它就变成了一种记号。这种通行书写体所产生的自然效果，乃是大大减少了人们在象征上所付出的注意，并使这种书写体固定于所意味的事物。循
180 着这条途径，象征性书写的研究就觉得是极其简单的了，在那个时候，除了使自己回想起象征性记号的能力之外，几乎没有什么别的事情可做的了，不像从前那样，必须彻底熟悉这个作为象征来使用的事物或者动物的属性。总而言之，这样便使这种书写体得到了简化，恰恰就和现今汉字所处的情况相仿。"

§133　这些记号早已抹去了所有的变化，因此就不容易使人认识，它们是怎么会来自一种原先只不过是一幅简单的图画的书写体的。某些学者之所以会陷入错误之中，信以为汉字的书写并非像埃及人的书写那样地开始的，其原因盖在于此。

§134　"这就是通过一种简单的逐渐演变而导致的从图画状

---

* 埃及象形文字，也称楔形文字，其写法为一个个独立的符号，与汉字的独立方块象形符号有一定的相似之处，故作者作此比方。

态起直至字母状态止的书写的概史,因为字母是留在汉字式的记号之后尚需迈出的最后一步,这种汉字式的记号,一方面具有埃及的象形文字的性质,另一方面又兼备字母的性质,恰如象形文字同样地兼有墨西哥的图案文字和中国的方块单字的性质。这些记号同我们的书写是这样的接近,致使一张字母表就可以轻而易举地减少它们的字数庞大的困难,而且可以把字数压缩得十分精简。”

§135 尽管字母有它种种的优点,然而埃及人在字母早已被发明之后,依然久久地保存着象形文字的使用习惯。这一民族的一切学识文明之所以仰赖这种书写体,原因正是这一点。出于对书籍的推崇,人们便进而推崇起学者们经常使用的文字起来。但是,那些对学术一无所知的人,却并未去试图继续使用这种书写体。学者们的权威对这些人所能施加的一切影响,只是使他们以崇敬的眼光来看待这些文字,并把它们看作是适用于美化公共纪念物的东西,在这些纪念物上,人们仍在继续不断地使用着这种文字。或许甚至埃及的一些祭司们也会以喜悦的心情看到,长此以往,唯有他们才能独自执有某种书写体的钥匙,作为保存宗教的奥秘之用。这就给那些人的错误找到了依据,他们以为一切象形文字都蕴藏着最虚玄的神秘奥妙。

§136 “从以上的详细叙述可以看出,这个理应起源于需要的东西,在后来怎么会发展成用于隐匿秘密并被培育来作为装饰造型之用的东西的。但是,由于事物继续不断地变革的结果,这同样的一些图形,起初是为了明晰而发明的,后来又转变成神秘奥妙的东西,久而久之,又重新恢复了它们原始的用法。在希腊和罗马的昌盛时代里,这些图形是被当作最适宜于使人了解思想的方法,而被用来装帧纪念物品和勋表奖章的，以致在埃及作为隐匿深奥玄秘的才智之用的同一种象征也能为希腊和罗马的普通老百姓所了解。”

§137　言语在其进步的过程中曾追随了书写的命运。自开初以来，图形以及暗喻，正如我们已经见到的那样，为了使事物明晰起见，曾经是必不可少的。我们还要探讨，它们是怎样变成神秘玄妙的东西的，随后又怎样用于装饰物品，最后又怎样发展为人们全都了解的东西的。

181

第十四章　论寓言、喻言和隐语的起源并对图形和暗喻的习惯使用作某些详细的叙述[①]

§138　从以上所述的一切情况来看，显而易见，在语言起源的过程中，把动作言语与发音言语结合起来，并且只用明显可感的形象来作谈话，对于人类曾经是一种必不可少需要。除此而外，今天最寻常的知识，对于他们来说，曾经是那么难以认识，以致唯有让这些知识尽量与感官相接近，才能为他们的能力所接受。最后，连接词的使用尚未为人们所认识，人们仍然不可能进行推理。比如说，那些想要证明服从法律或者听从最有阅历的人的金玉良言是多么有益的人，没有什么比去想象某些详细的事实来得更为简单的办法了，因为他们按照自己的观点来描绘一桩事件之有利或

---

① 本章所述内容，其绝大部分依然是录自《象形文字论》一书的。

不利、就使得这桩事件兼有启导和劝说的双重好处。那就是寓意(l'apologue)或寓言(la fable)的起源。可以看出,它的最初目的 182
是教育,因而它的题材就借用最熟悉的事物,这些事物的类似之处是比较显著的;它们首先是从人类中间借取的,随后又是从兽类中间借取的,而不久之后,又从植物中去借取,最后,在任何时代都拥有追随者的精神敏锐的文人便致力于从最遥远的事物中汲取源泉。人们于是探究了生物的一些最奇特的属性,以便从中取得深奥和巧妙的隐喻;这样,寓言便逐步演变成为喻言(la parabole),最后便变得神秘化了,终致达到了这样的地步,使它不再成为喻言,而变为隐语(l'énigme)了。这些隐语到处流传,甚至风靡一时,致使一些学识渊博之士,或者那些自命不凡的人,深信应该对凡夫俗子们隐匿他们的一部分知识。这样,本来是为了说话的明晰起见而创造的言语就变成神秘的东西了。除了当初对文学还没有任何肤浅的认识的人们之外,再没有什么东西,可以更好地刻画出上古时代的趣尚。凡是一切图形化和暗喻化了的东西,尽管晦涩难解,都是他们所喜见乐闻的;他们并不怀疑,在这些场合下,是否还能作出什么旁的选择。

§139 还有另一种原因,更能有助于使文体越来越成为图形化的,这就是象形文字的使用。而这两种交流我们思想的方式,必然会彼此相互影响[①]。人们在说起一件事物的时候,自然而然会使用象形文字的名称,这种象形乃是事物的象征,因为在象形文字

① 请参阅沃伯顿先生下列两个方面之间所作的巧妙的对照:其一是含有教育意义的寓意、喻言、隐语、图形和暗喻,其二是不同类型的书写体。

起源时，象征是用来描绘图形的，习常的使用又使这些图形在言语中广为流传。因此我们将发现："一方面，在象形文字的书写中，太阳、月亮和星辰，是用来表示国家、帝王、君主、后妃以及文武百官等等的；日、月的亏蚀和星辰的殒落，则表示当时的一些灾难；水灾和火灾，意味着由于战争或饥馑而产生的祸患；而那些植物和动物，代表着个别人的特殊品质，等等。另一方面，我们也见到，那些先知者把特别明亮的星辰的名称、授予君主和帝王们，而他们的逢灾遭劫和颠危倾覆，都由与他们同名的那些星辰的暗蚀亏损和陨落熄灭来表示的；而一些星辰的自天而坠，就用来指示元老大臣们的死难丧亡；雷霆闪电和飓风狂飙，表示着来自敌人方面的侵略颠
183 覆；狮、熊、豹、野山羊和参天古树等，则用来代表统领部队的将军们、远征者们和开创帝国基业的元勋功臣。一言以蔽之，先知者的文体仿佛是一种口说的象形文字。"

§140　随着书写逐步演变得更为简约，文体也同样演变得更为简明了。由于逐渐忘却了象形文字的意义，人们就逐渐失去了对很多图形和很多暗喻的使用习惯；可是必须经过好多世纪，才能使这种变化变得明显可见。古代亚洲的文体曾经是神奇而不可思议地图形化了的。在希腊和拉丁语言里，同样可以找到象形文字对言语的影响的痕迹[①]；而中国人，他们还使用着带有象形文字特色的方块单字，在他们的语句中充满着讽喻(l'allégorie)、比拟(la comparaison)和暗喻。

---

① 比如：Annus(年)这个词，就是从 Annulus(环)这个词来的，因为年份是指自行往复循环的。

§141 终于,在这一切革新之后,图形全都曾作为语句的文藻装饰之用了,这时人类已经在艺术上和科学上获得相当精确而且相当广博的知识,用以从中取得种种形象,而永远不会损及清晰明朗,就像题材所要求的那样笑容可掬,同样的雍容华贵,同样的崇高卓绝。到了后来,语言只有在经历变革的过程中,其明晰性才会有所损失。人们甚至在这样的一些时代,即一切语言都似乎想拥有最大的美质的时代,也会找到语言衰落的时期。人们将会见到图形和暗喻的堆积并使文体装饰累累,竟达到了这样的地步,以致文章的基本意义显得只不过是件附属品罢了。当这种时代来临的时候,人们可以推迟,但却无法阻止一种语言的消亡。在伦理道德方面的事物中,犹之乎在物质方面的事物中一样,有一个最后的发展的过程,经过了这一阶段之后,这些东西就必然要衰落了。

图形和暗喻也同这个道理一样,起初是由于需要而发明的,随后把它选择来作为故弄玄虚之用,当人们都能以鉴别的眼光来使用图形和暗喻的时候,它们又都成为语句的装饰品了。在语言的衰落过程中,也是同一个道理,语言所遭受的最初打击,便是由于人们对之滥加使用而造成的。

第十五章 论语言的特征 184

§142 有助于形成民族性格的事物有二:气候和政府。气候能使民族的性格或是比较活泼开朗,或是比较麻木阴沉;从而便倾向于组织这种形式的政府,而不宜组织那种形式的政府。但是,这些安排又是根据千变万化的环境而起变化的。一个国家的贫困或富足，它的处境形势；人民间相互的利害关系，和邻国人民相互间的利害关系；政府尚未建立在稳定巩固的基础上时使国家局势动荡的不安的思想；以他们的想象力驾驭着他们同胞的想象力的稀世之才；这一切，加上若干其他因素，都会促使一个民族改变因其气候条件而养成的早先的趣尚，而且有时甚至会完全改变了这些趣尚。故而，一个民族的性格同这一民族的政府，承受着差不多同样的变化；因此，除非政府采取一种恒定不变的形式，民族的性格是绝不会固定不变的。

§143 正如政府影响着人民的性格，人民的性格也会影响语言的特点。自然，人类总是受需要的驱使而经常忙碌，由于热情的激发而不断活动，在尚不了解可以从某些事物中获取的利益的时候，他们是绝不会谈论那些事物的。他们必然会把某些附属的观念，不知不觉地附加到单词上去，而这些观念指明了他们受到触动的方式，也指明了他们所作出的判断。这是一种很容易观察到的事情，因为几乎没有一个人的讲话能永远不暴露出他真正的性格的，即使在人们提醒他，要他极其小心谨慎地进行掩盖的时候也是如此。要熟悉一个人的言语，只须对他进行一段时间的研究即可。我这儿说一个人的言语，是因为按照各人激情的不同，各人都有他自己的言语；我只把那些冷若冰霜而淡漠无情的人不计在内，因为他们比较容易附和其他人们的性格，而且由于这个道理，这种人都是比较难于为人们所捉摸透的。

民族的性格，较之于个别特殊人物的性格表现得还要明显一些。人民大众是不会以协调一致的行动来掩盖他们的激情的。此外，当一些趣尚为我们全国同胞所共同具有的时候，我们并不想把

我们的趣尚搞得神秘莫测。恰恰相反，我们将以此作为夸耀，而且 185
令我们喜欢的是，这些趣尚能使人了解我们所降生的国家，我们总是受先入之见的影响而拥护这个国家的。因此，这一切全都证明了，各种语言都表现着操这种语言的民族的性格。

§144　比如，在拉丁语里，农耕方面的一些术语都带有高贵的观念，而在我们的语言里，这些术语却丝毫也不带有这样的观念。其理由是很显然的。在罗马人为他们的帝国开创基业的时候，他们所了解的，还只不过是一些最为必需的技艺。他们对这些技艺极为尊重，正如共和国的每一成员都一般无异地必须亲身从事耕作一样，而人民在很早的时候就习惯于以一视同仁的眼光，来看待农业和从事耕耘劳作的将军。这样一来，这项技艺的术语就自然会拥有使这项技艺高贵化的种种附属观念了。直到罗马共和国处于极其富足的太平盛世的时候，他们依然保存着这些术语的高贵观念，因为一种语言的特点，尤其如果它是由著名的作家们固定下来的，不是像一个民族的风尚那样能够轻而易举就改变的。在我们这里，自从君主政体创建以来，人民的精神倾向早就整个儿地不同了。法兰克人对于军事艺术极为尊重，因为他们认为应当把一个强盛的帝国的建立归功于这种艺术，这种尊重只会使他们轻视那些耕作的技艺，他们也并非要亲自来从事耕作不可，于是他们就让一些奴隶去专门担任这些工作了。从那时起，人们在有关农耕的一些术语中所加入的附属观念，便变得大大地不同于它们在拉丁语中所带有的那些附属观念了。

§145　假如语言的特征是按照民族的性格来开始形成的话，那么语言特征自身的发展，只有经由伟大作家的帮助才能达成。

为了发现语言的一些进步,必须解决两个过去往往争论不休的问题,而这两个问题在我看来却一向是很明朗的。这就是弄清楚,第一,为什么艺术和科学,对于所有的国家和对于所有的时代来说,都不是等同划一的;第二,为什么所有各门科学艺术中的伟大人物,往往又都是同时代的人。

气候的差异对这两个问题提供了一个答案。如果有这样的一些民族,科学和艺术还不曾深入这些民族的人民心目之中,那么人们就可以认为,气候条件是造成这种情况的真正原因;而且,如果有一些民族,那里的艺术和科学已经不再能成功地发展,人们可以承认,那里的气候已经变化了。可是,倘若人们把这些假设成跟艺术和科学的革新同样来势迅猛,同样明显可观,那是毫无根据的。气候只能影响身体的器官,得天独厚的气候条件只能产生组织最
186 完善的机体,而且,自古至今,气候所产生的器官的数目大概差不多是相等的。倘若气候到处都是相同的话,那么人们就不会在各民族之间看到同样的变化。有一些民族,如今好像已经开化了;而另一些民族,却依然停滞在愚昧无知的状态之中。因此需要有一些环境,可以使身心机构发展得很健全的人们去专心从事对他们相宜的事物,同时发展他们的才能。否则,他们将会同一部性能精良的机器一样,任其日渐损坏,而不知道如何去维护保养其机械性能,不知道如何去转动它的发条。所以,气候并不是艺术和科学发展的原因,它在艺术和科学的发展中,仅仅是作为一个必不可少的基本条件而已。

§146 到了某一民族的语言开始具有固定的原则和一种确定的特征的时候,便自会在该民族中碰到发展语言特性的有利环

境。因此，这样的时代就是伟大人物辈出的时代。这个看法可以由艺术史来加以证实；但是，我还想提供一个理由来说明这件事情，而这个理由是从事物性质的本身中提取出来的。

最初被引入某种语言的句型，既不是最明晰，又不是最准确，也不是最为文采风流的。只有经过长期摸索而积累的经验，才能使人类在句型的选择中逐渐地明朗起来。甚至有由若干种别的语言的残存部分拼凑而形成的那些语言，在它们的发展中也会碰到巨大的障碍。因为它们采用了每一种语言里的某些东西，于是这些语言便只能变成一种稀奇古怪的句型的堆积，这些句型一点也不能作为彼此之间的连贯之用。在这样的语言中丝毫也找不到那种类同的例子，可以启发作家们触类旁通，而且使言语的特征鲜明。我们的语言在形成的过程中就曾经是这样的。这就是为什么我们在使用通俗的语言进行写作之前，曾经经历过漫长的岁月，而那些最早用通俗的语言来写作文章的人，却不能赋予他们的文体以华贵高雅的格调。

§147　如果人们回想起，想象和记忆的运用，完全有赖于观念的联结，而观念的联结又是由符号的关联和符号的类同而形成的[①]，人们就会认识到，一种语言越是缺少类同的句型，也就越是不能给记忆和想象以帮助。因此，这种语言是不适宜于才能的发展的。而且人们之看待语言就好像几何学家之看待数字一样，随着这些语言更加完善，它就能给人以新的视野，并且扩充人们的精神。牛顿的成功，曾经是通过他的前人所已经完成了的对符号的

①　见第一卷第二篇第四及第五章。

选择以及通过人们所已经设想出来的计算方法而奠定了基础的。
187 假使他出世得更早一些，他虽有可能成为那个时代中的一位伟大人物，然而他也许不会成为我们时代所崇敬仰慕的人物。在其他各门科学里也是一样的。生理机能最为健全的天才们的成功，莫不有赖于他们生活的时代的言语的进步，因为那些单词已对几何学家们的符号提供了答案，而使用那些单词的方式又给计算方法提供了答案。因此，在某种单词贫乏的语言里，或者在没有相当方便的句子结构的语言里，人们必然会发现像在代数学发现之前在几何学里所发现的同样的障碍。在悠久的年代里，法语对于精神的发展，曾经是这样的不利，以致人们如果能够连续不断地在君主政体的各个不同朝代来想象高乃依的话，那么人们就可以发现，距离他所生活的时代越远，他的天才就越是贫乏，而且终于在某一个朝代会发现这么一个高乃依，他甚至会到达对自己的才能提供不出任何证据的地步。

§148 或许有人会反驳我说，像这位伟大诗人那样的人，应当会在古代雅驯的语言中找到帮助，而这些帮助是通俗语言所不能给他们提供的。

我回答说，既然他们已经习惯于用他们出生以来就已学会的语言来表达事物，那么他们也就习惯于以同一种方式来体会事物，于是他们的精神就不期而然地受到了局限。准确性和精确性方面的欠缺，不会使他们觉得抵触，因为他们早已养成习惯了。所以他们还不可能抓住古代雅驯语言的一切优越之处。实际上，我们要是一个世纪一个世纪地追溯上去，那就会看到，我们的语言越是粗糙，则我们对拉丁语的认识就越是困难，而且只是到了当我们能够用法文来进行写作的时候，我们才开始能很好地用拉丁文来作写作。除此之外，如果设想人们能够在最为粗糙的语言里，一下子获得最完美的优点，这是很不认识语言的性质的人所说的话，这件工作只能由时间来完成。为什么并非不懂拉丁文的马洛却没有一种可以和卢梭相提并论的文体，而卢梭却是以马洛作为楷模的呢？唯一的原因，是当时法语还不曾取得相当的进步。卢梭或许不是很有才能的，但他对马洛派的风格倒是搞出了一种青出于蓝而胜于蓝的特点，因为他是在更为优越的环境下出世的，就是说，如果他出世得早一个世纪的话，他就不能在这方面有所成就了。人们对雷尼埃和德斯泼来欧所作的比较，就能进一步证实这个推理。

§149　必须指出，在一种并不是由若干种其他语言的残存部
分拼凑而成的语言中，其发展理应更为迅速得多，因为这种语言从 188
它起源的时候起就具备了某种特点。这就是为什么希腊人在很早的时候就已经拥有不少卓越的作家的缘故。

§150　让一个生理机能十分健全的人出生在尚未开化的民族之中，虽然他生活在一种十分有利于艺术和科学的气候条件之下，我可以设想，他能够获得足够多的灵感，可以成为这个民族的一位天才；但是人们可以明显地看出，他是不可能同路易十四时代的某几位超凡卓绝的人物并驾齐驱的。这件事可由上述观点阐述得这样显而易见，使人们不会有所怀疑。

假如这些野蛮民族的语言对精神的进步是个障碍的话，那么我们可以给它以第一个完善级，然后再给它第二级，第三级，第四级；但障碍依然会存在下去的，而这个障碍只能在完善的级逐渐递增时，才会相应地消减下去。所以，只有当这一语言获得了和我们

的语言约摸同样多的完善级时，这个障碍才得以整个儿地消除殆尽，而我们的语言只是在它开始造就优秀的作家的时候，方才达到完美的境地的。因此，我们可以看出，各民族只能在他们的语言已经取得了可观的进步之后，才能产生出类拔萃的天才。

§151　下面我将依次说明有助于才能发展的种种原因：首先，气候是一个基本的条件；其次，政府必须采取一种经常稳定的形式，并且因此使这个民族的性格得以固定下来；第三，就是赋予言语以这样的一个特点，使它丰富其句型，以表现一个民族的普遍趣尚；第四，在以其他若干种语言的残余部分拼凑而成的语言中，要达到这样的情况是很缓慢的；可是，一旦当那些障碍被克服以后，类似的规则自会建立起来，言语便会取得种种进步，而种种才能也会得到发展。由此可以看出，为什么伟大作家们并不是在一切时代里都能同样地产生的；而且也可以看出，为什么在某些民族里，伟大作家们出世得比较早些，而在另一些民族里，却又出世得比较晚些。余下需要我们考察的是，在各门学科中的一些杰出人物差不多都是同时代的，这又是什么原因。

§152　当一位天才发现了一门语言的特点时，他便在他所有的著作里把这个特点鲜明强烈地表现了出来并把它保存下去。凭着这种帮助，其余一些有才之士，以前没有办法由他们自己来识透
189 这个特点，如今都把它看得清楚明白了，各人就在他自己的专门科目中按照着这位天才的榜样来表现这个特点。于是语言就从大量新的句型中逐渐地丰富起来了。这些句型通过与语言特点的联系，便越来越使这一特点逐渐发展起来；而类同的句型就好像变成了一把火炬，其光芒不断地增加，照亮着为数更众的作家们。在那

时候，所有的人便不期而然地把眼睛转过来，对这些崭露头角的人物刮目相看；他们的趣尚便变成了民族的普遍趣尚；人人都在他所孜孜攻求的那些题材中，提出了从他们身上所吸取的识别问题的方法；各种才能都萌发滋长起来了，各门艺术都采取了对它们相宜合适的特点，而人们就可以在各门学科中见到杰出卓越的人物。因此，那些才华出众的伟大人物，不管他们专攻哪一门学科，也只有言语已经作出了可观的进步之后，才能使自己脱颖而出。事情确实如此，即使对军事艺术和政府的有利环境层出不穷，然而第一流的将军和内阁大臣总之属于伟大作家辈出的时代的。这就是文人学士对国家的影响；在我看来，人们似乎还丝毫没有认识到其影响所及的全部范围。

§153　假如那些具有伟大才能的人把他们的成就归功于言语在他们之前早已完成了的显著进步，则从言语的本身方面来说，便应当把使它达到登峰造极的最新进步归功于才华卓绝的人们，这就是我所要解释的事情。

虽然一些伟大人物从某些方面坚持了他们民族的性格，可是他们总有某种东西可以使他们有别于他们的民族。他们是以自己独有的一种方式来观察和感觉事物的；并且，为了把他们观察和感觉事物的方式表达出来，他们不得不从类同的规则中创造出新颖的句型来，或者至少尽可能地不使它和类同的规则相距得太远。从而，他们便使自己符合于他们语言的特性，并且同时以自己的天才灌注于语言之中。高乃依以他所独具的高尚的格调和雄浑的笔力，阐发了显贵要人们所关心的种种利益，野心家们雄心勃勃的政见策略，以及心灵的种种动态。拉辛以一种适宜于刻画温情脉脉的性格的柔情蜜意和风流潇洒的笔调来表现爱情，以及爱情的种种恐惧和种种狂热。基诺以其温馨柔绵的笔触，来描绘出喜娱欢乐和闲情逸致。而另一些已经不再在世的，或者在现代作家中别树一帜的人物，各自都具有一种我们的语言逐渐使之独具的特点。正是对于诗人们，我们首先应当具有感恩之情，或许也是最大的感
190 恩之情。由于屈从于束缚着他们的一些格律、规则，他们的想象力必须作出最大的努力，从而必然产生出新颖的句型来。因此，言语的突飞猛进总是发生在某一伟大诗人的时代。哲学家们只是在经过了漫长的岁月之后，才能使言语达到完美的程度。他们的贡献是给我们的言语以精确和明了，这种精确和明了便成了我们言语的主要特点，给我们提供了最便利的符号，作为分析我们的观念之用，使我们有可能看清每一客体中所具有的最为精细的东西。

§154　哲学家对事物的原理追流溯源，给艺术定出了种种规则，对艺术中所涵有的最为含蓄的意义进行解释，并且，通过他们的教导，增加了优秀的评论者的数目。可是，倘若人们在需要更多想象力的那些局部来衡量艺术的话，哲学家们便不能夸耀自己促进了艺术的进步，就像促进了科学的进步一样。恰恰相反，他们在这方面只会显得对之有所损害。这是因为他们对于认识这些规则给予了过分的注意，加之他们有唯恐流露出忽视这些规则的心理，这样便减少了想象的光焰，因为想象这种活动宁可由感性和使想象受到客体的触动而产生的鲜明生动的印象来引导，而不愿由综合并深思熟虑一切问题的反省来引导。

的确，了解这些规则或许对有些人是十分有用的，他们在构思文章的时候，为了不致遗忘而往往让他们的天才作了过多的飞跃，

而他们把这些规则回想起来，目的仅在于对他们的作品加以润饰修改而已。但是，要那些自己感觉到有某起弱点的人不经常寻求对某些规则的依赖，则是很难做到的事。然而，如果人们对这样的帮助无法加以拒绝的话，难道他们能在那些全凭想象的著作中有所成就吗？人们难道不应该对他们的一些作品至少存在着一些戒备之心吗？一般说来，哲学家们给艺术定下种种清规戒律的时代，也就是使著作通常能完成得更好和撰写得更美的时代；但是，在这种时代里，天才的艺术巨匠往往也显得更为罕见。

§155　因为语言的特征是逐渐地形成的，而且与民族的性格相符合，所以这种特点也必然应当具有某种普遍的品质。故在若干种不同的语言里，同样的优点不可能共同地达到同等的水平。最为完美的语言是这么一种语言，它能在一定的阶段上集一切语言优点之大成，而这个阶段，又允许这些优点兼容并蓄于一体。因为这种语言，倘若在撰写某一体裁的文章时显得精美绝伦，而在撰写另一些体裁的文章时却一无完美性可言，那无疑是一个缺点。
或许在基诺和拉·封丹的作品中所流露出来的我们语言的特点， 191
证明我们将永远不会有在笔力上足以和弥尔顿相提并论的诗人，而在《失乐园》中所流露出来的笔力刚健的特点，也证明了英国将永远不会有能够同基诺和拉·封丹相媲美的诗人[①]。

§156　分析和想象这两个活动是这样地不同，以致它们各自在发展中通常是互为障碍的。只有在某种气质中，它们才可以相

① 这个推测是我偶然在听到人家谈及弥尔顿的诗之后冒昧地作出的，因为我是不懂英语的。

辅相成而各不相损，而这种气质就是我在前面已乘机会之便而谈及过的这种折中之道[①]。因此，要使同一种语言等同地有利于这两种活动的运用，那是很不容易的。我们的语言，由于它的句子结构的简洁和明了，在很早的时候就给精神灌注了一种精确性，而精神对这种精确性便不知不觉地养成了一种习惯，这种习惯对于分析的进步，是做了很多准备工作的；然而它对于想象却不是十分有利的。古代语言的倒装句恰恰相反，它对于分析是个障碍，但相对说来却有助于想象的运用，这些倒装句能使想象的运用比心灵的其他活动的运用更为自然一些。我想，这就是现代哲学优越于古代哲学的原因之一。一种在用词和句型的选择方面像我们的语言一样审慎周密的语言，应当更有理由在推理方式上也同我们的语言一样审慎周密。

为了固定我们的观念，必须设想出两种语言来：一种是给想象提供尽可能多的运用的语言，使得讲这种语言的人，可以随口乱说而不至于不入情理；另一种语言恰恰相反，它可以使分析得到如此有力的运用，致使那些讲这种语言的人会自然而然地把自己引导到自己的乐趣之中，就像几何学家们努力寻求问题的答案一样。介乎这两种极端之间，我们可以给自己展示一切可能的语言，看清它们按照各自接近于哪一个极端而带有不同的特点，以及它们怎样通过在某一方面所获得的优点，来各自补偿所失去的另一方面的优点。那些最为完美无缺的语言，就是处于居中位置的语言，而讲这种中间语言的民族，往往是伟人辈出的民族。

---

① 见第一卷。

或许有人会对我说:假如现代哲学家胜于古代哲学家的一个原因正是由于语言的特点,那么,难道不能得出结论说,古代诗人应该比现代诗人更卓绝吗?我回答说,不能。因为分析只能从言语那里得到帮助,故分析只能在语言对它有利的时候,才能有实现 192
的机会;相反,我们已经看到,那种促使想象进步的原因是远为广泛得多的。甚至可以说,没有什么东西,能有利于使想象这种活动的运用变得方便的。如果在某些体裁中,希腊人和罗马人都拥有胜于我们的诗人,那么,我们在其他一些体裁中,也拥有胜于他们的诗人。试问,古代有哪一位诗人可以与高乃依或者莫里哀相提并论而毫不逊色的呢?

§157　要判断哪种语言能在为数较多的体裁中显示出其优越性,最简便的方法莫过于统计各种语言里独树一帜的作家的人数。从这方面来看,我不信我们的语言有什么缺陷。

§158　在说明了言语的最新进步的原因之后,也应当及时探究一下语言衰落的原因,而这两件事的原因全都是相同的,而且只是由于环境性质的不同,这些原因便会产生截然相反的结果。在这里,情况约略有些像在生理方面一样,在生理上,曾经作为生命起源的原理之一的同一个运动,有时却会变成生命毁灭的原因之一。

当一种语言在各种体裁上都有了独创一格的作家的时候,一个越是具有天才的人,就越是信以为自己窥见了需加逾越的重重障碍了。与那些作家们并驾齐驱是不能满足他的勃勃雄心的,他像他们一样,想在他的体裁中成为首屈一指的人物,因此他便试图闯出一条新的路子来。可是,因为跟语言的特点以及他的性格相类同的文体早已全给他的前人们掌握了，所留下给他的，只能是与这类体裁远离的体裁。因此，为了达到另树一帜的目的，他就不得不准备去破坏一种语言，而要是在一个世纪之前，他原是想促使这种语言进步的。

§159 假如像他那样的作家全都是应受批评的话，那是因为他们的才华过于横溢，以致不会不获得巨大的成就。重犯他们的错误毫不费力，不久便使那班平庸的人物相信，只需仿效他们的办法，就能取得和他们平起平坐的声誉。就在这个时候，人们看到微妙细致而隐晦曲折的思潮产生了，矫揉造作的反衬对照，文采辉映的似是而非之谈，华而不实的文句辞藻，鲜见罕有遣词命意，毫无必要地故意生造的字眼词语俯拾皆是。可以说，随着一种拙劣的形而上学的言语的兴起，思想健全者们的全都变了质的廋言隐语便相继产生。于是公众便拍手叫好，于是那些哗众取宠的、荒唐可笑的、昙花一现的作品，就像雨后春笋般地到处蔓延滋长开来，庸俗低级的趣味在艺术科学中通行无阻，而真才实学却变得越来越罕闻稀见了。

193 §160 在我已阐述过的有关语言的特点方面的内容，我并不怀疑自己没有说过什么自相矛盾的话。我时常遇见一些人，他们认为所有的语言对于一切的体裁都是同等适用的，而且他们强调说，一个生理机能和高乃依一样的人，不管他生活在哪一个世纪，不管他用哪一种方言土语来从事写作，他的才能总是可以得到同样的证实的。

在人们开始使用符号的时候，符号全都是随意制定的，这或许就是人们认为这些符号不能具有特征的缘故了。可是我要请问，对于每一个民族来说，如果按适合于该民族的性格特征来组合他们的观念，并根据该民族的感受的不同，将种种不同的附属观念和一些主要观念在一定的基础上连接起来，是否就不自然了呢？可是，这些组合是根据其长期的使用习惯而形成的，它们恰恰就是构成一种语言的特性的东西。这种特性可能或多或少地被延伸开来，这就取决于语言所已接受的句型的数量和变化情况，以及类同句型的多寡；这些类同句型在需要的时候可以为创造新句型提供方法。这种特点完全不是一个人的能力可以彻头彻尾地加以改变的。一旦离开了这种特点，人们所说的言语就会变成一种陌生的外国语，从而也就不再能为别人所理解了。导致如此可观变化的乃是时间，时间将一个民族整个儿地置于这样的环境之中，而这些环境促使该民族以不同于它过去所使用过的方法来观察事物。

§161　在所有作家中，语言的特点表现得最为鲜明生动的人莫如诗人了。翻译诗人的作品之所以颇感费劲，其原因即在于此。困难是这样的，如果译者才气焕发，就往往使译文更容易超过原作，而不容易做到总是和原作铢两相称。严格地说，甚至可以认为要把诗篇翻译成优秀的译文，那简直是不可能的。因为我业已证明，两种语言是不可能具有同样特点的，这个理由也足以证明，要把同样的思想在互不相同的两种语言中以同样的美感表达出来，是难乎其难的事。

在述及音律及倒装句的时候，我已经阐明了可能与本章题材有关的一切内容，因此我不拟在此对这些内容再作重复了。

§162　通过这部言语发展史，人人都可以看出，对于某一深知谙熟语言的人来说，语言就是每一民族的性格和特点的一幅真实写照。在这幅写照里，人们可以看到想象是怎样按照偏见和热情来把观念组合起来的；在这幅写照里，人们也可以看到，在每一民族中，自会形成一种各不相同的精神，这种精神的差异随着民族与民族之间的交往接触的愈少而相应地愈多。但是，假如风俗习
194 惯对于言语曾有所影响的话，那么，当那些著名的作家们一旦把语言的规则固定下来的时候，语言也就会反过来影响风俗习惯，并且会把它的特点在每一民族中长久地保存下去。

§163 或许有人会把这整部历史当作一部小说来看待；但是，人们至少不能否认它的真实性。我很难相信我所遵循的方法会使我常常陷入错误之中，因为我给自己定下来的目标是按这样的假设，即一种言语往往是直接先于它的语言为样板而被创制出来的，来进行阐述的，除此而外我便什么也不阐述了。我已在动作言语中见到了语言的萌芽，见到了可以用来表达我们思想的一切艺术的萌芽；我已观察到一些有利于使这种萌芽发育的环境，而且，我不单是见到了这些艺术萌芽的绽青，还曾探讨了它们的发育成长，并说明了它们的种种不同的特点。总而言之，在我看来，我是以一种显而易见的方式来揭示这些对我们显得是最奇特的，而在当时又曾经是最自然的事物的，而这些事物也只有在临到它们应当出现的时候方才出现。

第二篇　论方法 195

要想知道我们在真理的探求过程中应当采取什么途径，那就在于了解我们已经取得的关于心灵活动以及心灵活动发展的原因的知识。在此之前要想使我们得出一个良好的方法，那是不可能的。可是我似乎觉得，如今这个方法已经自行显露出来了，它是我们已作的研究的一个自然结果，因此只须把本著作中所叙述的某几个看法进一步阐述一下就行了。

第一章　论我们错误的最初原因，兼论真理的起源

§1　有好几位哲学家曾雄辩地列举了人们所归咎于感官、想象和激情方面的大量错误，然而他们却不能自夸，说人们已经从他们的著作中采集到了他们本人曾许诺过的所有成果。他们的理论太不完备了，不利于在实践中令人有所启发。想象和激情受到各种各样的束缚，并且极其强烈地依赖于性格气质、时间和环境，以致要想把它们所产生的一切原动力全部揭示出来是不可能的。而且，很自然，各人都自吹自擂，说自己并未坠入受想象和激情所蒙 196
骗的那些人的行列之中。

好像一个体质虚弱的人，他刚从一种病症中恢复健康却又感

患另一种病症而再次卧床，精神往往只是使人将错误改头换面，而不是把它们彻底摆脱。为了让一个体格孱弱的人根治他的一切病症，必须彻底改变他的体质，使之焕然一新；而为了克服我们精神上的一切短处，必须给他以新颖的观点，而且也不能仅局限于针对他的疾病的一些细枝末节的症状来进行治疗，而必须对这些症状追源溯流，对症下药，铲除病根。

§2 我们将在我们所陷入的恶习中找到这个病症的根源，这个恶习乃是对那些丝毫不具观念的事物，或者对那些我们仅有一些确定得粗糙不堪的观念的事物加以推理。现在是在这里探究这个恶习的根源的时候了，以便能以令人信服的方式，来认识我们种种错误的由来，并且让人知道人们应当以怎样的批判精神来阅读哲学家们的著作。

§3 在儿童时代，我们对于作出反省还是无能为力的，我们的需要就是我们所专心致志的一切事物。然而，在感官中遇到阻力越是微弱的客体在我们的感官上造成印象也就越是深刻，器官机能的发展是很缓慢的，而理性的到来则还要更加缓慢，但我们却已过早地让由偶然的机会和低劣的教育所提供的观念和格言充塞在我们的心头。及至到了一定的年龄，精神就开始把它的思想井然有序地加以整理了，但我们所能见到的却依然只是那些很久以来已经为我们所熟知惯识的东西。因此，我们就坚定不移地认为这些东西全都确是存在的，而且它们全都确是如此的；因为它们对我们显得自然而然全都确是存在的，而且它们也全都确是如此的。这些东西都已那么鲜明生动地镌刻在我们的大脑里了，以致我们无法想象它们原来并不全都是存在的，或者并非全都是这样的。

对于认识我们所习以为常的东西的这种漫不经心，以及对于认识一切显得好像是新鲜的事物的好奇的念头就是从此而来的。

§4　在我们开始反省的时候，我们无法见到，我们在自己身上所找到的那些观念和格言是怎么会引进我们心中的；我们也不能回想起，我们对这些观念和格言是怎么会有所取舍的。我们便因而心安理得享用着这些观念和格言。不管它们是否残缺不全，我们总是把这些观念和格言本身当作是一些显然的概念。我们给它们取了一些名称，管它们叫**理性**、**自然的知识**，或者与**我们生而俱来的东西**、**镌刻于**、**铭记在心灵中的原则**。我们对这些观念是如此地深信不疑，以致我们认为假如这些观念真的欺骗愚弄了我们，197
则我们的错误的根源乃是来自上帝的，因为我们把它们看成是上帝赐予我们以作探求真理之用的唯一途径。因此，我们所熟悉的一些概念之所以对我们显得好像是最清楚明白的原则，其原因却在于此。

§5　使我们的精神习惯于这种不精确性的东西的，乃是我们形成言语的方式。我们是在学会使用口语很久之后方才到达形成理性的年龄的。如果除去那些用来使人了解我们的需要的单词，则通常总是由于偶然的巧合而使我们有机会听到某些声音而听不到另一些声音，这就决定了我们附加在这种声音上的观念。因为即使不去考虑我们所见到的那些儿童的一些情况，我们也能回想自己所经历的童年时代的情况，我们就会承认，我们自己通常对这些单词所作的使用是丝毫没有什么不精确的。这是不足为奇的。我们曾听到过一些辞句，其意义既然由于习常使用而非常肯定了，但仍然是那么的错综复杂，我们既不曾有相当丰富的经验，又没有足够深邃的洞察力可以把握它的意义。我们也曾听到过其他的一些辞句,它们也从来不曾在两次使用中表现出同一个观念,或者这些辞句干脆意义空洞的。为了断定我们根本不可能以真知灼见来使用这些辞句,只要指出我们在使用这些辞句时仍然经常要绞尽脑汁就行了。

§6 然而,把符号和事物联结起来的做法对我们已经变得这样自然,在我们还无法估量其价值的情况下,我们就已经习惯于把一些名称联系到一些客体的实体本身上去了,而我们也就信以为,这些名称都能尽善尽美地说明客体的本质的。这样,人们便自己设想存在着天赋的观念了,因为事实上,在所有的人的精神中,总是有一些同样的观念的;要是我们并不知道其他的民族在讲着各种全然不同的语言,我们就不免要下断言说我们的言语也是天赋的了。在我们的探讨中,我们的一切努力似乎仅仅是为了寻觅新的辞句而已。我们一构想出一些新的辞句,就马上会信以为已经获得了新的知识。而自尊心又很容易使我们偏信,在我们为了认识某些事物而长期进行摸索的时候,并且在我们对这些事物反复加以谈论的时候,我们就认识这些事物。

§7 在回想起我刚才所指出的我们错误的根源时,人们总是
198 把这些错误笼统地归咎于一个独一无二的原因,这个原因即是我们自欺欺人,以为它在我们的判断中至今已没有多大的作用了。或许人们甚至可以迫使最谨慎小心的哲学家们不得不承认,这个原因曾对他们的思想体系奠定了最初的基础。这只须巧妙地向他们提出些质疑就可以知道了。实际上,假如错误是我们的激情所引起的话,这是因为我们的激情滥用了一种空洞的原理,一种暗喻

式的辞句，以及一种模棱两可的术语，以便对这些东西作出应用，而从这些应用中我们又可以归纳出一些令我们扬扬自得的观点来；假如我们把自己弄得晕头转向，那么，那些空洞的原理，那些暗喻式的辞句以及模棱两可的术语就全都是我们激情的前因。因此，为了消除一切人为的错误，只要废弃这种华而不实的言语就可以了。

§8　如果错误的根源乃是存在于观念的缺陷之中，或者存在于确定得草率的观念之中，那么真理的起源便理应存在于妥加确定的观念之中。数学就是这种情况的一个明证。在某种题材上，若我们已经具备了正确的观念，则这些观念往往足以使我们明辨出真理来的；反之，如果我们没有正确的观念，那么即使采取一切可以想象得到的谨慎小心的态度，也会把这一切都搞得混乱不堪的。一句话，即使是在形而上学中，只要有了妥加确定的观念，我们也能脚踏实地地前进；而如果没有这样的观念，那么哪怕在算术中我们也会使自己迷失方向的。

§9　然而，为什么算术家们会具有那么精确的观念的呢？这是因为他们知道这些观念是怎样产生的，从而就总是能按照这些观念之间的一切联系来对它们进行组合或分解，以便作出比较。他们只是在某些数字的派衍中进行思考之后，才找出某些组合的法则来的。至于那些不曾对数字的派衍进行过思考的人何以也能够以同别人一样的准确性来进行计算，那是因为那些法则总是可靠的；可是，若不知道各种法则是建立在哪些依据上的，那么他们对自己所作的计算就不会具有一点观念，从而也就没有能力去发现新的法则。

§10 然而，在一切科学里，真理只是通过组合和分解来被发现的，就像算术里一样。如果人们在发现真理的过程中通常不是以同样的准确性来作推理的话，这是因为还没有找到可靠的法则，可以总是用来正确地组合和分解观念，而这样的情况是来自于人
199 们甚至还不懂得如何确定观念的缘故。然而，我们关于我们知识的起源所得出的一些想法，或许会给我们在这方面提供一些补充的方法。

第二章 确定观念或者它们的名称的方式

§11 人们所表示的在习惯用法的意义上来采用一些单词的意见，乃是一种陈腐不堪而又被普遍接受的意见。事实上，为了让人了解自己，除了采取和别人一样的讲法而外，起初似乎并无其他办法可循。然而，我认为应当采取一条不同的途径。正如人们所已觉察到的那样，为了具有真正的知识，必须在科学上从头开始，而不要让自己给这些久已为人们所广为流传的观点顺利地成为先入之见。我仿佛觉得，为了使言语达到正确，应当重新对它进行改革，而不必对习惯用法有所顾忌。这并不是说我主张人们给自己制定出一种法规，把一些与他们寻常所指的那些观念全然不同的观念永远附加到术语上去；这将成为一种幼稚的矫揉造作，可笑的装腔作势。习惯用法对于那些简单观念的名称以及人们所熟悉的若干人类共有的概念的名称来说是一致而永恒不变的；因此对这些名称并不需要作什么改变；可是，在问题牵涉到那些复合观念的

时候，尤其是当这些复合观念是属于形而上学和伦理道德学方面的时候，就再也没有什么比它们更为主观武断的，或者甚至往往是随心所欲的东西了。正是这一点，使我相信，要使言语达到明晰和准确，必须重新取用我们知识的材料，并对它们作出新的组合，而不必去考虑那些观念的既成的组合。

§12　在考察语言的发展时，我们曾经见到，习惯用法之所以能使单词的意义固定下来，只是通过人们讲话时所处的环境这个方法才得以实现的[①]。实际上，环境似乎是偶然的机会给安排的；可是，假如我们能自己选择这些环境的话，那么我们就可以在一切场合都作出如同偶然巧合在某些场合下使我们作出的事情，那就是说，准确地确定这些单词的涵义。为了永远赋予言语以准确性，200
除了在每次使用言语时赋予它以它所具有的准确性而外，就别无其他方法了。因此首先必须置身于显明易觉的环境之中，以便能够制造出符号，用来表达通过感觉和反省而获得的最初观念；而且，在对那些最初的观念作反省时，还会从那些观念中获得一些新的观念，造出一些确定了意义的新的名称，同时把其他的一些名称置于人们所处的环境之中，从而使人们对它们得出和人们已经得出的同样的看法。在这个时候，辞句总是会随着观念而来；因此这些辞句都是明晰而准确的，因为它们只表达出这个人人都明显地感受了的事物。

§13　事实上，要是一个人想通过为自己制作的一种言语来开始其活动，如果他只是在通过他已知道的自己所处的一些环境，

① 见第二卷第一篇第九章。

来把他的辞句的意义固定下来之后，才打算和别人交谈的话，那就不会坠入任何过失中去，而这种过失，对我们来说，却是那么屡见不鲜。这些简单观念的名称全都是清楚明白的，因为这些名称只意味着他在经过选择的环境中所看见的东西；而这些复合观念的名称也均是确切的，因为这些名称只包含着一些由一定的环境以确定的方式聚集起来的简单观念。总之，当他想要在他的一些最初的组合中添上些什么，或者想要在那儿删去些什么东西的时候，他所使用的符号仍然会保持着原先的明晰性，只要他发觉所添加的或者删减的东西已由新的环境指明就行了。如果随后他要把所想到的东西告知别人，他只要使别人站到自己原先在检查符号时所处的同一观点上，设身处地来想一下，他就可以促使别人把和他一样的观点联结到他早已选择好的一些单词上去。

§14　此外，当我谈到制造一些单词的时候，我的意思并不是主张大家都去提出一些完全新颖的词语。在我看来，这些由习惯用法而固定下来的单词，在用以谈论各种各样的题材时一般是够用的了。尤其在科学中，创造一些毫无必要的单词，甚至会有损于言语的明晰性。因此，我自己使用**造词**这种说法倒并不是因为我希望人们由阐明词语来开始，随后再给它们下些定义，就像人们寻常所做的那样；而是因为只有在置身于人们所能感觉和察见到某种事物的环境中之后，人们才能给他们所感觉到和察见到的事物
201 提供一个从习惯用法中借用来的名称。这样一种做法在我看来是显得相当自然的，除此之外，它们也比较宜于指出我所希望的人们确定单词意义的方式与哲学家们的一些定义之间存在着何种差别。

§15　我认为，拘泥于仅仅使用由于学者们的言语而广为流传的辞句的打算，是毫无益处的；或许还是从日常的言语中去取出一些辞句来得更有益些。即使后一种言语不如前一种来得更为精确，然而我却发现，在后一种语言里可以少一种弊病。这是因为上流社会的人士，既然不曾在这些科学的对象上另作其他思考，也就相当乐于承认他们的愚昧无知，以及他们所使用的词语的缺乏精确性。而那些哲学家们，在经过了徒劳无益的苦思冥想之后，往往怒火中烧，于是都变成了顽固不化的党同伐异之徒，总是自以为这些单词是他们辛勤劳动的果实。

§16　为了更好地了解这种方法，必须深入进行更为细致详尽的论述，并且把我们刚才以一种普遍方式所阐述的东西应用到不同的观念上去。我们将从这些简单观念的名称着手叙述。

单词的晦涩不明和混淆不清，来自于我们对这些单词所赋予的意义的或则太广或则太窄，或者来自我们在使用这些单词时没有把观念附加于它们之上。有很多的单词，我们并没有掌握它们的全部意义；我们是一部分一部分地来采用它们的意义的，而且我们或是给它们增添了一些意义，或是从它们上面削减了一些意义；从而便形成了不同的组合，而这些组合仅仅是同一个符号而已，但这样一来，同样的一些单词在同一张嘴里说出来的时候却带上了大为不同的涵义。此外，正如在语言的研究中一样，人们并未以起码的谨慎细致的态度来确定词义，不让其要求一定的思考，就随意把词义裁短，并把符号联系到毫无观念可言的实体上去。在很多哲学家的言语里，诸如存在、实体、本质等等的一些术语就是这样的。显而易见，这些缺点都只能属于作为精神产物的观念。对于直接来自感官的简单观念，它们的名称的意义，是一下子就可以认识的；它们的意义不可能以想象中的实体作为对象，因为这些意义是直接地联系到单纯的知觉上去的；这些知觉在精神中实际上和它们在精神中所显示出来的样子都是一样的。因而，这种种的术语不可能是晦涩不明的。它们的意义被我们自然感觉到的一切环境指明得一清二楚，即使是儿童们也不至于在这里有所差错。他
202 们尽管对他们的语言还不十分精熟，但他对这些感觉的名称却是一点也不会混淆的，而且他们对于这些单词，诸如：白色、黑色、红色、运动、静止、快乐、痛苦，全都具有和我们自己一样明白的观念。至于心灵的那些活动，他们也能同样地把它们的名称区别清楚，只要这些活动是单纯的，而那些环境又能使他们的反省转移到这方面去就行了；因为，通过他们在这些单词上所得出的习惯用法，例如：是的、不是、我要、我不要就可以看出，他们都能抓住这些单词的真正意义。

§17　或许有人会反驳我说，一些相同的客体在不同的人的身上，会产生不同的感觉；我们并不是在同样的大小观念之下来观看这些客体的；而我们在这些客体上所看到的，也并不是同样一些色彩，等等；这是已经证明了的事实。

我回答说，即使如此，通过与人们在形而上学和伦理道德学上所提出的目标的联系，我们相互之间总是会充分理解的。对于伦理道德学来说，这是无须证实的，举例说，同样的惩罚在所有的人的身上，都会产生同样的痛苦的感觉，而同样的奖励，又必定会产生同样的愉快的感觉。尽管引起愉快和痛苦的原因在触动不同气质的人的时候是变化无穷的，只要快乐、痛苦等这些单词的意义确

定得极其妥切确当，也就没有人会在这方面产生误解。然而，我们自己每天所处的环境，也不允许我们在对这些词语所不得不作出的习惯用法中陷入错误。

对于形而上学来说，只要感觉足以呈现出广延、形状和色彩就足够了。在两个人的感觉之间所出现的形形色色的变化，是不可能引起任何混淆的。比如，这种我所称之为蓝色的东西，在我看来一直好像是别人称之为绿色的东西，而这个我所称之为绿色的东西，在我看来倒是别人称之为蓝色的东西；当我们讲到：草地是绿色的，天空是蓝色的时候，我们将相互了解得一样地清楚，就像在遇见这些客体的时候，我们大家都具有同样的感觉一样。除非天空和草地是在通过视觉而进入我们的心灵的外观下来到我们的知识之中，使我们可能把它们看成什么别的颜色，否则，我们只能把它们叫做蓝色和绿色，舍此别无其他叫法。倘若有人想要说明我们确切地具有同样感觉的这些单词的意义，这些句子便不会变成晦涩费解的了；而只能说这些句子都不真实的，或者至少说，这些 203
句子都是没有充分根据可以被人们看作是千真万确的。

§18　因此，我认为可以这样下结论说，这些简单观念的名称，不管它们是些感觉的名称，还是心灵活动的名称，都能通过环境而妥加确定，因为这些名称都已经是如此精确地成为那么个样子了，即使是小孩子在这里也不会出什么差错，一位哲学家所应当注意的仅仅在于，当问题牵涉到感觉的时候，必须避免人们由于仓促判断而通常会犯的两种错误：第一种错误乃是相信感觉都是存在于客体之中的；另一种错误就是我们刚才所谈及的，同样的客体对我们中的每个人都产生同样的感觉。

§19 一旦成为简单观念的符号的那些词语全都变得精确的时候，就什么也不能阻挡人们去确定那些属于其他观念的符号了。对于这一点，只要将凡是可以组成一个复合观念的简单观念的数目和性质固定下来，那就足够了。在这些场合下，人们之所以会碰到那么多的困难，阻碍着人们去了解名称的意义，及至克服了重重障碍之后，仍然在这些名称中遗留着很多模棱两可和晦涩费解的东西，这是由于人们所采用的单词，都是人们在习惯用语中所碰到的那些，而且人们还想让自己同习惯用语完全地相一致的缘故。伦理道德学尤其提供了组合得极其繁复的词语，而我们所参照的习惯用语，又是和伦理道德学的本身如此不相协调，以致想用这个方法便能使我们以十分精确的方式来讲话，而且不陷入重重矛盾中去，那是不可能的。一个人，若是只首先专心于考虑简单观念，并且只是随着逐渐地熟悉这些观念才把它们用符号集合起来，他肯定是不会冒同样的危险的。于是，他所不得不使用的那些组合得最为复杂的单词，就经常具有一种确定的意义了，因为他所愿意附加到那些复杂单词上去的简单观念，是由他自己挑选出来的，并且他也关心固定这些简单观念的数目，这样，他就把每一观念的意义包括在这些精神的范围之内了。

§20 可是，倘若人们不愿放弃为某些人所营求的那种伪科学，那么要想给言语以准确性就是毫无用处的了，因为那些人只想把单词联系到他们所不认识的实体上去。算术只是因为我们具有一个精确的单位观念，才能在它所有的分支里都得到证明；并且，由于我们使用符号的技巧，我们才能确定，那些最为复杂的数目，是由单位经过多少次的自身相加而得到的。而在其他科学中，也还有人企图以那些空洞而又模糊的词语来对复合观念进行推理，并揭示它们之间的关系。为了使大家感到这种做法是多么不近情理，只要判断一下，如果我们能够把算术放到形而上学和伦理道德学目前所处的那种混乱中去，将会出现怎样的情形，就可想而知了。

§21　复合观念皆是精神的产物。假如它们都是残缺不全的话，那是因为我们没有把这些观念很好地组合起来。纠正这些观念的唯一方法，乃是把它们重新组合。因此必须重新采用我们知识的材料，并加工制作，好像这些材料还从未使用。为了这个目的，必须一开始就把数目尽可能少的简单观念附加到声音上去；必须首先挑选那些大家都毫无困难就能察觉到的观念，同时让自己置身于和我们所处的同样的环境中去；而且，只有在大家熟悉了最初的一些观念之后，才可以在它们上面添加新的观念，同时还得处于能使这些观念以明晰而确切的方式进入精神中去的适宜的环境才行。这么一来，我们便会习惯于把各种各样的简单观念，不论它们的数目可能是多少，都连接到单词上去。

把观念和符号联结起来，是一种人们不能一下子就养成的习惯，如果这种联结是由组合得极其复杂的概念产生的，则情况更是如此。孩子们只是在很晚的时候才能对一千、一万等数目具有精确的观念的。他们只能经过长期而频繁的日常使用才获得这些数目的精确观念的，因为日常使用使他们学会将单位递增上去，并通过一些专门的名称来把每一集合数目固定起来。在属于形而上学和伦理道德学范围的大量复合观念中，如果我们想从第一次起，毫无其他准备，就冒冒失失地把一些简单观念硬装到那些术语上去，并企图以此来给我们所选择的术语提供准确性，这同样是不可能的。这将使我们处于这样的情况，即时而在此一意义上来采用这些术语，而不久以后又在另一意义上来采用这些术语；因为那些观念的集合体，既然是肤浅地镌刻在我们精神中的，我们就往往可能在它们里面添上某些东西，或者从它们中间删去某些东西，都对此毫无察觉。但是，如果我们在开始时只把少数观念连接到单词上去，然后再条理清晰地依次达于比较庞大的观念的集合体的话，我们便会习惯于把我们的概念逐步组合起来，而不会使它们固定得不稳妥，确定得不恰当了。

§22　这就是我所愿意遵循的方法，这个方法在本著作的第
205 三篇中已作了主要的阐述。我并没有以列述心灵活动的名称来开始，以便随后就给这些名称下定义；相反，我首先竭力使自己处于最适当的环境来指明心灵活动的进展；并且，随着我给自己作出一些观念并把它们补充到先前的观念上去的时候，我就在使之与习常用语相一致的情况下，通过名称来把这些观念固定起来了；每当我有可能这样做的时候，我都不觉得有什么不便。

§23　我们具有两类复合概念：一类是我们按样板而组成的复合概念，另一类则是某些简单观念的一定组合，这种组合是精神通过自己选择的结果而把这些简单观念组合起来的。

在实践中提出这么一种方法，即在主观武断地将某些简单观念聚集起来的同时，就想要给自己作出一些实体的概念来，恐怕是徒劳无益而且甚至是有危险的做法。这些概念对我们来说，表示着一些毫不存在的实体，聚集着一些无法被聚集起来的属性，而那些可以集结起来的属性却被分离开来了；而且，假如这些概念有时

被认为是符合样板的话，这可能是偶然巧合的结果。为了使这些实体的名称的意义明晰而确切，就必须仿效自然的情况，并让这些名称只用于表达我们观察到的确实存在于一起的简单观念。

§24　还存在着隶属于实体的另一些观念，这就是人们称之为抽象的观念。正如我所已阐明过的那样，这只是一些或多或少地简单的观念；我们为了对这些观念给予注意而中止了对其他和它们同时并存的简单观念的思考。如果我们不再把物体的实体想成是实际上具有色彩和形状的，而只把这种实体当作是某种可移动的、可分割的，不可渗透的和具有不确定的广延的东西来进行考虑，我们就可以具有物质的观念，这观念比起物体的观念来要更加简单，对于物体来说，这个观念仅仅是个抽象而已，尽管很多哲学家都乐意把这个观念实物化。如果随后我们对于物质的可移动性、可分割性、不可渗透性等不加思考，而仅仅对它具有不确定的广延性这一点加以反省的话，我们便会形成纯空间的观念，这是一个还要更加简单的观念。一切抽象无不都是这样作出的。就这一点而言，那些最抽象的观念的名称，似乎都是同这些实体本身的名称一样易于确定的。

§25　对于确定典范概念，即我们对人类的行为和一切作为伦理道德学上的、法学上的以及艺术上的原动力的事物所具有的观念，必须采取与实体的概念完全不同的途径。在立法者们第一 206
次集结了某些简单观念，并由此制订出一些法律条文的时候；以及在他们考虑到是否在某处有先例可援之前，当他们谈论到人类的若干行为的时候，他们是毫无样板可资借鉴的。艺术的样板也不能从其他的地方找到，而只能在最初的创始者的精神中发现。像我们所认识的这样一些实体，只不过是属性的某些集合体，它们既丝毫不依赖于我们来进行集结，也不依赖于我们来加以分离。对我们来说，重要的只在于认识它们是同样存在的，以及它们存在的方式。人类的行为是一些变化不定的组合，对于这些变化不定的组合，在我们看到它们的样板之前，往往是按自己与它们的利害关系来具有观念的。如果我们是随着经验使它们进入我们知识中来的时候方将它们组成概念，这就往往是太晚的了。因此，我们在这里不得不采取不同的做法，即根据我们的选择来把一定的简单观念集结起来或者分离开来，要不就采纳别人已经作出了的简单观念的组合。

§26 在实体的概念和典范概念之间具有这样的区别：我们把典范概念看作是样板，把一切外界事物都联系到它们上面去，而实体的概念只不过是我们在外界所看见的事物的复写。为了使实体的概念真实可靠，必须使我们精神的组合符合我们在事物中所觉察到的规律性；为了使典范概念真实可靠，只要外界的组合能够同我们精神中的组合一样就成了。正义的概念自在人心，真实不假，即使人们丝毫不能遇到正义的行为；因为它的真实性存在于某个观念的集合体之中，这个观念的集合体完全不依赖于我们身外所发生的事情。铁的概念只有在它与这种金属相符合的时候才是真实的，因为这一金属应该是铁这一概念的样板。

通过以上对典范观念所作的详细论述，我们便不难看到，关键在于我们去把它们名称的意义固定下来，因为这取决于我们去把一些简单观念确定下来，而我们自己就是用这些简单观念来组成观念的集合体的。我们同样也可以理解，别人的一些名称也将进入我们的思想之中，只须我们把这些名称放到一些环境中去，在这些环境里，这同一些简单观念就是他们精神的对象，就像是我们精神的对象一样，而且在这些环境里，这些名称都促使把这些简单观念集结在同一些名称下，就像把这些简单观念集中在一起一样。

以上就是我所提出的给言语以它所易于接受的一切明晰性和一切准确性的一些方法。我并不认为必须对这些简单观念的名称 207
作什么改变，因为由习惯用语而确定下来的意义对我已经显得是足够的了。对于那些组合得很不精确的复合观念，人们不免要重新拿起这些材料来作出新的组合，而不必去顾虑那些已经作出的组合。这些复合观念全都是精神的产物，不管它们是最为精确的组合，还是不够精确的组合。假如我们在某些组合上曾有所成就的话，那么我们在一切其他组合中也能够获得成就，只要我们永远用同样熟练的手段来引导自己就行了。

第三章　论真理的探求中所应遵循的顺序

§27　我似乎觉得，如果某种方法曾导致过一项真理的发现，则它也能够导致第二项真理的发现，而最好的方法对于各门科学来说应当是同样适用的。因而，只要对已经作出的一些发现加以反省，借以学会怎样以此作出新的发现，那就行了。那些最简单的方法都是最适用于这种效果的，因为人们能以较少的困难来发现这些早已相沿成习的方法。因此，我将采取数学上的一些基本概念来作为例子，并且假定我们是处于第一次获得这些概念的情况下的。

§28 我们无疑将从给自己得出单位的观念来开始，并且，把单位观念若干次地添加到它本身上去，我们就形成了我们通过符号来固定的集合数目。我们重复着这种活动，并且，通过这种方法，我们在数目上，不久即可以如愿以偿地获得我们所希望获得的一切复合观念了。随后我们便对形成这些观念的方式加以反省，观察到它们的一些进展，而且必然也学会了分解这些观念的方法。从那时起，我们就能够把一些最复杂的观念和一些最简单的观念加以比较了，从而发现它们彼此的属性。

在这种方法中，精神的活动仅能以我们已形成的这些简单观
208 念或者复合观念作为客体，而我们对这些观念的派衍是充分认识了的。所以我们在发现最初的大小关系时，并未遇到过任何障碍。在认识了这些关系之后，我们就更易于看出那些接踵而来的关系，而这些关系也不会妨碍我们去看见其他的关系。因此，从那些最简单的观念着手之后，我们就可以不知不觉地得到最复杂的观念，并且得出了一系列的知识，这些知识是那么紧密地彼此互相依赖着的，致人们只能通过它们之前的观念才能认识较早期的观念。

§29 那些同样是人类精神力所能及的其他科学，都只能以这些简单观念来作为原则，而这些简单观念是我们通过感觉和反省而得来的。为了从这些简单观念来获得一些复合概念，正如在数学中一样，我们除了将一些简单观念集结在不同的观念集合体上之外，是没有其他方法可依的。因此，在观念的发展中，必须遵循着同样的顺序，而且在选择符号的过程中，也必须持以同样小心谨慎的态度。

反对我这种做法的成见是屡见不鲜的，然而，为了证实这种做

法，我曾设想了如下一种方法：

正是从儿童时代起，我们就充满了成见，而这些成见延缓了我们知识的进步，并使我们坠入错误之中。假如有一个人，上帝为他创造了成熟的气质，并使之具备了十分发达的器官组织，使他从有生之初起，即已对理性具有十全十美的使用，那么在真理的探求中，他便不会碰到和我们那样的障碍了。他只是在感受到新的感觉时才发明出一些新的符号来，而且，他在这时候也作出了新的反省；他按照自己所处的环境来组合他最初的观念；他取了一些特殊的名称，来固定每一个观念的集合体，而且，当他有意要把两个复合概念进行比较的时候，他能够易如反掌地分析它们，因为他在把这些概念还原到由他自己所形成的简单观念上去的时候，是一点也不会觉得困难的。因此，他只是在自己已经得出了这些观念之后，方才开始创制出一些单词的，这样他的概念就会始终确定得精确不移，而他的语言也丝毫不会具有像我们语言那样的晦涩费解和模糊不清的倾向。因而，让我们设身处地地想象一下，经历一下他所处身的环境，并且和他一起把他所感觉到的东西观看一下，形成和他一样的反省，获得和他一样的观念，以同样小心谨慎的态度来分析这些观念，用类似的符号来把这些观念表达出来，那么我们 209
就可以这么说，我们创造了一种全新的语言。

§30　遵循着这个方法，我们只要在简单观念或作为精神产物的复合观念上来作推理，就会获得两个好处：第一个好处，乃是认识我们将细加推敲的这些观念的派衍，我们只是在知道了我们处身何处，我们是怎样来到这里的，以及我们怎样才能从这里退回到原先起步的地方去的时候，才能举足前进；第二个好处，乃是我们在各种题材中将明显地看到我们知识的极限到底在哪里；因为当感官停止向我们提供观念的时候，我们就将发现知识的极限了，而且，由于这一点，精神也就不再能够形成概念了。可是，在我看来，没有什么能比把我们所能成功地加以应用的事物，同我们在应用中只能遭到失败的事物鉴别开来更为重要的了。正因为不知道对此作出区别，哲学家们往往把可以用于有益的研究的大好时光，虚掷在考核那些不可能解决的问题上了。从哲学家们为了解释存在的本质和本性而费尽心机这一事例中，我们便可以清楚地看到这一点。

§31 一切真理无不包含在简单观念和简单观念之间的关系，复合观念和复合观念之间的关系，以及一个简单观念和一个复合观念之间的关系之中。根据我所提供的方法，我们在研究这样或那样的观念时将能够免于陷入种种错误。

简单观念是不可能造成任何错误的。我们错误的原因，来自于我们从一个观念中删去了某些原是隶属于这一观念的东西，因为我们没有看清这个观念的所有部分；或者是来自于我们在一个观念上添加了某种并不隶属于这一观念的东西，因为我们的想象仓促地把这个观念所不包括的东西判断为它所包括的东西了。然而，我们是无法从一个简单观念中删去什么东西的，因为我们根本不能把简单观念分割成若干部分；而且，只要我们把一个观念看作是简单观念，我们就不可能在它上面增添任何东西，否则它就会失去它的单纯性了。

正是在复合概念的使用中，人们才有可能陷入错误中去，他们或是不恰当地在它们上面增添了一些东西，或者从它们里面删减了一些东西。可是，如果我们能够以我所要求的谨慎细心来作出这些复合概念的话，为了避免误解，只要重新回溯到它们的派衍上去就行了。因为，循着这条途径，我们就会在这些复合概念中看到它们所包含的东西，而且是一点也不多，一点也不少的。这就是我们已经作出的关于简单观念和复合观念的某些比较，除了隶属于 210
它们的那些关系之外，我们是永远也不会把其他关系归属到它们身上去的。

§32　只是因为哲学家们都没有怀疑到，存在着那些作为精神产物的观念。或者他们即使怀疑到这一点，他们对于发现这些观念的来龙去脉也是无能为力的，所以他们才会做出那么晦涩费解、那么模糊不清的推理来。有了这样的先入之见，即认为凡观念皆是天赋的，或者是，凡观念均是本来就如此这般的，而它们又都是组成得完美无缺的，他们便信以为不应在观念中作什么变更了，而且把观念看成是由于偶然的巧合而使它们呈现出来的。正因为人们只有对那些由他们本人井然有序地形成的概念才能妥加分析，所以他们的分析，或者不如说他们的定义，差不多永远是残缺不全的。他们毫无道理地把他们的术语的意义或加延伸，或加限制，因而就不知不觉地改变了这些术语的意义；或者甚至把一些单词引用到空洞的概念和无法理解的实体上去。因此必须，请大家允许我再重复一遍，必须对观念作出一个新的组合；从感官所转送过来的最简单的观念开始，着手把它们组成复合概念，这些复合概念同时又自行组合起来，产生出其他的组合，并且这样地继续下去。只要我们把分明的名称专用于每一观念的集合体，这种方法就足以使我们避免错误。

§33 笛卡尔曾经理直气壮地认为,为了取得一定的知识,必须从抛弃我们自以为已经获得的一切知识开始;可是他又认为,为此只要否定这些知识就行了,这时候,他就陷入错误之中了。怀疑二加二是否等于四,怀疑人类是不是一种具有理性的动物,这就需要具有二、四、人类、动物以及理性等这些观念。因而怀疑依然是让一些观念存在着的,就像它们本来就是存在着的那样。因此,我们错误的来源,乃是由于我们的观念都是未经很好推敲而形成的缘故,而怀疑又不能预知这些错误的发生。在一个时期内,怀疑可以使我们把我们的判断束之高阁;可是我们终究只能参照那些未被怀疑所破坏的观念,才能使自己摆脱游移不定的状态;由此可见,如果这些观念都是空泛不切、草率确定的话,它们仍将使我像从前一样地迷失方向。故笛卡尔的怀疑是徒劳无益的*。每个人都能由他自己来证明,这种怀疑仍然是不切实际的;因为,假如有人把这些熟知惯识的观念同那些确定得很妥当的观念作一番比较的话,就不可能对观念与观念之间所存在的联系产生怀疑了。举个例子说,数目的观念就是这样的。

211 §34 如果这位哲学家不是对天赋观念有了先入之见,他就可以见到,要找到知识的新的出发点,唯一的方法就是破坏这些观

* 笛卡尔认为,要得到一个清楚可靠的思想来作为知识的出发点,首先要清除思想中由传统教育而得来的一切成见。但他认为清除的办法就是怀疑,凡稍有可疑的东西,都一概加以抛弃。他认为这样普遍怀疑的结果使他终于找到不可再怀疑的一点了,这就是“我在怀疑”这件事实的本身。而怀疑本身又是一种思想活动,因此也可以说“我在思想”是无可怀疑的;既然“我在思想”就意味着存在着一个在思想的“我”,这样他就认为找到了一个可靠的出发点,这就是他著名的“我思故我在”的公式。作者在此处对笛卡尔的这一唯心主义原则进行了批判。

念的本身而追溯到它们的本源上去，即追溯到感觉上去，从而重新取得这些观念。从这一点出发，人们可以在赞成他所说的必须“从最简单的事物开始”还是遵循我所认为的应该“从感官所传送过来的最简单的观念开始”这两种看法之间，发现一个巨大的差别。在他的说法里，最简单的事物就是一些天赋的观念，就是一些普适的原理和一些抽象的概念，他把这些东西视为我们知识的源泉。而在我所提出的这个方法中，最简单的观念则是我们通过感觉和通过反省而得来的一些最初的各别的观念。这些就是我们知识的材料，我们根据环境来把这些材料加以组织，用以形成复合观念，对这些复合观念加以分析，将使我们发现它们之间的关系。必须指出，我并不局限于这样的说法，即人们应该从最简单的观念开始；而我只是说，从感官所传送过来的一些最简单的观念开始，我之所以要加上这么一句，目的是要使人们既不把简单观念同抽象概念相混淆，又不致把它们同哲学家们所谓的那些普适的原理相混淆。比如，立体的观念，不管它是多么的复杂，却是一个直接来自感官的最简单的观念。在人家把它分解开来的同时，就形成了一些比它更为简单的观念，而这些更为简单的观念都按同样的比例偏离了那些由感官传送过来的观念。人们可以看出，立体的观念在面上、在线上逐步地消退下去，最后在点上整个儿地消失了[①]。

§35 在笛卡尔的方法和我所试图建立的方法之间还存在着另一个区别。按照他的方法，必须从对事物下定义来开始，而把定义看作是发现事物属性的有用的原则。恰恰相反，我认为必须从

① 我是在几何学的意义上来取用“面”、“线”和“点”这些单词的。

寻求一些属性来开始，而在我看来，这么做似乎是有根据的。正如我已使大家看到的那样，如果我们有可能获得的一些概念只不过是经验使我们集结在一定的名称之下的那些简单观念的一些不同的集合体的话，那么，按照经验提供这些观念的同样的顺序去寻求这些观念，使它们形成概念，要比从定义来开始，随后推论出事物的不同属性来得更为自然得多了。

§36　通过这一详尽的论述，可以看出人们在真理的探求过程中所应遵循的顺序，这就是我在讲到分析时顺便指出过的那个顺序。它主要在于上溯到观念的本源，阐述它们的派衍，然后对它
212 们作出种种不同的组合或分解，借以通过一切能够显示它们之间的关系的方面来对它们加以比较。我打算就我觉得应当采取的做法再说上只字片语，以使其精神尽善尽美地适应于所能取得的种种发现。

§37　对于人们想要深入研究的材料，必须学会从领会他们所具有的关于这些材料的知识来开始，然后阐明这些知识的派衍，并精确地确定这些知识的观念。对于人们在偶然巧合中发现的，甚至还不能确保其可靠性的一项真理，在他们对之只有一些模糊的观念的时候，是要冒陷入大量错误中去的危险的。

一当观念被确定下来之后，就必须把它们加以比较，可是，因为比较并不总是能够同样轻而易举地完成的，所以重要的就在于善于使用一切对我们可以成为有所帮助的东西。为了这个目的，应当注意到，按照精神自身所养成的一些习惯，没有什么东西不能有助于我们作出反省的。这就是，绝不存在一个我们没有能力把我们的观念联结到它上面去的客体，并且，由于这个道理，也没有

一个客体不能适宜于使记忆和想象的运用变得更为便利。一切全在于善于形成那些符合人们所提出的目的,符合于人们所处的环境的联结。运用这种技巧,便可以不必像某些哲学家那样,以十分谨慎之心抽身隐遁于清静寂寞之乡,或者藏匿幽闭在深居简出之窟,为了在那种地方苦思冥索于孤灯的微光之下。无论阳光灿灿,无论黑夜茫茫,无论嚣声喧天,无论万籁皆寂,什么都不能在一个善于思考的人的精神中设置障碍。

§38　下面是很多的人都可能得出过的两条经验。当人们凝神于清寂之境和昏暗之地,对声音或光亮不加注意的时候,倘若他这时忽然受到声音的、光亮的掠扰,那么即使是最细小的声音或者最微弱的光线也足以使他分心乱神。这是因为人们所全神贯注的一些观念是自然而然地和人们所处的情况相联结的,因此,那些与这种情况格格不入的知觉就不可能在突如其来时不立刻打乱观念的顺序的。人们可以在另一个截然不同的假设中也察觉到同样的情况。假如我在光天化日之下和噪声嘈杂之中,对某一客体进行着反省,当光线或声响一下子突然全部消失的时候,我的心神也会受到干扰。在这种情况中,就像在前面一种情况中一样,我所感受到的一些新的知觉是和我以前所处的那种情况截然相反的。因此,在我身上所造成的蓦然的印象仍然必定会打断我的观念的连续性。 213

上述第二条经验使人看出,光亮和声响对于反省都不是一个障碍,我甚至认为,为了从光亮和声响中获得巨大的帮助,只要养成习惯就可以了。确切地说,只有一切出乎意料的变化,才能分散我们的心神。我说**出乎意料**,那是因为,尽管我们周围发生着种种变化,如果这些变化一点也没有显出什么并非我们理应自然而然地期待着的东西，则这些变化只能使我们更加一门心思地专注于我们所想潜心考察的客体。在同一幅乡村景象中，人们难道有时不能碰到大量不同的客体么？丰饶茂盛的山岭丘壑，贫瘠荒芜的平原旷野，隐现在云雾中的层岩远岫，密林丛树，在那些地方，喧闹和寂静，光明和黑暗、轮番交替而相继不息，等等。然而诗人们日日夜夜都感到的这种瞬息万变的奇景幻象，触动着他们的灵感，这是因为它们既与装点诗意的最美好的观念联结起来了，诗意也就不会不唤起这些观念。比如，一幅富饶的山野的风景，描绘出鸟儿的啼啭歌唱，溪涧的潺潺流淌，牧童们无忧无虑地享受着世外清福，他们和平而宁静的生活，他们的爱情，他们的恒心，他们的忠诚，他们风土人情的醇美纯朴，等等。还有许多其他例子都可以证明，人们只有尽量凭借这些帮助，即：或是触动着他的感官的客体，或是他的想象为他勾画出的一些客体的形象，才能进行思考。

§39　我曾经说过，分析乃是发现事物秘密的唯一诀窍；可是，有人会问我，分析的诀窍又是什么呢？它就是观念之间的联结。当我想对一个客体进行反省时，我首先注意的是把我对这些客体已经具有的观念和我还不具有的观念以及我所要寻找的观念联结起来。随后我便观察到，这些观念和那些观念都能够以众多的方式自行组合起来，而且，根据这些组合的变化，在观念和观念之间，还存在着或多或少的联结。因此，我可以假设有这么一种组合，在这种组合中，观念之间的联结达到了与它可能存在的同样大小的地步；而在若干其他组合中，观念之间的联结则在相应地逐渐减少着，以致这种联结最后变得不再明显可觉了。假定我从某个角度来审视一个客体，这个角度与我所寻求的一些观念并无丝毫明显的联结，那么我就什么也不能发现了。假如这个联结极其微弱，则我所能发现的东西也就微乎其微，而我的思想在我看来只是我奋发努力的结果，或者甚至是偶然巧合的结果；而这样得出来的一项发现，对我得出其他的发现来说几乎提供不了什么启发。可 214
是，如果我是从与我所寻求的观念具有最大联结的那一方面来衡量一个客体的话，那么我就会发现一切；我几乎不费吹灰之力就可以作出分析；而且，随着我对真理认识的进步，我将会有可能来观察我的精神，直到找出它最细微的原动力，从而学会作出新的分析的技巧。

全部困难只在于懂得，为了按照观念之间的最大联结来把握观念，人们应当如何着手。我所说的可以遇到这种联结的组合，乃是符合事物派衍本身的组合。由此可见，必须由最初的观念开始，这些最初的观念必然会产生出其他一切的观念来。让我们来举个例子吧。

经院学派和笛卡尔学派的学者们既不知道我们知识的起源，也不知道我们知识的派衍，这乃是作为他们出发点的天赋观念的原理以及关于理解力的空洞概念同这种发现之间没有丝毫联结的缘故。洛克的成就要更大一些，因为他是从感官出发的；只是因为他未曾阐明心灵活动的最初的进展，所以在他的著作里遗留下这些美中不足的东西。我已尝试完成这位哲学家所遗漏的工作；我已追溯到心灵的最初的活动上去了，而且，我仿佛不仅已对理解力作出了一个完备的分析，而且还发现了符号的绝对必要性，以及观念与观念联结这一原理。

此外，人们只有尽可能采取一切小心谨慎的态度，才有可能成功地使用我所提出的方法，以便只有在精确地确定他的观念的同时来阐明问题。如果人们在某几个观念上过于轻易地一滑而过，他就会发现自己被障碍所阻，只有重新回到他最初的概念上去，把它们更好地确定下来，才能够克服这些障碍。

§40 没有一个人不是经常到他固有的思想基础中去抽取那些只应属于他的思想的，尽管这些思想也许不一定都是新的。正是在这样的时间里，为了对他所感受到的一切事物进行反省，必须重新回到他自己的这些思想上来。必须注意到那些在感官上起着作用的印象，精神被触动的方式，他的一些观念的进展，一句话，必须注意到能够使某种思想得以产生的一切环境，而这种思想只能归之于他亲自的反省。如果有人愿意作若干次这样的观察的话，他就不致没有机会来发现他的精神的自然进程是怎么样的。这
215 样，人们便将认识一些最适合于他进行反省的方法；而且，即使他已养成了某种与他的心灵活动的运用格格不入的习惯，他也能逐渐将这种习惯加以改正。

§41 如果人们能够注意到，那些最伟大的人物也曾有过类似的缺点的话，他们就会很容易地承认他们自己的缺点了。如果哲学家们能给我们留下他们思想的发展过程的话，那对我们的无能就会是一种弥补，因为对我们大多数人来说，要自己对自己来作一番研究是无能为力的。笛卡尔曾经做过这样的事，而这正是我们对他应怀有莫大的感激之情的一件事情。他并未直接向经院学派发起攻击，而是叙述了他自己曾有一段时间也处于同样的偏见中的；他毫不隐瞒他须加克服的一些障碍，以便摆脱这些障碍；他提供了某种方法的一些规则，而这些规则要比在他以前相沿承袭

的任何一些规则都更为简单得多；他让人家可以窥见他认为已经得出了的一些发现；并且，通过这种技巧，为使人们容易接受他自己打算建立的一些新的观点而做好思想准备[①]。我认为，这种做法对于哲学的革新曾作出了很大贡献，而这位哲学家本人乃是哲学革新的倡导者。

§42　我们应当用我刚才已经指出的引导我们自己的方式来引导孩子们，再没有什么能比这件事情来得更加重要的了。我们可以在和他们一起游戏的时候，对他们的心灵活动提供易于接受的一切运用机会，的确，正如我刚才所说的，在游戏中是没有什么不适用的客体的。甚至可以在不知不觉之中使他们养成井井有条地调节他们心灵活动的习惯。到了后来，当年龄和环境使他们所终日接触的客体有所改变的时候，他们的精神早已发展得十分完美健全了，而且早在幼年时代就已发现了自己的洞察力，而如果通过其他一切方法来培养的话，那就只能使他们在相当晚的时候方能具备这种洞察力，或者甚至永远也不能具备。因此，对孩子来说，必须学习的既不是拉丁文，也不是历史地理之类的东西。在他们还不懂得思考的幼年时代，这些学问对他们会有什么好处呢？对我来说，我倒是怜惜那些被人们称赞的学识渊博的神童，而且我也预见到，将来总有一天，人们会对他们的庸碌平凡，或者也许会对他们的愚昧无知感到大为惊诧呢。人们应当看到的第一件事，恕我再提醒一次，乃是对他们的精神提供心灵活动的一切运用机会；而且，为了做到这一点，不必去寻找那些对他们说来是陌生的

① 请参阅他的《方法论》。

客体，只要玩笑嬉娱也就能够对他们提供一些途径了。

§43 哲学家们往往要究问，是否存在着我们知识的最初原
216 理。有些人假设只有一条原理，而另一些人则假设有两条乃至两条以上的原理。在我看来，人人都可以通过他亲身的经验来证实作为本著作全部基础的真理的真实性。人们或者甚至会信服，观念之间的联结，无与伦比地乃是最简洁、最明了、最深刻的原理。即使在人们尚未觉察观念联结的影响的时候，人类精神的一切进步仍然应当归功于它。

§44 以上就是我关于方法论方面的想法，这是我在第一次读到掌玺大臣培根的著作时就作出了的。我感到快慰的是，我对某些事物的看法居然会同这位伟大人物的看法不谋而合，而使我深感诧异的是，笛卡尔学派的哲学家们却丝毫没有借鉴培根的意见。没有一个人能比他更清楚地认识到我们错误的原因了；因为他曾见到了这些作为精神产物的观念，全都是草率粗糙地得出的。因此，为了在真理的探求中有所前进，必须重新作出这些观念。这就是他所反复强调的一项劝导①。可是，人们会听从他的劝告吗？

① 他说："直到现在，还没有人在思想意识上有这么大的恒心和毅力来动脑筋，使他有决心，并且以完全取消一切理论和一般性的解释，把赤裸裸的均等的理性贴合到整体的各个部分上去作为己任。根据大量的证明，根据大量的情况，并根据我们最早接受的对幼儿的解释，人类的所有的理性，乃是一锅杂乱无章的大杂烩。

"假如某人的年龄成熟了，对于事物的体会完整了，脑筋经过了洗炼，他把自己的经验同整体的各个部分联系在一起了，这个人就是大有希望的了……除了科学的再生——就是科学根据经验，按照固定的程序提取出来，再加以重新组织——而外，并无其他的希望。这种情况已经成为事实了，或者还只不过是一种想象而已，照我们看来，没有人能加以肯定。"以上乃是该著作中的金科玉律之一，关于这部著作，我已经在引论中提到过了。

对于经院哲学的行话，对于天赋的观念，人们早就存了先入之见，好像是天经地义的那样，难道人们不会把关于更新人类理解力的计划当作空想来看待吗？培根是为了成为一项革新的倡导者而提出一条十分完美的方法的；而笛卡尔的方法，之所以会获得成功，却是因为他的方法听任一部分的错误存在着。不妨在这儿再添上一句，即这位英国哲学家由于公务缠身而日给不暇，不允许他把劝导他人的事情来亲身付诸实践；因而他便不得不只限于提供这些意见了，而这些意见在还没有能力来感觉到它的可靠性的那些人的精神中，只能造成一种微弱淡薄的印象。笛卡尔则恰恰相反，他的整个身心都倾注在哲学上了，并且具有最充沛、最丰富的想象力，只是有时以更富有诱惑性的错误代替了别人的错误罢了，但这些错误对于他的声望却丝毫也没有带来损害。

第四章　论真理的阐述中所应遵循的顺序

§45　写作技巧在一部著作中是不应当明露出来的，这是尽 217
人皆知的事。可是，或许有人并不同样知道，人们之所以能使写作技巧在文章中隐而不露，唯一地正是出于写作技巧的力量。有许多作家，为了使他们自己的笔调更加和易流畅，更加通顺自然，便认为不应随便屈从任何的条理。然而，如果由于大自然是美丽的，人们就可以把自然理解为完美无缺的话，那么显而易见，人们就不应当用疏忽大意的态度来刻意追求模仿大自然，而且，只有在人们有了相当的修养，可以避免这些疏忽的时候，写作技巧才会从他们的著作中销声匿迹。

§46 也有另外一些作家，他们在作品里加入了过多的条理，他们小心翼翼，把他们的叙述分为条目，然后又分成细目；可是，这样，写作技巧就在到处暴露无遗了，使人触目生厌。他们愈是一心追求文章的条理性，他们的作品就愈是显得枯燥乏味，令人作呕而难以理解。这是因为他们不善于对他们所处理的题材选择最自然的条理。假如他们曾经选择这样的条理，那么他们就可以用一种极其明晰而又极其简洁的方式来阐述他们的思想，使读者能毫不费劲地懂得他们的思想，而不会去怀疑他们曾不得不付出的努力。我们总是习惯于根据事物在我们看来是容易还是困难，来估计它们对别人是容易还是困难；而且，我们也自然是通过我们自己在理解时所碰到的困难，来判断作家在表达时所碰到的困难的。

§47 对事物显得自然的条理是永远不会有害的。甚至必须把条理倾注到热情洋溢时所完成的那些作品里去，比如，倾注到一首抒情短诗中去，这并不是说人们应该在抒情诗中以严谨的方法来作推理，而是必须使之符合用于刻画每一种热情特征的那些观念的排列顺序。在我看来，这类诗歌的一切力量和一切美质就全在于此。

如果问题涉及有关推理的作品，那么，作者只有尽量使他的文章富于条理性，他才能察见那些被遗忘了的东西，或者尚未被阐述
218 得充分透彻的东西。我对这一点是颇有体会的。比如说，这部论文已经快要写完了，然而，我尚不知道观念之间的联结这个原理的全部范围应有多大。这个问题唯一地来自一篇尚未被放到它应有的位置上去的长约两页的文章。

§48 我们喜欢条理性，在我看来，其理由是很简单的，这就是，条理使事物相互靠拢，它把这些事物联结起来，而且，由于这个方法，便利了心灵活动的运用，使我们处于能够毫无困难地察觉事物的联系的境地，因为对我们来说，重要的是在触动我们的那些客体中看到这种联系。我们的喜悦应该随着我们更易于理解我们有兴趣加以认识的那些事物而相应地增加。

§49 有时缺乏条理性也会使人喜悦，可是这取决于心灵所处的某些境界。在那种梦思幻想的时间里，精神由于变得过于懒散倦怠而无法长时间地专注于同样的一些思想，就会乐于看到那些思想偶而飘忽浮游一下；例如，同老是呆在美丽的花园里相比，人们有时会更乐于到乡间去逛逛，因为笼罩着村野山景的杂乱无章，似乎与我们观念的缺乏条理性更为协调一些，而这就滋长了我们的梦思幻想，阻止我们去凝神于同一个思想。心灵在这种情况下甚至是相当逍遥自在的，尤其是在长时间的工作之后来享受这种逍遥的时候，更令人心旷神怡。

同样，也存在着这样一些精神的境界，此时我们宁可阅读一些散乱无序的作品。比如，有时我会津津有味地阅读蒙台涅的著作，而在另一些时候，我坦白承认，我是无法忍受他的著作的。我不知道别人是否也曾有过同样的经验；可是，对我来说，我不愿意局限于永远只读像蒙台涅那样一些作家的著作。尽管如此，条理清晰则具有能经常使人感到快慰的好处，而散乱无序则只能间或地令人愉悦，要确保这类作品的成功则是毫无法则可循的。因此，蒙台涅是很幸运地获得成就了的，而愿意去效法他的人，则必须具备勇气和胆量才行。

§50　条理的目的乃是在于方便一部著作的阅读。所以应当避免冗长拖沓,因为冗长拖沓易使精神厌倦;应当避免离题千里,因为脱离本题易使精神分散;应当避免过于频频出现分目和细目,因为分目和细目易使精神困惑而无所适从;还应当避免一些重复累赘的叙述,因为重复累赘易使精神疲乏;一件事只说一遍,而且把它放到适当的地方去说,那要比放在其他地方反复说上好几遍来得更加清楚明了。

§51　在真理的阐述中,正如在真理的探求中一样,必须从最
219 容易的直接来自感官的观念入手,随后必须逐渐把它们提高到比较简单的或者比较复杂的观念。我仿佛觉得,如果人们很好地把握了真理的发展,那么,寻求用什么推理来证明这些真理就变得毫无意义了,只须把这些真理陈说一遍就足够了,因为它们遵循着这样一种顺序,这就是将一条真理接续到紧挨在它前面的那条真理上去,这是最简单不过的事情,根本没有必要去加以论证。这样,人们就能逐步达到最复杂的真理,而且他们可以比经由其他途径得到更好的保证。甚至可以在人们可能获得的种种知识之间建立起一个如此巨大的从属关系,使人们能够随心所欲地从最复杂的知识返回到最简单的知识,或者从最简单的知识上升到最复杂的知识。人们对这些知识是很难忘记的,或者至少是,即使万一发生了遗忘的情况,观念和观念之间的联结,也会很容易使人们找到重新发现这些知识的方法。

可是,为了在最完美的顺序下来阐述真理,必须注意这样的条理,即顺着这种条理,能够自然而然地发现真理;因为教育别人的最好方法,莫过于通过人们用以自我教育的途径来引导他人。通

过这个方法，除了探索并发现新的真理而外，人们用不到尽力设法去证明已经发现了的真理。人们不光要说服读者，而且还要启发读者，并使他学会由他自己来作出一些发现，要在最能令人感兴趣的启导之下，向他显示真理。最后，要把他置于能对自己跨出的每一步言之成理的境地之下，这样，他就总是知道他自己所处的地位，他是从何处来到这里的，他的下一步应当跨向何处；这样，他就能够自己来判断他的指导者为他指出的这条道路，而每当他看见将有危险发生的时候，他都能采取一条最可靠的道路。

§52 自然本身为人们指出了在真理的阐述中所应遵循的条理；因为，如果我们的一切知识都是来自感官的话，那么，显而易见的是，要为理解抽象概念做好准备，就在于从感性的观念开始。那么，从可能的观念开始而到达存在的观念，或者从点的观念开始而达到体的观念，是不是合理呢？科学的要素只有在人们采取一种截然相反的方法时，才能成为简单而容易的。如果哲学家们很难认识这条真理的话，这是因为他们都陷入了天赋观念的偏见之中，或者是因为他们让自己迎合了一种由于长期的相沿承袭而成的习惯做法。这种成见是那么普遍，以致使我几乎要被列入毫无知识 220
者中去了；但是在这里，毫无知识的人倒反做了审判者，因为这些科学的要素仅仅是为了他们而得出的。在这个领域里，倘若我们不了解这一点的话，一部杰作在学识渊博之士的眼里看来，是没有能出色地完成它的目的的。

几何学家本人应当比其他哲学家更好地认识分析的优越性，但他们却往往对综合法寄予偏爱。因此，当他们离开他们的计算去着手进行另一种性质不同的研究的时候，人们在他们那儿就再也找不到同样的明晰性，同样的准确性，更找不到同样的精神广度了。我们有四位著名的形而上学家：笛卡尔、马勒伯朗士、莱布尼茨和洛克，其中只有洛克不是几何学家，而他不是比其他三位形而上学家更卓越吗？

§53　于是我们可以得出结论，如果分析是真理的探求过程中人们所应遵循的方法，那么，它同样应当是人们用以阐述他们所已作出的一些发现的方法。我所孜孜以求的，也是使自己符合这样的方法。

我关于心灵活动，关于语言和关于方法论所作的论述，证明了只有努力加工，使语言变得愈益精确，才能使科学日趋完善。同样，我的论述也证明了，我们知识的起源和进步完全取决于我们使用符号的方式。因此，我就有理由使我有时偏离习惯的用法。

最后，说到这里，我就想到了可以把一切能促进人类精神发展的东西简要地概括为：感官是我们知识的源泉，各种不同的感觉、知觉、意识、回忆、注意和想象都由此而产生；这最后的两种，在被认为尚未处于我们支配之下的时候，都还只不过是知识的一些材料；我们可以随心所欲地加以支配的想象、记忆，它们和反省以及其他的一些心灵活动一起，对这些材料进行加工；我们把上述这些心灵活动的运用归诸于符号，而符号就是心灵活动所使用的工具，观念之间的联结则是最初的原动力，它为其他的一切运动提供了动力。我想向读者提出这样一个问题，以作为本书的结束语：一个人的著作一旦脱稿，便确定了他的精神的特征和广度，从而，它不但能说明他业已显露出来的才能是怎样的，而且还能说明他有可能获得的才能有哪些。比如，就拿诗人高乃依的第一个剧本为例

吧，**它说明，在这位诗人编写出这个剧本的时候，他已经具备或至
少很快就会具备一切使他可以获得如此伟大成就的天才了**。只有 221
对本著作进行分析，才能使大家知道，哪些心灵活动能对此有所帮助，以及这些活动的运用一直达到了何种程度；而且，只有对这些活动加以分析，才能使人们区别出那些兼容并包在同一个人身上的品质，与那些并非存在于同一个人身上的品质，从而便得到了问题的解答。我怀疑，在这方面是否还有很多比这更难的问题。

人物索引

〔范围〕 包括历史人物、神话人物等。

〔名字〕 斜线后是异译，法文名字后附其他文名。

生卒年份两侧是生卒地点，页码指原书页码，标于栏外；《简述》指该人物出现于正文前的《关于孔狄亚克生平和著作的简述》一文。

〔次序〕 按译名的汉语拼音字母为序。

D

F

G

H

M

N

主题索引术语对照

条目以下列各项为主：基本概念、主要术语、重要命题，以汉语拼音音顺排列。

术语对照供理解原文(酌附德文)参考。一词数译者，以出现频度较高的主要译法列在最前，对一词数译或数词一译请注意查对。

A·B

D

F

G

* 见德文版第 71 页(法 11)

** 见德文版第 141 页(法 73)

H

J

K

N·O·P

Q

R

S

W

X

Z

图书在版编目(CIP)数据

人类知识起源论/(法)孔狄亚克著;洪洁求,洪丕柱译.—北京:商务印书馆,1989.8(2010重印)
(汉译世界学术名著丛书)
ISBN 978-7-100-01101-3

Ⅰ.①人…　Ⅱ.①孔…②洪…③洪…　Ⅲ.①感觉论
Ⅳ.①B089.3②B565.292

中国版本图书馆CIP数据核字(2010)第061541号

汉译世界学术名著丛书
人类知识起源论
〔法〕孔狄亚克　著
洪洁求　洪丕柱　译

商务印书馆出版
(北京王府井大街36号　邮政编码100710)
商务印书馆发行
北京民族印务有限责任公司印刷
ISBN 978-7-100-01101-3

1989年8月第1版　　开本 850×1168　1/32
2010年12月北京第5次印刷　　印张 11¼

定价:26.00元